한국인의 심리학

최상진 지음

학지사

■ 머리말

어떻게 보면 이 책은 일반 교양서적 같지만, 사실 이 책의 내용을 꼼꼼히 읽어본 독자들은 이 책이 한국인의 심리에 대한 연구논문들을 이야기 형식으로 풀어쓴 학술서적이라는 것을 감지했을 것이다. 실제로 이 책의 수요자나 소비처를 분석해 보면 대학원이나 연구소의 교수, 연구원, 대학원생 집단이 주류를 이루고 있다.

몇 년 전까지만 하더라도 심리학은 서구의 학문이며, 따라서 심리학을 공부하기 위해서는 그 본토인 서구의 대학으로 유학을 가야 한다는 생각이 절대적이었다. 대학에서의 교수채용에 있어서도 서구 대학에서의 박사학위 취득여부가 선발에 결정적 영향을 미쳤던 것도 사실이다.

그러나 근래에는 신기한 현상이 벌어지고 있다. 서구, 특히 미국의 대학원에서 심리학이나 관련 학문 분야의 박사학위논문을 쓰고 있는 한국 유학생 중에 한국인의 심리와 관련된 논문이나 저서에 대해 문의해 오는 것은 물론, 한국인의 심리에 대한 구체적 자문을 요청하는 경우가 부쩍 늘고 있는 것이다. 경우에 따라서는 박사학위논문의 심사위원으로 참여해 줄 것을 요청해 올 정도로 한국인 심리학에 대한 한국 유학생들의 수요는 급속히 증가하고 있다고 하겠다.

왜 이런 일이 벌어지고 있을까? 그 원인은 다양하겠으나, 가장 먼저 생각해 볼 수 있는 것은 문화심리학(cultural psychology)의 발달이다. 그동안에는 미국의 심리학만 있었으나 이제는 문화권에 따른 심리학이 존재한다. 인도인 심리학, 일본인 심리학, 중국인 심리학 등이 영문판 단행본으로 출간되는가 하면, 책의 목적에 따라 그 내용도 다변해 가고 있는 것이 오늘의 현실이다. 그동안 한국에서도 한국인의 심리에 대한 논문들은 문화에 관심을 둔 심리학자들에 의해 꾸준히 발표되고 출판되어 왔으며, 그 대표적인 예가 퇴계심리학, 유학심리학, 불교심리학이다. 최근에는 미국에서 학위를 마치고 돌아온 젊은 심리학자들이 새로운 패러다임의 한국인 심리학을 실증적으로 연구하기 시작하면서 한국인 심리학은 이제 세계 속의 한국인 심리학으로 발돋움하고 있다.

이러한 추세에 발맞추어 필자의 지난 30여 년간의 연구경험들을 모아 『한국인의 심리학』이라는 책을 만들게 되었다. 다문화시대를 맞이하여 한국 문화와 한국 사람들을 이해하는 데 이 책이 도움이 될 것으로 생각된다. 이 책은 크게 세 부분으로 구성하였다. 제1부에서는 '한국인의 심층심리'에 대한 연구들로 심정(心情), 정(情), 한(恨)과 자기(自己)개념 등에 대해 다루었으며, 제2부 '한국인의 사회심리'에서는 우리성, 체면, 눈치, 핑계, 의례성 등에 대해서, 제3부 '한국인 심리의 실용'에서는 한국인의 심리를 응용한 한국적 광고와 화병에 대한 글들로 구성하였다.

이 책의 내용들은 필자 혼자만의 노력의 결과는 아니었다. 그동안 옆에

서 한국인의 심리학 연구를 함께했던 여러 제자들, 그리고 몸은 멀리 있
지만 늘 가까이에서 함께 연구하고 이야기를 나눈 한규석 교수 등 많은
사람들의 도움이 있었기에 가능했다. 또한 이 책이 나오기까지 오랜 시간
기다려 주신 학지사 김진환 사장님과 편집부 여러분에게 감사의 뜻을 전
한다. 마지막으로 필자에게 연구할 수 있는 공간과 연구비를 지원해 준
(사) aicorea와 김태련 회장님에게 감사의 말씀을 드린다.

2011년

다문화심리상담 및 교육센터에서

최상진

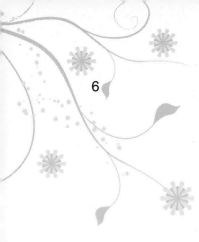

6

차 례

1부 한국인의 심층심리

가정법원에서 이혼 서류에 도장을 찍고 나오는 한국의 주부들 얼굴에는 눈물 자국이 있다. 그러나 미국의 경우는 차가운 얼굴로 변호사 사무실을 나온다. 부부 싸움 끝에 화가 나 보따리를 챙겨 집을 나서는 어느 한국 주부가 "여보, 양말은 둘째 서랍에 있고, 당신 보약은 항아리에 있으니 거르지 말고 꼭 먹어!"라고 당부하며 집을 나섰단다. 이러한 한국 주부의 마음을 어떻게 읽어야 할까? 서양인의 눈으로 보면 한국 주부의 이러한 행동은 이해하기 어렵다. 그들에게는 이미 이혼에 합의하였고 집을 나가기로 결정한 이상 후회나 눈물, 남편에 대한 관심 등은 자기 모순적인 비합리적 행동이다. 그러나 한국 사람은 이러한 행동을 하는 사람을 그저 모질지 못한 사람이라고 말하면서 오히려 이런 사람에게 연민의 정을 느낀다. 아무리 남편이 밉더라도 그동안 살아온 정을 보아서라도 밥 끓여 먹고(끼니 챙겨 먹고), 옷 챙겨 입을 남편의 고생을 염려하는 것은 부인의 입장에서 볼 때 인지상정의 도리다.

여기서 우리는 정(情)의 세 가지 특징을 찾아볼 수 있다. 첫 번째는 정이라는 마음이 상대의 행위 자체에 의해 생기거나 없어지는 것이 아니라는 것이다. 앞의 예에서 볼 수 있는 것처럼 정은 함께 오래 같이 살았다는 것만으로도 생길 수 있다. 우리말에 '미운 정, 고운 정' 이란 말이 있는 것도, 정은 상대의 미운 행위와 무관하게 생겨날 수 있다는 것을 시사한다. 두 번째로 정은 합리적이기보다는 비합리적 감정이다. 이성적 판단으로는 이혼이 완결된 상태에서 눈물을 흘려서는 안 되며, 집을 나서는 마당에 남편의 양말을 걱정하는 것은 비논리적인 행동이다. 세 번째로 정은 연약한 마음과 표리적 관계에 있다는 점이다. 집을 나서면서도 '차마 어떻게' 라는 마음 때문에 미운 남편의 보약을 챙겨 주는 마음은 모질지 못한 사람의 마음이다. 정은 독립적이며 이성적인 사람보다는 의존적인 사람, 자아가 약한 사람, 이해타산에 밝지 않은 사람, 맺고 끊는 것을 잘 못하는 사람에게 더 많다고 볼 수 있다(최상진, 최수향, 1990; 최상진, 유승엽, 1995; Choi, 1991).

지금까지 살펴본 정의 특성은 우리가 일상생활에서 말하는 '인간적이다' 라는 말과 상통하며, 이를 확대시켜 보면 유교에서 말하는 측은지심(惻隱之心)과 유사한 감정이다. 프랑스계 한국인인 두봉(杜峰) 주교는 40여 년 동안 한국에서 살면서 한국인의 인정에 반했다는 말과 더불어 이를 세계에 수출할 한국인의 심리 상품이라고 말한 바 있다(고대교우회보, 1994. 10. 5.). 그동안 한국인과 한국 문화를 연구해 온 국내외 학자와 전문가들이 공통적으로 한국인에게 있어 정이 많다고 말하는 내용을 분석해 보면, 이들은 정의 두 가지 의미를 구분하지 않고 혼용하고 있음을 알 수 있다. 하나는 심층적 성격 특질로서의 정이다. '아무개는 정이 많은 사람' 이라거나, 이광수의 소설에 나오는 '정이 많은 년' 이란 말은 성격 특질로서의 정을 일컫는 말로서, 여기서 뜻하는 정은 그 사람의 심층성격구조에 정의 섬유질이 풍부함을 일컫는다.

다른 또 하나의 의미는 인간관계에서 특정 상대와의 관계를 통해 마음 속에서 생겨난 대상지향적인 정이다. '나는 아무개에게 정이 많이 들었 다.'라는 말은 아무개와의 특수한 역사적 관계맥락과 상호작용 역사 속에 서 아무개에게 정의 마음이 우러나온다는 것을 뜻하는 '아무개' 지향적 정 이다. 따라서 아무리 정이 많은 사람이라도 정의 형성 역사가 개입되지 않 거나, 정이 붙지 않는 성격 특질이나 행동 양식을 가진 사람에게는 정을 느끼지 못할 수 있다. 한국인이 정이 많다는 것은 이 두 가지 의미의 정이 모두 발달되어 있음을 말한다.

얼굴을 가리고 언어를 사용하지 않는 상황에서 상대방의 감정, 생각, 행 동 등을 보고 한국인이라는 것을 말할 수 있는 고유한 한국인의 심리적 단 서가 있다면 어떤 것일까? 지금까지 출판된 한국인의 의식구조에 대한 글 들을 종합해 보면, 한국인의 심층적 감정과 한국인의 정서적 특성으로 한 과 정이 가장 많이 또한 보편적으로 언급되고 있음을 볼 수 있다. 이러한 문헌 고찰에 기초해서 필자는 가장 한국인다운 한국인의 심리적 감정 특 성을 '한'과 '정'으로 잡고, 이에 대한 실증적 연구를 수행해 왔다. 이러 한 문헌 고찰과 실증적 연구를 통해 얻어진 결론은 정과 한이 한국인의 정 서 및 성격 체계의 기층적 하부구조이며, 또한 정은 한국인의 대인관계 심 리문법의 기본형이라는 것으로 요약된다.

먼저 한국인의 한은 한국이라는 독특한 역사-문화적 삶 속에서 장기간 의 심리 내적 숙성과 발효 과정을 통해 형성된 한국인의 문화-심리적 구 조로서 매우 미묘한 심층 심리적 역동성을 가지고 있다. 한의 심리는 '억 울함'의 심리를 그 기저에 깔고 있으며, 억울함의 '한' 심리 속에는 '부당 함'을 내포하고 있다. 우리는 남으로부터 부당한 차별대우나 피해를 받 았을 때 억울함을 느끼며, 동시에 그 가해 당사자에 대한 증오가 생겨나게 된다.

그러나 한의 심리상태는 이 증오의 심리상태를 처리 또는 극복했을 때 나타난다. 처리 극복의 방법은 상대에 의해 기인된 피해나 차별대우의 책임을 가해 당사자와 분리시키는 것이며, 흔히 그 방법은 책임을 자신의 무능력이나 팔자 또는 불가항력적인 외부의 힘으로 돌리는 것이다. 그렇다고 가해 당사자에 대한 피해 의식이나 증오가 완전히 사라진 것은 아니다. 예컨대, 힘없는 사람이 힘있는 사람으로부터 피해를 받는 경우, 그 책임을 자신의 무능력으로 돌릴 때 상대에 대한 증오가 줄어들 수 있다. 그러면서도 다른 한편, '힘없는 사람은 피해를 받아도 마땅한가'의 문제에 대한 회의는 쉽게 사라지기 어려우며, 동시에 '그 많은 힘없는 사람 중에 하필이면 내가 왜 피해자로 선택되었단 말인가? 라는 원망성 질문에서 생겨나는 실존적 피해의식은 이성적으로 극복되기 어렵다. 이처럼 한은 부분 긍정(힘이 없으니까)과 부분 부정(힘이 없다고 당해야만 하는 것이 옳은 일인가?)의 복합된 부조화 심리상태라고 볼 수 있다(최상진, 1991).

한국의 문화를 한의 문화로 규정하는 데는 이와 같이 '부당한 가해-억울한 피해'의 맥락 속에서 형성된 개인 차원의 대상지향적 '한' 감정만을 염두에 두고 하는 말은 아니다. 오히려 개인 차원의 대상지향적 '한' 감정보다는 예술, 문학을 포함한 한국인의 문화현상 및 문화적 심리 전반에 한의 감정이 기저에 깔려 있다는 데서 이 말이 더욱 타당성을 갖는다. 김열규(1980)가 지적한 바와 같이 한국의 문학에서 '한'을 빼놓으면 구성될 수도, 이야기할 수도 없으며, 한국의 예술도 한의 심미학을 그 해석적 원형으로 삼지 않으면 이해될 수 없다. 이때의 한은 인고나 슬픔 그 자체가 아니라 인고의 미학, 슬픔의 실존심리학으로 승화·전환된 한이다. 따라서 여기에서는 실존적 한의 고통을 넘어서 예술화, 문학화된 한의 구상품(具象品)을 감상자의 입장에서 공감하는 심리적 감흥을 즐길 수 있게 된다.

따라서 한의 예술이나 한의 문학은 비록 그 내용이 비극적이지만 그 내용을 통한 심리적 경험은 공감적이며 동시에 긍정적 만족을 제공한다. 여기서 한국인이 한의 예술과 문학을 공감할 수 있다는 것은 곧 한국인에게 한의 감정과 경험이 한국인의 심리적 구조 속에 문화적 유전질처럼 내재화되어 있기 때문이다. 따라서 한의 심리구조가 발달되지 않은 서구인에게 한의 예술과 문학은 단순히 고통의 예술, 슬픔의 문학 그 자체로 비쳐질 뿐이다. 한을 모르는 사람은 한을 경험할 수 없기 때문이다.

한국인의 한은 한국인의 심층적 무의식 정서로서 한국 문화의 하부적 심리기층을 구성하는 심층심리적 원소라 한다면, 한국인의 정은 사회적 인간관계에서 관여된 사람들 사이에 애착과 친밀감을 만들어 주는 사회관계적 원자재라고 볼 수 있다. 서양의 사회관계를 개인주의적이라고 할 때, 한국의 그것은 관계주의적이다. 한국인은 타인과의 관계에서 자신을 규정하며, 자신의 가치를 발견한다. 바로 이처럼 중요한 타인과의 관계는 정의 끈이 이어졌을 때 생겨난다. 정은 서로가 상대를 아껴주는 '마음'에서 생기며, 아껴주는 마음을 상대로부터 느꼈을 때, 상대는 '남'이 아니라 '우리'로 경험된다. 또한 한국인은 '우리의식'을 체험할 때 심리적 안정감과 자기 가치를 느낀다. 즉, '우리의식'은 정을 느낄 때 생겨나고, 정은 아껴주는 마음에서 비롯되며, 정을 느끼면 남이 우리로 경험되고 우리가 있으면 행복하고 편안하다(최상진, 1993a; 1993b).

결국 한국인의 사회관계는 정이라는 개념의 도입 없이는 이해될 수 없으며, 여기서 정의 심리와 더불어 앞서 제시한 한에 대한 심층적 연구의 필요성이 부각된다. 이제 앞으로 한국의 상담심리학, 임상심리학, 산업심리학, 커뮤니케이션이론, 사회학, 광고학 등의 제 사회과학에서 한국의 문화와 한국인의 심리에 밀착된 한국적 이론을 구성하기 위해서는 정과 한 같은 한국인의 심층심리는 물론이고, 체면, 눈치, 의례성 같은 한국적 문화-사회심리를 이론 체계 속에 반영해야 한다. 실제로 정신의학 분야에서 '한'(민성길, 1991)과 '눈치'의 개념을 치료의 장면에 적용해야 한다는 주장이 제기되고 있는가 하면, 한국인의 독특한 문화적 증후군으로 '화병'이라는 개념이 국제적으로 공인된 바 있다.

그러나 이와 같은 사회과학 분야에서의 한국적 이론화를 다룬 논문들에서 발견되는 한 가지 공통된 문제점은 한국 사회, 한국인의 문화적 심리와 한국인의 심리적 특성에 대한 분석 및 이론적 체계화가 제대로 이루어지지 않은 상태에서 자신들의 학문 분야에서 한국적인 이론을 전개해 가고 있다는 사실이다. 예컨대, 미국 정신의학계에서 한국적 정신병으로 처음 소개한 '화병'의 경우에도, 병명에 포함된 '화'라는 개념이 어떤 심리상태이며, 왜 한국인에게 독특한 감정인가를 밝히는 연구는 찾아보기 힘들다(최상진, 이요행, 1995). 그래서 미국 정신진단 사전인 『DSM-IV』에서 우리말 발음을 그대로 옮긴 'Hwa Byung'이란 말을 쓰면서도 'Byung(病)'이라는 공식적 병명을 부여받지 못한 채 '문화적 증후군'이란 분류에 그치고 있다.

이러한 심층적 분석의 결여와 이론적 체계화의 미흡은 한국인의 '화' 개념에만 국한된 것이 아니라, 지금까지 한국인의 의식구조로 제시된 제반 심리 특성적 개념 전반에 그대로 적용된다. 즉, 지금까지 한국인의 심성을 다룬 거의 대부분의 논저들은 착실한 자료의 뒷받침이나 성숙된 개념화 과정을 거치지 않은 상황에서 한국인의 심성을 의식구조 또는 가치관이라는 제목으로 기술하고 있는 것이 현실이다. 한국인이 정이 많고 한이 깊다는 말을 하기 위해서는 정이 어떤 현상이며, 한이 어떤 상태의 심리인가를 먼저 이야기할 수 있어야 하고, 그러한 배경 위에서 한국인이 정이 많고 한이 깊다는 이야기를 해야 할 것이다.

따라서 정이나 한과 같은 개념은 한국인의 행동을 이해하기 위한 설명 개념의 차원을 넘어 그것이 어떤 심리적 속성을 골자로 하고 있으며, 그러한 심리현상이 나타나는 심리적 역동과정은 무엇인가를 밝히는 일이 뒤따라야 한다. 정, 한과 같은 한국인의 심리 특성 개념들은 한국인의 심리를 설명하는 설명 개념의 차원을 넘어, 이 현상 자체가 어떤 것인가를 밝히는 즉 '설명되어야 할' 개념인 것이다. 이 점에서 정이나 한과 같은 한국인의 심리 특성 기술 개념에 대한 심리학적 심층분석이 현시점에서 절실히 요구된다.

필자는 이러한 문제점에 착안하여, 한국인의 의식구조를 기술하는 그동안의 논저에 대한 고찰을 통해 한국인의 핵심적 심리 특성 개념을 일차적으로 추출하고, 다음 단계로 이들 개념 각각에 대한 심리학적 심층분석을 시도해 왔다. 지금까지 분석된 개념으로는 심정, 정, 한, 우리성, 체면, 눈치, 핑계, 의례성 등이 있는데, 이 개념들을 두 개의 큰 틀로 묶어 다루기로 하였다. 하나는 한국인의 심층심리 구조로서 여기서는 정과 한을 다루었다. 다른 하나는 한국인의 사회심리 구조로서 여기에는 나머지 개념 즉, 우리성, 체면, 눈치, 핑계, 의례성을 포함시켰으며 이 내용은 2부에서 다루었다. 물론 한국인의 마음과 사회심리에 포함되는 개념은 여기서 제시된 개념 이외에 많이 있을 수 있다.

여기서 한 가지 언급하고 넘어가야 할 사항이 있다. 한국인의 심리를 심정심리, 심층심리 구조, 사회심리 구조로 묶어서 다루게 된 것은 필자의 마음속에 본래부터 이러한 틀이 있어서 구분하게 된 것이 아니다. 개별적으로 분석된 위의 개념들 간의 관계를 검토해 보는 과정에서, 이러한 심리적 묶음 체계를 귀납적으로 구성하게 된 것이다. 이러한 묶음 체계를 도식으로 표현하면 [그림 1]과 같다.

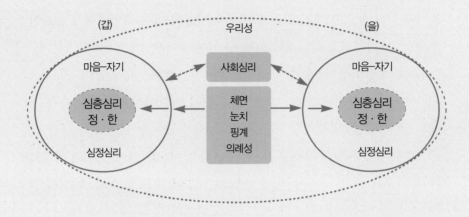

그림 1 **한국인의 특성적 심리−사회(Psycho-social) 구조 및 역동**

위의 그림에서 보면 '갑'과 '을'은 각기 사회-문화 속의 개인으로 마음을 가지고 있으며, 마음은 심층마음(한, 정 등)과 사회적 사건 속에서 상황적으로 발기된 상위인지 상태의 감정성 마음인 심정으로 구성되었다. 이 두 형태의 마음 간의 관계는 순환적으로 전환되는 이형동체(二形同體) 관계로, ↔ 에서 나타내는 바와 같이 어느 한쪽에서의 경험(예컨대 심정)이 다른 한쪽의 마음(예컨대 정)에 피드백되며, 이와 같은 피드백을 통해 재구성된 마음이 앞으로 나타날 심정에 반영되는(feed forward) 순환적 재구성의 과정이 반복된다.

이러한 한국인의 특성적 마음이 한국적인 문화맥락에서 만나 사회적 관계를 갖게 될 때 나타나는 한국인의 특성적 사회심리 질료로 우리성, 체면, 눈치, 핑계, 의례성 등을 들었다. 그리고 이들 요소 간의 역동을 보면 ↔ 에서 볼 수 있는 것처럼, '갑'의 심층마음이 '을'의 심층마음 또는 '을'의 심정에 영향을 미치거나 상호작용하며 그 역(逆)도 성립한다. 또한 '갑'의 심정과 '을'의 심정이 똑같은 형태로 영향을 미치거나 상호작용한다. 그리고 사회심리 요소 간에도 상호영향과 상호작용이 일어난다. 예컨대, 우리성이 높으면 체면이 덜 중요하게 작용하거나, 체면치레가 중요한 상황에서는 의례적 언행이 활성화될 수 있다.

사회심리와 마음 간의 관계도 ←···→에서 나타내는 바와 같이, 서로 영향을 끼치거나 상호작용한다. 예컨대, '을'이 '갑'에게 섭섭한 마음을 가지고 있다고 '갑'이 생각할 때 '갑'은 '을'의 눈치를 보게 되며, '갑'은 '을'에게 이에 대한 핑계를 대기 쉽다. 반대로 이 핑계를 변명조의 핑계로 받아들일 때 '을'은 '갑'에 대해 괘씸한 마음이 생길 수 있다. 이러한 한국인의 특성적 심리-사회 구조 및 역동 모델에서 작용하는 사회심리는 서로 독립된 것이라기보다는 상호연계성과 상호의존-영향관계를 갖는다. 그러면 먼저 한국인의 심층심리인 심정, 정과 한이 어떤 심리 현상인가를 알아보자.

한 / 국 / 인 / 의 / 심 / 리 / 학   **1장**

심정(心情)

필자는 충분한 생각없이 한국인에게 심정이 중요하다는 인상적 판단 아래 '한국인의 심정심리학' 이란 제목의 글을 발표한 바 있다(최상진, 1993a; 1994). 그 글에서는 정(情), 한(恨), 의례성, 체면, 눈치, 평계 등을 토대로 그것이 곧 한국인의 심정심리 자체라 보고 '심정심리' 란 이름을 붙였다. 그러나 추후에서야 그것과 심정이 다르다는 것을 깨닫고 심정 자체에 대한 일상적 경험과 심정 에피소드 내용에 관심을 가지고 보고들은 것을 생각하며, 다시 보고 듣고 하는 형태의 비체계적인 시행착오적 관찰과 사고를 반복해 왔다. 그리고 심정심리학이 있을 수 있다면 어떤 학문적 체계에 연계되거나 담겨질 수 있으며 그 이론적 근거는 무엇인가에 대해 서양학자들의 이론을 토대로 검토해 왔다. 그러던 중 비록 소략한 수준에서나마 심정이 어떤 현상이며, 왜 생기고, 어떻게 연구할 수 있는가에 대한 생각이 어렴풋이 떠올라 일단 이 글을 통해 정리해 보았다.

◐ 심정을 읽으면 한국인이 보인다

우리 한국 사람은 일상적 대인관계나 의사소통에서 자신의 심정을 상대 또는 제삼자에게 표출하는 말이나 표정짓기 또는 행동을 많이 한다. 자신의 심정을 표출하는 형태로는 자신의 속에 든 심정을 느껴진 대로 기술하는(예컨대, 섭섭하다, 너무한다 등) '심정기술 방식'과 자신의 속 심정을 상대와 결부시켜 일어나는 감정이나 행위로 표현하는(예컨대, 때려죽이고 싶다, 얄밉다 등) '상대지향적 심정표출 방식' 등이 발견된다. 전자에 해당되는 표현언어를 보면 '분하다' '억울하다' '한스럽다' '섭섭하다' '속상하다' '기분 나쁘다' 등이 있으며, 후자의 예로는 '때려죽이고 싶다' '원망스럽다' '더럽다' '야박하다' '인정머리 없다' '야속하다' '박정하다' '무정하다' '정떨어진다' 등을 쉽게 찾아볼 수 있다.

심정을 반드시 언어로만 표현하지는 않는다. 경우에 따라서는 얼굴표정(예컨대, 상가에서 문상객의 조의의 표정 또는 교통위반에 걸린 운전자가 경찰관에게 '한번만 봐주세요.'라고 말하면서 사정하는 얼굴 등)에 자신의 심정을 담아 전달하기도 하며, 또 행동을 통해 자신의 심정을 상대방이나 제삼자에게 전달하기도 한다. TV 드라마였던 '전원일기'에서 일용 어머니인 김수미 씨가 자식이 섭섭하게 대할 때 밥상을 밀치는 행동이나 농성장에서 근로자들이 드러눕는 행동, LA올림픽에서 우리나라 권투선수가 링에 주저앉아 항의하는 행동 등은 엄밀한 의미에서의 거부라기보다는 자신의 심정을 표현하는 한국적 커뮤니케이션의 한 예라고 볼 수 있다.

우리나라 가정연속극은 한마디로 심정의 경연장이요, 한국적 심정 상호작용과 심정게임의 산 전시장이라고 보아도 무방하다. 영화 '서편제'에서 송화의 노랫가락과 목소리는 기구한 운명을 '한'이라는 한국적 심정에 실어 승화시킨 데서 한국인의 공감을 사고 있으며, 송화와 그녀의 오빠 동호가 밤새껏 소리를 하면서 말 한마디 안 한 것은 말보다 심정의 교감이 더욱 중요했음을 시사한다. 흥부전, 심청전, 장화홍련전 등과 같은 고전문학작품을 읽으면서 독자가 눈물을 흘리는 것은 주인공에 대한 심정적 공감대에서 연유한다. 김소월의 시 '진달래꽃'이 한국의 근대 시문학에서 백미로 꼽힐 수 있는 것도 반어적으로 자신의 애절한 심정을 전달하는 것과 무관하지 않을 것이다. '바보처럼 살았군요' '나는 바보야' 등과 같은 유행가가 한국의 대중에게 공감을 유발하는 것은 바보의 심정을 이해하고 공감하는 한국인의 심정심리적 문화문법에서 비롯된다고 하겠다.

우리나라 여성 민요나 민담은 대다수가 여성의 고통이나 차별대우를 은유적으로 표현하는 심정토로 문학이다. 신문이나 대중잡지와 같은 매스컴에서 '김옥숙 여사의 심정' '전두환의 심정', 이중 국적으로 문제가 되었던 '송자 총장의 심정' 등과 같은 헤드라인을 흔히 찾아볼 수 있는 것도 한국인이 심정에 대한 도식과 관심이 발달되어 있음을 시사한다. 우리나라 부인들은 남편이 부인의 심정을 잘 몰라 준다하여 남편에게 토라지기를 잘하거나 강짜를 부린다. 우리나라 놀이에서 흔히 단판승부보다 삼세판으로 승부를 결정하는 것도 필연 억울하게 졌다는 마음을 씻어주기 위함이라고 생각된다.

우리나라 일상 대화 속에 '지가 나에게 그럴 수 있어.' 라는 말은 상대방에 대한 섭섭하고 야박한 심정을 여과없이 표출한 말이다. 우리나라 부모가 자식을 설득할 때 '네 어미 심정을 생각해서라도……' 라는 말로 시작한다(인질범을 설득할 때 어머니를 동원하여 자식의 자수를 권유하는 과정에서 흔히 쓰는 말). '네 심정은 내가 안다.' '내 심정 건드리지 마.' '심정적으로는……' 과 같은 말을 우리는 친숙한 관계에서 흔히 사용한다. 술자리에서의 대화는 심정토로식 대화가 많다. 한국인이 흔히 사용하는 국민정서, 지역정서, 광주시민의 정서 등과 같은 말에서 정서는 심정을 그 내포적 속성으로 하고 있으며, 정치나 사회문제 해결에서 정서를 중시하는 것도 한국인에게 있어 심정이 중요한 변수임을 뜻한다. 선거에서 자신의 의사에 반하는 사람을 동향이나 동창과 같은 연고 유대관계로 찍어주는 것도, 그 심중에는 찍어주지 않을 때 오는 심정적 부담을 줄이려는 무의식적 동기에서 비롯되었다고 볼 수 있다.

보통 심정심리는 사적인 관계에서 통용되는 것이 한국적 대화문법이다. 그러나 공적인 상황에서까지도 심정이 중요하게 고려되는 경우도 많다. 수년 전에 고위공직자 자녀 부정입학사건이 사회문제로 크게 부각된 일이 있었다. 미국이나 서구사회의 경우였다면 이들 고위공직자들은 당연히 공직을 떠나야 했을 것이다. 그러나 그 당시의 언론이나 국민적 정서는 이를 용서하는 방향으로 사건을 묵과하였다. 이는 자식에 대한 부모의 심정을 참작한 데서 연유된 사적인 관계심리가 관여되었기 때문이다. 한국의 부정부패의 상당 부분은 표면적이든 실질적이든 사적인 인간관계에서 비롯된 청탁에 대한 거절부담 심정에서 출발하여 금전으로 촉진되는 사례가 허다하다.

또한 예전 우리 사회의 뜨거운 논쟁 이슈였던 한·약학 분쟁에서 객관성과 합리성을 바탕으로 제시되어야 할 주장이 그 형식을 깨고 심정에 호소하는 광고가 등장한 적이 있다. 한·약학 분쟁이 고조되었던 당시 1993년 6월 26일자 조선일보에 게재되었던 대한약사회 광고의 헤드라인은 '우리는 너무나 억울했습니다' 였다. 과학자 집단인 약사회에서까지도 심정에 호소하는 광고를 시작한 것이다. 한국인의 인간관계와 커뮤니케이션은 물론 예술, 문학, 정치, 경제, 가족관계 등에서 심정을 배제하고는 '한국적' 이라는 표현을 사용하기 어렵다. 심정은 한국인의 삶 구석구석에 배어 있는 한국인의 역사 문화적 심리유산이며 유전적 심리체질이다.

◑ 심정의 심리학적 개념화

심정은 마음을 뜻하는 '심(心)'과 감정을 의미하는 '정(情)'의 복합어로서, 그 개별 어의에 충실하게 해석해 보면 다음의 두 가지가 가능하다. 첫째는 마음으로부터 우러나오는 감정이며, 둘째는 감정이 개입된 마음 또는 마음이 개입된 감정이다. 심정에 가까운 종래의 심리학적 개념인 feeling, emotion, affect와의 차이점을 찾아본다면 심정에는 마음이라는 요소 또는 과정이 감정과 결부되어 있다는 점이다. 보통 심정이라는 말을 사용하는 맥락에서 관여되는 마음은 일어난 감정과 관련된 연유, 이유, 상황 등에 대한 설명 등이 포함된 반성적 사고의 성격을 갖는다. 즉, 불쾌 또는 섭섭의 심정이 일어나게 된 인지적 배경을 포함한다.

심정이라는 말은 일반적으로 긍정적 감정보다 부정적 감정과 결부된 마음의 상태를 나타낼 때 더욱 빈번히 사용된다. 이처럼 심정이 부정적 감정과 관련하여 더욱 빈번히 사용되는 배경은 심정의 발생과정과 밀접히 관련된다. 심정발생 과정에는 그것이 유쾌하든 불쾌하든 상대방의 마음읽기가 관여된다. 심정과정에는 상대방의 행위나 상대에 의해 유발된 사건이 자신의 이해관계나 자존에 관계된다고 생각될 때 상대의 의도나 자신과 관련된 마음의 상태를 추론하는 과정이 일어난다. 그 추론의 종착역은 나를 위한 것이냐 아니면 나를 해치려는 것이냐의 판단이다. 물론 그 중간에 특별한 의도 없음이 있을 수 있다. 여기서 불유쾌한 심정은 자신을 해치려는 상대의 마음이, 유쾌한 심정은 자신을 위하는 마음이 추론되었을 때 발생한다. 즉, 심정의 발원은 나에 대한 상대의 마음 씀씀이의 질(도움 대 해침)과 그 강도에 대한 자기 판단이다.

일반적으로 상대가 나에게 즐거운 일, 좋은 일을 했을 때 우리는 고맙게 느끼거나 '고맙다'고 말하는 것으로서 추론은 일단락되는 경우가 많다. 그러나 자신에게 부정적인 결과를 가져오는 행동을 상대가 할 때에는, '왜'라는 자기질문과 더불어 그 연유나 이유를 추론해 보게 된다. 그리고 그 추론이 상대의 나에 대한 '좋은' 또는 '나쁜' 마음으로 귀결될 때 상대의 나에 대한 부정적 행위로 발생된 불쾌한 감정은 불(유)쾌한 심정으로 발전된다. 따라서 심정은 그 성질상 유쾌한 질보다는 불유쾌한 질의 감정 사건을 단서로 하여 경험되는 경우가 많다.

부정적 성질의 심정은 반드시 자신을 해하는 상대의 행동과 이와 관련된 자신을 해하려는 상대의 마음읽기(추론)에서만 생기는 것은 아니다. 상대가 나를 위하는 행동을 했을 경우에도 발생할 수 있다. 상대가 나에 대한 긍정적(도움 · 이익주기) 행위를 했을 때에도 그 행동이 자신의 기대치에 미치지 못할 때 섭섭하거나 야박하다는 심정이 유발되기도 한다. 따라서 심정은 상대의 나에 대한 마음 씀씀이 기대치에서 상대의 언행으로부터 추론된 상대 마음 씀씀이의 정도 간에 존재하는 격차의 크기에 비례하여 그 질과 강도가 결정된다고 하겠다.

여기서 한 걸음 더 나아가 상대 마음 씀씀이의 기대치는 어떻게 형성되느냐의 질문이 제기될 수 있다. 앞서 지적한 바와 같이 심정은 전혀 생면부지의 사람이나 관계가 없거나, 인간적 접촉의 경험이 거의 없는 사람들과 관련해서는 생겨나지 않는다. 적어도 어느 정도 사적인 관계에 있는 사람들 간에 심정이 개입되는 것이 일반적이다. 이러한 관계 속에서 상대의 마음 씀씀이 기대치는 자신의 상대에 대한 지각된 마음 씀씀이의 질과 강도로 결정된다. 예컨대 자신이 끔찍이 아껴주고 도와주었다고 생각하는 사람에 대해서는 그렇지 않는 사람에 대해서보다 자신에 대한 긍정적 마음 쓰기의 기대치가 높을 가능성이 크다.

긍정적 마음 쓰기가 높은 집단은 '우리성' 집단이며, 그러한 집단은 실질적이건 전제적이건 성원들 간에 정을 주고받는 집단이다. 정의 핵심적 속성은 아껴주는 마음(최상진, 최수향, 1990; 최상진, 유승엽, 1994b; 1995)이며, 아껴주는 마음은 곧 상대방을 위해 긍정적 마음을 써 주는 마음이다. 상대로부터 기대했던 정을 되돌려 받지 못할 때 우리는 정떨어졌다는 말로 자신의 부정적 심성을 나타낸다. 정을 바탕으로 한 우리 집단은 단순히 상대방을 위해 긍정적 마음을 써 주려는 마음씨뿐만 아니라 상대방의 심정을 사전에 배려하여 의도적으로 상대방의 부정적 심정을 유발하는 언행을 삼가거나 긍정적 심정을 유발하는 언행을 하는 경우도 많다. 이를 상대심정배려 마음 써 주기라고 칭할 수 있다.

한국인의 대인관계에서 자주 나타나는 의례적 언행 중에 상대의 심정을 배려하여 의례적 언행을 하는 상대심정배려의례성(최상진, 유승엽, 1994a)은 앞에서 언급된 상대심정배려 마음 써 주기의 범주에 속하는 예의 하나이며, 이러한 의례적 언행을 언행자의 동기적 측면에서 이해할 때, 비록 그것이 사실과 다르더라도 자신을 위해 마음을 써 주었다는 생각 때문에 심정적으로 고마움을 느낄 수 있다.

심정의 심리학적 속성 질을 보다 구체적으로 이해하기 위해 기존의 심리학적 동류 개념과 대비시켜 보면 다음과 같다.

심정과 감정(feeling 또는 emotion)과의 차이

앞에서 부분적으로 언급된 바와 같이, 심정은 단순히 감정이나 느낌의 차원을 넘어 그러한 감정의 원인/연원/연계 형태의 생각이나 인지형태의 인지요소와 인지논리를 함유한다. 즉, 생각과 감정의 결합된 형태가 심정이다.

심정과 마음(mind)의 차이

분트를 비롯한 심리학자들은 마음을 물체와 같은 독립체(entity)로 간주하여 마음의 요소와 이들 요소 간의 결합법칙을 찾아내는 데 관심을 두었다. 이런 관점에서 마음은 비교적 고정적인 자체의 성질을 지니고 있으며, 비록 영구적은 아니지만 어느 정도의 항상성을 갖는 심리적 실체로 가정된다. 성격, 태도, 동기, 의지 등은 마음을 구성하는 요소들로서 심리학에서 비교적 항상성을 갖는 마음의 속성으로 파악된다.

그러나 심정은 마음과 같은 실체성, 항상성을 갖지 않는다. 오히려 마음의 상태를 지칭하는 표상수준의 개념으로서 마음 자체보다는 마음의 흐름에 가까운 개념이다. 또한 심정은 상대의 언행 및 상황과 관련하여 발기되는 마음의 상태로서 고정적·항상적이라기보다 유동성·가변성이 크다. 따라서 일단 발기된 심정도 상대의 언행이 바뀌거나 해명이 수용될 때 약화되기도 하고 반전되기도 한다. 또한 시간의 경과와 더불어 망각, 약화, 소멸되기도 한다.

심정과 강화/보상/처벌에서 오는 만족과 불만족 간의 차이

상대의 언행이 결과하는 강화/보상 또는 처벌은 그러한 언행자의 마음 읽기와는 관계없이 상대의 언행이 만족/불만족을 결과시키느냐 아니냐의 직접적 인과를 전제로 한다. 그러나 심정에서는 상대의 언행이 상대의 마음과 관련하여 어떻게 해석되느냐에 따라 만족/불만족 또는 쾌/불쾌가 결정된다. 즉, 상대의 마음 읽기가 심정에서는 중요한 구성요인이 되는 것이다.

사리중심적 언행과 심정언행의 차이

공공적 사태에서 합리적으로 옳고 그름을 의식하여 행하는 언행을 사리중심적 언행이라 한다면, 사적인 관계상황에서 인간관계를 의식하여 이루어지는 언행을 심정중심적 언행이라 볼 수 있다. 사람들은 언행과정에서 보통 이 두 가지 차원 또는 형태의 언행을 교차 또는 복합시켜 행한다. 사리중심적 언행에서는 사적인 관계에서 나타나는 마음 써 주기식 언행이 합리성과 공공적 타당성을 약화시키는 결과를 가져오므로 되도록 억제되거나 위장된다. 반면 심정중심적 언행에서는 공공관계에서 나타나는 합리적 언행이 마음 써 주기를 약화시키는 결과를 거져오므로 억제된다. 따라서 전자의 담론(discourse) 형태를 공공논리적 담론이라 한다면, 후자는 심정논리적 담론이라 볼 수 있다.

다음으로는 한국인들에게 있어 심정이 왜 중요하며, 한국인은 왜 심정표현이나 심정토로를 많이 하는가에 대해 검토해 보기로 한다. 우선 이 논의를 위한 몇 가지 공리적 전제를 제시하면 다음과 같다.

첫째, 한국인의 인간관계적 심리지향은 사리중심적이기보다 관계지향적이다.

둘째, 한국인은 인간관계에서 행위 자체보다 행위의 이면에 있다고 믿고 있는 마음, 특히 마음 써 주기를 중요시한다.

셋째, 인간관계에서의 마음 써 주기에 대응하여 나타나는 마음 읽기에서 가장 신뢰로운 지표는 상대의 언행에서 결과되는 수용자의 심정이라는 생각을 한국인들은 공유하고 있다. 즉, 한국인들은 말을 속일 수 있어도 심정은 속일 수 없다는 '심정진실관'을 가지고 있다. 따라서 유쾌한 심정은 물론이고 불유쾌한 심정까지도 시의성과 사태적 적합성에 맞고 대화의 형식이 맺힌 감정을 풀거나 건설적 관계회복을 위한 동기를 내포하며 이를 상대로부터 인정받을 때 부정적 심정토로도 심정 진실관에 입각하여 상대에 의해 공감되고 긍정적으로 수용될 수 있다. 술자리에서 자신의 불유쾌한 심정을 상대에게 있는 그대로 토로할 수 있는 것은 시의적 적절성, 사태적 적합성, 심정 진실관의 3박자가 술자리에서 맞아떨어질 수 있는 가능성이 높기 때문이다.

그러나 심정토로가 위의 조건을 충족시키지 못할 때 자칫 불평이나 불만으로 받아들여지기도 하며, 이러한 상황에서는 상대의 심정 진실관도 흔들리게 된다. 부정적 심정의 토로는 상대와의 관계개선이 그 궁극적 목표일 수 있으나, 경우에 따라서는 자신의 심정에 대한 상대나 제삼자의 공감적 수용만으로도 어느 정도의 만족을 당사자에게 줄 수 있다. 흔히 푸념은 반드시 문제의 해결보다는 자신의 심정을 상대나 제삼자에게 공감시키는 것에 일차적 목적을 둔 심정토로다.

한이 맺힌 사람이 상대나 제삼자에게 자신의 억울한 심정을 한탄조로 토로하는 것도 억울의 원천을 근본적으로 제거하거나 교정할 수 없다는 자의식하에 자신의 억울한 심정에 대한 공감을 얻기 위한 담론 양식을 취하는 경우가 많다. 기실 근본적으로 해결할 수 있는 억울함이었다면 한으로 맺히지도 않으며 심정공감을 통한 한풀기 노력도 불필요한 행동이다. 국내에 존재하는 억울한 사람의 모임의 한 세미나에서 사례발표자들의 한결같은 공통점은 '돈 없고 백 없어 억울하게 당했다.' 는 심정토로식 담론 형태를 띠었다는 점이었다. 김열규(1980)나 이어령(1982)이 한을 푸는 것으로 정의한 것도 이러한 점에서 심리학적 해석이 가능하다.

◑ 심정심리의 언어-경험적 구조

심정은 마음의 상태로서 매우 주관적이며 모호성이 큰 경험상태다. 이처럼 주관성과 모호성이 큰 심리 내적 경험일수록 문화적으로 그 성격이 규정될 가능성이 커진다(Valsiner, 1994). 정서에 관한 연구에서 문화적 정서와 정서에 대한 문화적 접근이 최근 중요한 연구경향으로 떠오르는 것(Kitayama & Markus 1994; Harré, 1994 참조)은 바로 위의 설명으로 이해될 수 있다. 그러한 문화적 개념 및 경험 규정은 흔히 은유(metaphor)를 통해 이해되고 기술된다. 은유는 어떠한 경험을 다른 경험을 통해 이해하는 형태를 갖는다(Lakoff & Johnson, 1980).

한국인의 심정에 대한 은유는 자신의 의지와 관계없이 마음의 운행섭리에 의해 저절로 생겨난다는 자연법칙 은유다. 심정 진실관은 바로 이러한 자연발생법칙 은유에 근거하고 있다. 이러한 은유 위에서 한국인의, 한국의 문화적 심정표상과 도식(쉐마)이 구축되었다고 볼 수 있다. 심정표상 도식은 언어적으로 구축되며, 따라서 심정표상/도식의 분석은 심정경험을 기술하는 언어의 분석을 통해서 가능하고, 역으로 심정경험은 심정경험기술언어를 통해 구성된다(Wittgenstein, 1975; Vygotsky, 1978).

Harré(1994)의 이론에 의하면 심정 담론의 분석이 곧 심정경험과 심정심리의 구성을 위한 접근방법이다.

한국인의 심정 담론에서 자주 사용되는 보편적 언어는 섭섭, 야박, 야속, 정떨어짐, 억울, 분함, 한스러움 등으로, 앞의 네 가지 말은 되돌려지는 아껴주기 마음이 기대에 못 미치는, 즉 정의 미흡을 그 저변의 심리로 깔고 있다. 그리고 나머지 세 가지 말, 즉 억울, 분함, 한스러움은 상대의 부당한 가해의 마음에서 비롯된 피해의식을 그 심리적 기저로 하고 있다.

이는 한국인 심정심리의 삶경험(lived experience)이 情경험과 恨경험(한의 기축심리는 억울한 마음에 있음: 최상진, 1991)을 내포적 본질로 하고 있으며, 심정이란 말은 이러한 경험내용을 추상화한 심리상태를 나타내는 외포적 언어다.

그러나 심정상태로서의 정과 한은 앞의 심정과 마음의 차이에서 언급된 바와 같이 상대 언행이나 사태에 따라 현장에서 즉발되는 감정상태로서 유동성과 가변성이 큰 부동성 마음상태다. 이 점에서 비교적 안정되고 항상성을 갖는 정태적 성격의 지속적 정이나 한과는 구분된다. 즉, 심정에서 관여되는 정과 한은 쾌/불쾌의 발기된 감정상태에 관여되는 발활 상태의 정과 한이라고 볼 수 있다. 여기서 심정심리에 대한 구성은 심정이 발기된 상태에서 경험되는 정과 한의 경험에 대한 에피소드를 담론 분석방법에 의해 구상화하는 것이 될 수 있다. 여기서는 etic접근이 아닌 emic접근이 요청된다.

심정에 대한 담론에서 왜 또는 어떻게 그러한 자신의 부적 또는 정적 심정이 생기게 되었는가에 대한 한국인들의 공통된 설명방식을 찾아낼 수 있다면(정과 한에 대한 표상이 한국인에게 공유되었다는 것이 이미 밝혀진 바 있다: 최상진, 1991; 최상진, 최수향, 1990; 최상진, 유승엽, 1994b; 1995). 심정에서 '심'에 해당되는 마음의 사회문화적 표상(여기서 말하는 표상은 단순한 심상이 아닌, 심정 발생에 대한 일반인의 이론으로서의 표상임)을 추출하는 일은 가능하다. 심정에서의 마음이 감정에 역으로 감정이 마음에 어떤 영향을 미치고 상호작용하는가에 대해서는 LeDoux(1989)를 비롯한 여러 학자들에 의해 이미 밝혀진 바 있으며, 이러한 결과들은 심정에서 마음과 감정이 밀접히 상호작용함을 시사한다.

그동안 한국인의 심리에 대한 심리학적 개념화 및 연구에서 중요한 핵심 개념으로 최상진 등은 정, 한, 의례성, 체면, 평계, 눈치 등을 분석한 바 있다. 이러한 개념 또는 심리현상들이 심정에 관여될 때 특징되는 심리적 질을 기술해 보면 다음과 같다. 정은 아껴주는 마음, 한은 억울한 마음, 의례성은 상대의 심정을 배려하는 마음, 체면 세워 주기는 상대의 자존심을 높여주거나 건드리지 않는 마음, 눈치는 상대의 심정을 읽는 마음 등으로 특징되며, 이들 모두는 크게 묶어 정과 한의 심리로 대분될 수 있다.

끝으로 심정의 연구가 확대 또는 응용될 수 있는 분야에는 심정커뮤니케이션, 심정광고 및 마케팅, 심정치료 및 상담, 심정언어학, 심정문학, 심정가족심리 등 다양하고 많다.

심정이 한국인에게만 독특한 심리 또는 심리상태인가 아니면 문화보편적인 현상인가에 대한 질문에서 필자의 입장은 이미 한국인의 심정심리학이라는 제목에서 암시된 바와 같이 전자의 입장을 택하고 있다. 그 이유는 다음의 두 가지에 있다. 하나는 적극적 입장으로 한국인이 '심정에 대한' 말을 많이 보편적으로 사용하며 심정토로식 또는 심정함유적 대화를 많이 한다는 점에서 한국인의 심정에 대한 관심이 크며 심정에 대한 표상과 도식이 발달되었을 것이라는 가정에 근거하고 있다. 사람이 무엇에 대한 생각이 많다는 것은 곧 무엇에 대해 어떤 생각을 하는가에 결정적 영향을 미칠 수 있다(Wason & Johnson-Laird, 1972). 이는 한국인의 심정에 대한 큰 관심 자체가 한국인의 심정에 대한 심리적 구성과 도식이 발달되었을 것이라는 가정을 가능케 한다. 또한 앞에서 심정의 내포적 속성으로 지적된 정과 한이 한국인의 독특한 심리적 특성이며 구성이라는 것이 어느 정도 최상진 등에 의해 밝혀진 바, 이는 심정이 한국인의 독특한 심리나 심리상태로 가정되는 뒷받침이 될 수 있다고 볼 수 있다.

두 번째 이유는 소극적 입장에서, 비록 심정이라는 말이나 심리현상을 다른 문화권에서도 발견할 수 있다고 하더라도 그 경험의 구성적 질과 체험양식, 설명체계로서의 표상 등에서 문화 간에 차이와 특성이 있을 수 있다는 안전한 판단에서 비롯된다. 이러한 시각은 최근의 정서에 대한 연구(예컨대 Harré 등, 1994; Kitayama & Markus, 1994)에서 지지되고 있다.

첫 번째든 두 번째 이유든 이제 이 질문에 대한 해답은 심정에 대한 한국문화 내적 분석을 토대로 하여 문화 간의 비교연구(문화비교 심리학적 접근이 아니라 문화 내 연구를 각 문화권에서 시해하여 그 결과를 비교하는)를 통해 보편성과 특수성의 문제에 대한 해답을 추구해야 할 것이다.

또한 이 개념화 탐색연구에서 심정에 대해 구성적이건 조작적이건 정의를 내리는 일을 회피한 이유는 심정이라는 경험현상에 대한 일상 삶적 자료수집이나 현상적 경험분석이 미흡한 상태에서 단정성을 함축하는 정의를 내릴 때 수반될 수 있는 여러 가지 부작용, 예컨대 인식론적 분석과 정의에 의한 현상의 현상학적 매몰화, 황폐화, 부분적 단서를 전체적인 현상으로 오인하는 왜곡 개념화, 그리고 잘못된 정의가 차후의 연구방향과 내용을 일방적으로 유도하는 연구의 오도 등을 피하기 위해서다.

정(情)

한국의 문화는 흔히 정의 문화라고 일컬어 왔다. 정이 우리의 생활에서 사용되는 맥락과 상황을 보면 정의 요소가 일반인의 심리세계 속에 광범위하게 자리잡고 있음을 쉽게 알 수 있다. '인정'에서부터 '모정' '부성' '우정' '구정' '신정' '무정' '유정'과 같은 단어적 표현뿐만 아니라, '정들다' '정 떨어지다' '정든 고향' '정이 많은 년' 등과 같이 정과 관련된 그 사용맥락도 다양하다. 심지어는 '미운 정, 고운 정'과 같이 상호 모순적인 상황의 혼합도 있다.

한국인들의 심성이나 심리특성 중 가장 특징적인 것으로 정을 들고 있는 것은 비단 외국인뿐만이 아니다. 한국인들 스스로도 가장 한국인다운 한국적 심성으로 정을 꼽고 있다(김열규, 1986; 이규태, 1977). 비록 정이란 말은 사용하진 않지만 우리는 스스로 '한국사람은 착하다.'라고 생각하거나 말한다. 이 '착하다'라는 말도 그 속내에는 '정이 많다.'는 것을 뜻한다. 또한 한국인은 소위 마음이 통하는 이상적인 인간관계를 지칭할 때 흔히 '인간적인 관계'라고 말하며, 여기서 인간적인 관계의 핵심은 '정이 통하며 정으로 맺어진' 관계를 함축한다.

그러나 이와 같이 중요한 정 현상이나 개념에 대한 학문적인 기술과 설명은 상상 외로 적고, 정을 다루는 깊이에 있어서도 매우 단편적이다. 흔히 정에 대한 문제는 국문학, 문화인류학 분야에서 간헐적으로 정이 어떤 현상이라는 것을 서술적으로 그리는 데 그쳤을 뿐, 그 수에 있어서도 몇 손가락에 꼽을 정도다(예컨대, 김열규, 1986, pp. 149-163; 김주희, 1988, pp. 69-87; 윤태림, 1987, pp. 234-246; 이규태, 1977, pp. 174-190; 이어령, 1986, pp. 183-200; 이홍우 외, 1988, pp. 50-59; 최상진, 1981, pp. 220-231). 그중에서도 심리학 분야에서의 분석은 고작 한두 편에 불과하며 이 중 사회심리학적 분석으로는 최근에 이수원(1990)의 연구를 들 수 있다. 이수원은 정을 공간의 개념을 사용하여 이해관계를 초월하는 비교환적인 관계로 규정한 바 있다. 그러나 그의 연구도 정의 속성이나 역동 및 분석방법 등에 대해서는 심도 있는 언급을 하지 못하고 있다. 이는 정이라는 현상이 아직 심리학적으로 정의되거나 측정되지 않는, 즉 심리학적으로 개념화가 이루어지지 않은 상태의 개념이며, 동시에 정이라는 현상이 매우 주관적이며 현상학적인 속성을 지닌 심리 내적인 어떤 상태를 막연히 또는 포괄적으로 지칭하는 현상 지칭적 개념이기 때문이다.

우리 사회에서 회자되는 정이라는 말의 역사적 흐름을 여기서는 이루 논할 수는 없으나 조선시대는 물론이고 고려시대의 가요에서도 정이란 말을 찾아볼 수 있다. 정은 수백년 전부터 문헌에 등장했는데 이규보의 '동국이상국집(東國李相國集)-지리지(地理誌)'에서 '동명왕편(東明王篇)'을 보면 다음과 같은 대목이 나온다.

그러나 정식으로 통혼하지 않고 무단히 딸을 겁탈하는 해모수를 옳지 않게 여긴, 유화의 아버지이며 물의 신(神)인 하백(河伯)은 크게 노하였다. 그는 사신을 보내 천제의 아들로서 실례를 범한 해모수를 크게 꾸짖었다. 해모수가 부끄러워 방에 들지 못하고 유화를 놓아 보내고자 하였는데, 유화가 정이 들어 차마 떠나지 못하고 해모수와 함께 하백의 나라에 갔다(장덕순, 1973).

위의 인용 대목에서 '정이 들어'는 남녀 간의 애정을 의미하는 것으로 현대어의 쓰임과 동일함을 알 수 있다. 다음은 '심청전' 중에서 심봉사가 뺑덕어미에게 속아 혼자 남겨진 자신의 신세를 한탄하며 자책하는 대목이다. 여기에서도 위와 같은 의미로 쓰인 '정'을 찾아 볼 수 있다.

"공연히 그런 잡년을 정 들였다가 가산만 탕진하고 중로에 낭패하니 도시 나의 신수소관이라. 수원수구(誰怨誰咎)하랴……."

한편, 다음의 대목도 '심청전'에서 발췌한 부분인데 남녀 간의 애정과는 다른 정의 용례가 나온다.

"여러 왕의 덕을 입어 죽을 몸이 다시 살아 세상에 나가오니 은혜 난망이오, 모든 시녀들도 정(情)이 깊도다. 떠나기 섭섭하오나 유현이 노수한 고로 이별하고 가거니와 수궁의 귀하신 몸이 내내 평안하옵소서(최운식, 1984)."

인당수에 빠졌던 심청이 수십 일을 용궁에서 융숭한 대접을 받다, 용궁을 떠나 올 때 하직인사 하는 말이다. 여기서 심청은 자신에게 지성으로 시중든 시녀들과 정이 들어 떠나기 섭섭하다는 말을 한다.

'열녀춘향수절가'의 다음 대목에서도 정의 용례를 찾아볼 수 있다.

"……그러면 어쩌잔 말이냐 너와 나와 유정(有情)하니 정자(情字)로 놀아 보자. 음상동(音相同)하여 정자(情字)노래나 불러 보세."

"들읍시다."

"내 사랑아 들어 봐라. 너와 나 유정(有情)하니 어찌 아니 다정(多情)하리. 담담장강수 유유에 원객정 하교에 불상송 강수원함정(江樹遠含情) 송군남포불승정(送君南浦不勝情) 무인불견송아정(無人不見送我情) 한태조(漢太祖) 희우정, 삼태육경(三台六卿) 백관조정, 도량 청정, 각씨 친정 친고통정(親故通情), 난세평정, 우리 둘이 천년인정(千年人情), 월명성희, 소상동정, 세상만물 조화정, 근심걱정, 소지 원정 주어 인정(人情), 음식투정 복없는 저 방정, 송정 관정 내정(內情) 외정(外情), 애송정 천양정 양귀비 침향정, 이비(二妃)의 소상정(瀟湘亭), 한송정 백화만발 호춘정(好春亭), 시린토월 백운정(白雲亭), 너와 나와 만난 정(情) 일정 실정(實情) 논지하면 내 마음은 원형이정(元亨利貞) 네 마음은 일편탁정(一片託情), 이같이 다정타가 만일 파정(破情)하면 복통절정(腹痛絶情) 걱정되니 진정으로 원정(原情)하잔 그 정자(情字)다(설선경, 1994)."

이도령이 춘향에게 구애하여 사랑에 빠진 두 사람이 '정' 자가 들어가는 말에 운율을 붙여 노래하며 즐거워하는 대목이다. 여기에서 이도령이 노래하는 정은 남녀 간의 애정을 나타내는 단어일 뿐 아니라 인정, 친구 간의 정, 속마음, 겉마음 등의 다양한 쓰임을 가지는 말로 오늘날 사용되는 우정(友情), 심정(心情), 감정(感情), 동정(同情) 등의 '정' 자가 붙는 모든 단어의 쓰임과 동일하고 '정' 자체에 대한 현대인의 표상과도 동일함을 알 수 있다. 또한 그 지은이와 연대가 밝혀지지 않은 고려가요(고려시대는 918년에서 1392년까지) '만전춘별사'에서도 현재와 같은 의미로서 사용된 '정'이란 말의 용례가 나타나고 있다.

어름우희댓닙자리보와님과나와어러주글만뎡어름우희댓닙자리보와님과나

와어러주글만뎡정(情)둔오범더듸새오시라더듸새오시라(만전춘별사 中 1연, 악

장가사).

이 가사의 내용은 '얼음 위에 대자리를 깔고, 나와 님이 얼어죽을 망정
정든 오늘밤은 새지 않았으면 좋겠다.' 라는 것으로 여기서의 정은 오늘날
의 연인 간 정의 용례와 크게 다르지 않음을 알 수 있다. 이상의 다양한 한
국 고전문학 작품의 '정' 에 관한 내용에서도 알 수 있듯이, 정은 한국인의
고유한 역사적 문화 유물이자 상품이라고 할 수 있다.

현재 우리 사회에서 정이란 말은 부부관계, 부자관계와 같은 가족관계
상황에서는 물론 붕우관계, 사제관계, 직장에서의 상하관계 등 다양한 인
간관계의 맥락에서 두루 사용되고 있다. 심지어 무르익은 연인관계마저도
'사랑이 깊어졌다.' 는 말보다는 '정이 들었다.' 는 말을 사용하며, 사랑이
식었거나 애증이 뒤섞인 부부관계에서도 흔히 '정 때문에 산다.' 고 말한
다. 정을 말할 때 흔히 우리는 '미운 정, 고운 정 들었다.' 고 말한다(최상
진, 김지영, 김기범, 2000). 이와 같은 맥락에서 '흉각각 정각각' 이라는 속담
이 있다. 여기서 흉이 있으면 미워질 수 있다고 상정해 볼 때 일단 든 정은
상대방의 흉이나 나쁜 점까지도 수용되거나 심지어는 긍정적으로 지각되
기도 한다는 것을 암시한다. 성인들의 일상대화에서 '지긋지긋한' 또는
'원수 같은' 남편이니, '바가지 긁는' 또는 '짐 보따리 같은' 여편네니 하
는 말을 자주 듣는다. 그러나 정작 이러한 부부들도 그저 헤어지지 않고
살아가며 그 이유를 물으면 '정 때문에 사는 것 뿐' 이라고 말한다. 그래서
부부싸움을 한국인은 '칼로 물 베기' 라고 말하지 않던가!

필자는 한국인의 정을 한국인의 심층심리를 구성하고 있는 한 축으로
서 개관하면서 정의 두 가지 의미를 설명한 바 있다. 그 하나는 성격 특질

로서의 정이며, 또 하나는 대상지향적 정이다. 우리가 어떤 사람에게 정을 느낀다고 할 때, 즉 대상지향적 정을 느낄 때 그 정은 상대의 특성과 정을 느끼는 당사자의 정 경험 성향, 즉 성격 특질로서의 정이 상호 작용하여 나타난 결과라고 볼 수 있다. 이와 같은 대상지향적 정 경험이 풍부해지면, 그 경험은 다시 성격특질로서의 정으로 일반화될 수도 있으며, 이러한 성격 특질로서의 정은 다시 차후의 대인관계에서 대상지향적 정 경험에 역투입될 수 있다. 따라서 이 둘 간의 관계는 닭과 달걀의 관계처럼 선후와 인과를 가리기 어려우며, 서로가 상호에게 영향을 미치는 순환관계로 파악할 수 있다.

그러나 그것이 심층심리의 정이건, 대상지향적 정이건 정이 '활성화된 상황'에서 '경험되는 정'은 동질성을 갖는다. 여기서 정이 '경험된다' 함은 정의 감정이 실제로 일어나고, 이를 정으로 인지함을 뜻한다. 이러한 정의 경험은 '누구에 대해' 정을 느끼는 '대상지향적 정'의 본질이다. 그러나 '성격 특질로의 정'도 그것이 활성화될 때에는 '대상에 대한 감정' 상태로서의 정으로 나타나며, 또 그래야 성격 특질로서의 정으로 지칭될 수 있다.

한국인의 대인관계에서 정은 한국인의 가까움과 밀착의 정도를 나타내는 가장 대표적인 심리 내적 경험 속성이며, 동시에 관여된 두 사람 또는 사람들 간의 친밀, 밀착의 정도를 기술하는 준거척도가 된다. 문화에 따라 대인 간의 친밀도를 기술하는 준거 차원은 다를 수 있다. 이 말은 곧 '가까움'을 구성하는 원자재로서의 질료는 문화적으로 규정됨을 시사한다. 미국인의 대인 거리가 호감이나 친밀도로 표현되고, 일본인의 대인 거리가 '기리'와 '아마에'로 기술된다면, 한국인의 대인 밀착은 정의 강도로 기술하는 것이 적합할 것이다(최상진, 1997b).

그러나 정은 그 자체로 대인 간의 밀착성을 스스로 지각하게 만드는 데는 충분치 못하다. 정은 애정이나 사랑과 같이 격렬한 감정 상태라기보다는 장기간의 접촉 과정에서 이슬비에 옷이 젖듯 잔잔하게 쌓여져서 느껴지는 누적적 감정 상태다. 따라서 정이 들게 되는 과정과 정의 마음 상태에 대해 '정' 감정의 당사자는 평상시에 이를 의식하지 못하고 살아가는 경우가 많다. '살다보니 정이 들었다.'는 말처럼, 정은 어느 시점에서 어떤 계기에 의해 자신의 과거지사를 되돌아보는 과정에서 문득 확인되는 감정 관여적 심리상태다. 이처럼 정은 과거의 사건과 이와 관련하여 느꼈던 감정의 편린을 통해 추론될 수밖에 없는 성질의 감정이며, 당사자가 구성한 주관적 개념화이다. 따라서 정이 많이 들 수 있는 사건이 많거나 정의 감정이 빈번하게 느껴졌던 정 역사가 깊다고 해도 이를 정이라고 의식하는 계기가 없으면 두 사람 간의 밀착관계는 정의 관계로 인식되지 않는다.

정은 또한 일본의 '기리'와도 구분된다. 일본의 기리는 의무성을 띠며 제도화된 체계 속에서 외부적으로 주어진 책임과 연계된 의무의 성격을 띠고 있다. 그러나 한국의 정은 의무나 책임과는 상극의 방향에 있는 자생적 심리상태란 점에서 일본의 기리와 다르디(최싱진, 1993b, 최상진, 유승엽, 1994b). 한국인에게 있어 정이 발달되었다는 것은 정의 마음이 풍부하다는 것만을 뜻하는 것은 아니다. 정의 소통방식을 보면 정을 베푸는 행위, 예컨대 어려울 때 상대를 조건 없이 도와주는 행위를 할 때, 상대에게 도와주었다는 티를 내지 말아야 한다. 티를 내지 않는 극단적 형태는 상대가 모르게 도와주는 것이다. 그러다가 상대가 이를 우연히 알게 될 때, 정의 전달효과는 극대화된다.

또한 앞의 예에서 언급한 것처럼, 어려울 때 정을 주면 마찬가지로 정의 전달효과는 커진다. 그래서 한국인은 결혼식 참석보다는 상을 당했을 때 문상 가는 일에 더욱 신경을 많이 쓴다. 정의 전달효과와 관련된 또 다른 중요한 요인으로는, 남에게 호의를 베풀 때 자신이 입게 되는 피해나 고통의 양이 클수록 정의 전달효과는 커진다. 친구 상가에 가서 실제로는 아무 일도 도와주지 않으면서도 밤늦게까지 있어주는 일은 당사자에게 고통이 가는 일이며, 그 고통의 양만큼 상대에 대한 마음 써 주기의 양은 커지는 것으로 상대는 지각하게 된다. 이 경우 친구에게 실질적인 도움은 주지 않으면서도 자신이 고통을 받고 있다는 사실만으로 정의 전달효과는 커진다.

정은 이처럼 행동으로 표현되는 것이 정형이지만, 말로도 전달된다. 예컨대, 친구 자녀의 입학시험 발표 날에 친구에게 전화를 걸어 "얘, 네 아들 걱정 때문에 밤잠을 못 잤다."라고 말해 줄 때, 수험생 어머니는 전화를 건 친구의 아껴주는 마음에 고마워한다. 여기서 전화를 건 친구가 실제로 도와주는 것은 없다. 그럼에도 고마워하는 것은 그 친구의 말 속에 아껴주는 마음과 걱정하는 심정이 배어 있기 때문이다. 친구가 불행한 일이 닥쳤을 때, "얘! 액땜했다."라고 말해 주는 상대의 심정 배려 의례성도 결국은 상대에 대해 아껴주는 마음, 즉 정을 전달하는 효과적인 방법이 된다.

지금까지 대인관계 속에서의 대상지향적 정의 성격을 살펴보았다. 그러나 '정이 많은' 또는 '정이 없는' 사람이라는 맥락에서 지칭하는 성격 특질로서의 정도 있다. 우리는 성격 특질로서의 정을 인정이라고 한다. 정 (또는 인정)이 많은 사람이란 남에게 정을 많이 느끼거나, 경험하거나 또는 남에게 정을 많이 주는 사람을 말한다. 인정은 인지상정(人之常情)이라는 말에서 뜻하는 것처럼 남의 어려움이나 고통을 공감하고 공유하는 데서 출발하며 따라서 정이 많은 사람의 성격 특성은 일차적으로 남의 아픔을 자신의 아픔처럼 공감하는 경향성이 높은 사람을 말한다. 박가열(1996)은 공감성이 높을수록 도움 행동이 큼을, 김은미(1994)는 정 수준과 우리성 수준이 높을수록 도움 행동을 더 많이 하게 된다는 경험적 자료를 제시해 주고 있다.

　한국 사람에게 정의 성격 특질이 발달하게 된 배경은 여러 차원에서 추론해 볼 수 있다. 먼저 심리적 측면에서 정의 발달에 관계되는 한국인의 특성으로 심정을 들 수 있다. 심정은 상대방의 마음 상태와 감정에 대한 공감에서 생기며, 인정이라는 개념과 결부시켜 한국인에게 심정이 발달했다 함은 곧 상대방의 아픈 마음, 불쾌한 감정과 같은 인간적 불행을 공감하는 일에 민감함을 뜻한다. 여기서 심정의 발달과 인정의 발달 간의 관계성을 발견할 수 있다. 인정이 발달되기 위해서는 남의 심정을 읽는 것이 필수적이다. 그러나 그 역도 성립한다. 즉, 인정이 발달했을 때 심정도 발달한다. 결국 심정과 인정은 서로 밀접한 가역적 관계로서 어느 것이 선행요인이라는 것을 말하기는 어렵다.

　한국인에게 있어 정이 발달하게 된 두 번째 배경은 한국 문화권에서의 밀착적 부모-자녀 관계의 특성 및 자녀양육 방식과 관계된다. 한국의 부모-자녀 관계에서는 서구의 이성적, 독립적 관계와는 달리 정 공감적, 자아미분화적(自我未分化的) 관계가 특징적으로 보편화되어 있다. 이처럼 부모-자녀 간에 일체감, 연대성이 강조되고, 정을 바탕으로 이들의 관계 및 상호작용이 이루어질 때 자녀의 부모에 대한 심리적 애착(attachment)이 높으며, 부모의 자녀에 대한 정이 자녀의 성격 특질로 내재화될 가능성이 높아진다(최상진, 유승엽, 1994b). 즉, 한국의 아이들은 이와 같은 부모와의 밀착관계와 정 관계를 토대로 하여 정이 많은 성격을 가진 성인으로 성장되었다고 볼 수 있다.

　김용운(1986)은 일본인의 의리와 한국인의 인정을 논하면서, 일본인은 의리와 인정이 갈등상태에 있을 때 의리를 택한다고 말하였다. 반면 최상진(1993b)의 한국인과 일본인의 '우리' 의식 비교 연구에서, 한국인은 의리보다 인정을 더 중요시하며, 한국인에게 있어 의리는 인정의 연장선상에 있는 것으로 지각하는 경향을 보이고 있다. 즉, 정을 실현하는 것이 의리라고 생각한다.

이상에서 보는 바와 같이, 한국인에게 보편적이고 일반적인 심리 특성인 정을 심리학적으로 개념화하는 작업이 요구됨에 따라 필자는 그동안의 연구를 통해 얻어진 결과를 중심으로 정의 심리적 속성 및 차원, 정이 드는 상황과 정의 표현 행위 및 감정, 그리고 정이 갖는 목적론적 기능을 설명하고자 한다.

◯ 정의 심리적 구조

정의 심리적 구조, 정 행위 및 감정과 정의 기능 등을 알아보기 위해 대학생들과 일반인들을 대상으로 광범위한 연구를 수행하였다. 1차적으로 자유기술 방식의 질문지를 통해 얻어진 자료를 분석하고, 2차적으로 그러한 분석을 통해 얻어진 결과를 중심으로 구조화된 질문지를 구성해 통계적인 방법을 사용하였다. 먼저 대학생들에게 '정든다' 라는 말을 들었을 때 머릿속에 연상되는 것이 무엇이냐고 물어 정과 관련된 연상의 내용을 범주화한 결과는 다음과 같다.

표 2-1 정 관련 연상내용

1) 역사성 (오랜 세월, 추억, 어린 시절 … 등)
2) 동거성 (동고동락, 같이, 가깝게 … 등)
3) 다정성 (포근함, 푸근함, 은근함, 애틋함 … 등)
4) 허물없음 (이해, 수용, 믿음직, 든든 … 등)

이 응답자 범주에서 볼 수 있는 것처럼, 정은 일정한 지속성을 가지고 접촉하고, 공동으로 경험하고 상호의존적인 관계에서 삶과 활동을 영위하는 '역사성'을 중요한 차원으로 함유하고 있다. 이와 관련된 요소인 정의 두 번째 속성 차원은 '동거성'이다. 이는 공간적으로 공유하는, 또는 가까운 관계에서 함께 삶을 영위하거나 서로 접촉하고 친숙하게 관계를 맺게 되는 공간적 밀착성을 말한다. 따라서 이 차원에서 정의 대상은 반드시 사람일 필요는 없으며 경우에 따라서는 집, 고향 산천, 오래 기르는 개, 또는 부엌과 같은 사물과 동물 등이 정의 대상이 될 수 있다.

이런 역사성과 동거성은 그 자체의 성격상 개인의 심리학적 속성이라고는 보기 어려우며, 따라서 정의 현상은 반드시 심리적 속성으로만 구성된 현상이 아님을 시사한다. 그러나 역사성과 동거성의 비심리적 속성도 반드시 시공간의 환경적 속성으로만 개념화할 수는 없다. 왜냐하면 정과 관련된 이 두 속성은 반드시 심리적, 즉 인지적, 정의적 측면에서 표상화될 수 있으며 따라서 심리적 속성을 동시에 구유하는 이중적 성격을 띠고 있다.

세 번째 속성 차원은 '다정성'으로, 여기에는 친근, 친밀, 푸근함과 같은 상대방의 인지, 감정, 태도, 즉 인간으로서의 특정한 성격 특성과 관련된 내용들을 담고 있다. 따라서 이 범주에서 보면 정이라는 현상이 상대방의 특정한 특성에서 비롯되는 현상임을 암시한다. 끝으로 네 번째 범주인 '허물없음'은 제3범주인 다정성과 중복되면서도 그 나름대로의 특이성을 갖는 내용들로 구성된다. 구체적 반응에서 볼 수 있는 것과 같이 상대방의 성격적 특성보다는 상대와 자신과의 관계성과 상호작용의 경험에 더 초점을 맞추고 있다. 즉, 이 차원은 일종의 인간관계의 특성 면에서 기술되는 차원으로 가족관계에서 그 극단적 원형을 찾아볼 수 있다. 이러한 나와 타인 간의 경계가 불분명하며 경계심이 불필요할 정도의 밀착관계는 두말할 필요 없이 오랜 기간의 접촉을 통해 이루어진다. 그리고 이러한 접촉은 공간적으로 밀접되며 외 공간과는 구분되는 우리 공간적 공유 상황에서 생성되기 쉽다. 뿐만 아니라 허물없는 관계는 역사성, 동거성 이외에 상대방의 성격적 속성에도 의존하는바, 기실 이 속성은 나머지 세 가지 속성의 결과적 산물일 수도 있다. 지금까지의 네 가지 차원을 보다 보편적이며 추상적 차원으로 개념화해 보면 역사성은 시간적 차원, 동거성은 공간성 차원, 다정성은 인성 차원, 허물없음은 관계성 차원으로 명명해 볼 수 있다.

본래 이 연구는 한국인의 정이 본질적으로 어떤 현상이며(그것이 사람의 마음속에 있는 심리상태인지 아니면 두 사람 간의 인간관계의 특정한 형태인지, 또 그렇지 않으면 특정한 시·공간적 특성과 관련된 환경 상태적 특성 형태인지), 또 심리학적으로 어떻게 정의되어야 할 현상인지에 대한 해답을 추구하는 데 목적을 두었다기보다는, 단순히 정의 심리적 상태를 구조적 분석을 통해 알아보는 데 목적이 있었다. 그러나 결과적으로 정 현상에 대한 언어상의 분석과 범주화의 결과는 정이 어떠한 차원의, 어떤 구체적 속성을 지니는 현상인가에 대해 매우 시사적인 자료를 제시해 주고 있다. 이 자료에 의하면 정은 정을 느끼는 대상의 특성만을 지칭하는 것도 아니며 특정한 시·공간적 구조상황에서만 비롯된 것도 아니다. 결국 여기서 정의 토폴로지(topology)라는 새로운 개념을 구성할 수 있다. 이를 도식화하면 다음과 같다.

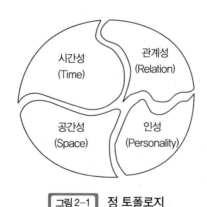

그림 2-1   정 토폴로지

[그림 2-1]에서 네 가지 차원의 상호 접합과 관련성이 점선으로 표현되어 있으며, 이는 이 네 가지 차원이 정의 기본구조를 이루는 기본적 차원 요소인 동시에 이들 차원은 독립적이라기보다는 상호 의존적이며 중복적인 측면을 지니는 보완적 관계임을 시사한다. 따라서 정은 어느 한 차원의 측정만을 가지고는 필수적이기는 하나 충분하지는 못하며, 동시에 정의 측정에서 어느 한 차원의 측정은 측정되지 않은 다른 차원의 근사한 대리적 추정치로 사용할 수는 있으나 그렇다고 그 두 차원이 동일한 속성이 아님도 동시에 시사한다.

필자는 한국 문화에서 정은 '우리성'을 구성하는 원초적인 힘, 곧 아교풀의 역할을 할 것으로 추정하여 이 연구가 발달되었음을 암시하였다. 이러한 추정은 정의 토폴로지에서 나타난 바와 같이 상당히 그럴듯한 추정임이 증명되었다. 우선 우리성을 구성하는 구조적 특성은 함께 오랫동안 동거하거나 상호작용하며, 동시에 상대방과의 지적, 정의적 관계가 동 단위 관계처럼 허물이 없다. 이와 동시에 상대방과의 인성 특성이 자신에게 다정한 것으로 받아들여질 때 느끼고 인지되는 현상이라고 할 때, 이는 곧 정의 토폴로지와 완전히 일치한다. 여기서 다음과 같은 추론이 가능하다. 우리성은 정을 기본적 지반으로 하여 문화심리적으로 구축된 밀착적 관계성의 연상 망이며 동시에 동 집합 단위와 관련된 사회 심리적 속성으로 구성된다는 점이다.

정이 드는 상황 및 조건

〈표 2-1〉는 '정은 언제, 어느 때 드는가'라는 질문을 하여 얻어진 응답을 내용 분석하여 이를 유사성 또는 동의미성의 준거에서 범주화해 본 결과로, 다음과 같은 네 개의 범주를 추출할 수 있었다.

표 2-2 정이 드는 조건

토폴로지 차원 범주	내용 특성 범주	주요 응답 내용
역사성(시간) 동거성(공간)	장기 우리성 접촉 경험	– 오랜 시간 – 반복적 경험 – 많은 이야기 나눔 – 동반자적 경험
다정성(인성)	이해와 포용 도와줌	– 화해의 경험 – 솔직함 – 나를 이해, 사랑
역사성(시간성) 동거성(공간성) 허물없음(관계성)	동고동락	– 어려움을 같이 경험 – 고생을 같이 경험 – 고민을 같이 경험 – 운명을 같이 경험
허물없음(관계성)	유사성	– 같은 취미 – 같은 처지 – 감정 교환 – 생각 일치

　　첫 번째 범주인 '장기 우리성 접촉 경험'은 앞서 추출된 정 토폴로지의
제 1차원(역사성)과 2차원(동거성)에 포함될 수 있는 응답 내용으로 구성되
어 있다. 이는 정 현상 반응에서는 역사성과 동거성이 분리된 차원으로 추
출되었으나 정드는 조건에 대한 반응에서는 이 두 차원이 서로 혼합된 하
나의 범주로 뭉뚱그려진 것은 우리 일상의 생활 경험에서 시간과 공간이
동시에 개입되는 경험의 질 때문이다.

　　두 번째의 '이해와 포용' 범주와 세 번째의 '도와줌' 범주는 모두 정이
드는 대상인의 인성적 특성에 해당되는 것으로, 우리의 일상적 용어로 표
현하면 소위 인간적인 심성을 강조하는 범주다. 이로 보아 정이 드는 상황
은 공식적인 자아보다는 비공식적인 자아 측면에서 상대로부터 공감 어린
사회적 관계를 맺게 될 때 구성되는 것으로 알 수 있다. 눈치와 체면이 공

식적인 자아의 모습을 중심으로 이루어지는 사회 심리적 현상이라고 하면, 정은 이와 같이 비공식적인 혹은 사적 수준에서 일어나는 사회 심리적 현상이다.

네 번째 범주 '동고동락'은 앞서의 다른 범주와 달리 일반적이라기보다는 특수한 질의 공동 경험을 지칭하는 것으로 볼 수 있다. 특히 이 특수한 질의 공동 경험이 고생이니, 싸움, 고민과 같은 다소 부정적인 측면의 경험을 포함한다는 사실을 주시해야 한다. 고운 정만 있는 것이 아니라 미운 정이 있다는 우리의 속담이 이 '정스럽지' 못한 정의 속성을 단적으로 드러내 준다. 정은 다른 감성적 경험과는 달리 각 개인 간에서 공동체적인 운명을 경험하게 되는 계기가 있을 때 생겨나는바, 이러한 공동체적인 경험 그 자체가 우리성이라는 도식을 촉발시키는 방아쇠 역할을 한다. 특히 그 경험이 쓰고 괴로운 것일수록 우리성의 의식은 높아질 뿐 아니라 비참한 공동 운명의 공유자라는 상호 의존 의식이 생기게 된다. 이는 앞서 가정한, 정이 우리성을 구축하는 힘이라는, 이 연구의 기본적 틀을 지지해 주는 결과다.

다섯 번째 범주인 '유사성'은 정이 초기에 성립되는 과정에 관련된 개인간의 상호작용 속성이다. 유사성은 혈연, 지연, 학연과 같은 연고적 측면뿐만 아니라 성격, 행동, 또는 신체적 특성과 같은 심리적 동질성까지도 포함한다. 서로의 구유한 특성이 유사하다는 것은 '우리'라는 범주화를 촉진시키며 동시에 상호 간의 호감을 증진시키는 데 기여한다. 어떤 면에 있어서는 앞서 논의된 동고동락도 함께 동일한 경험을 했다는 점에서 유사성의 범주에 중복되는 현상이라고 볼 수 있다. 이러한 유사성 속성들은 우리성 도식이 촉진된 이후에도 계속 그 촉진된 우리성을 유지시키는 기능을 발휘할 수 있어, 실상 정의 실체는 이와 같이 유사성에서 비롯되고 유지되는 우리성의 일면으로 이해할 수 있다.

이상에서 보는 바와 같이, 정이 드는 상황이나 조건에 대한 연상 내용과 상황을 분석해 본 결과 네 가지 차원(시간성, 관계성, 공간성, 인성)이 추출되었고, 이러한 결과를 토대로 정이 드는 상황이나 조건에 대한 구조화된 질문지를 개발해 자료를 모아 분석해 보았다. 그 결과(1, 2, 3차), 모두 어느 정도의 일관성 있는 차원을 나타냈다(〈표 2-3〉 참조).

표 2-3 정이 드는 조건 및 상황 범주 비교

정이 드는 조건(1차 연구)	정이 드는 조건(2차 연구)	정이 드는 조건(3차 연구)
동고동락	동고동락	우리성–일체감
	아껴주는 마음	아껴주고 믿어주기
이해와 포용	상호 이해와 포용	상대에 대한 인간적 이해
허물없음	사적 밀착성	격의 없이 대하기
장기 우리성 접촉 경험 (동거성/역사성)	동거 역사성	동거 역사성

정이 드는 조건에 대한 범주(1차)를 2, 3차 연구와 비교해 보면 2, 3차 연구의 제1요인인 동고동락(우리성–일체감)은 동일한 범주이고, 3차 연구의 제2요인인 아껴주고 믿어주기는 2차 연구의 아껴주는 마음과 유사하다고 볼 수 있다. 제3요인인 상대에 대한 인간적 이해 또한 1, 2 차 연구의 상호이해와 포용 같은 응답 범주가 존재하며, 제4요인인 격의 없이 대하기는 1차 연구의 허물없음, 2차 연구의 사적 밀착성과 유사하고, 제5요인인 동거 역사성은 2차 연구결과와 1차 연구의 정이 드는 조건 범주인 장기 우리성 접촉 경험과 응답 내용이 유사함을 알 수 있다.

정이 드는 조건에 대한 구조화된 질문지(Likert 5점 척도)의 항목과 각 항목의 평균 및 표준편차는 다음의 〈표 2-4〉와 같다.

표 2-4 정이 드는 조건에 대한 질문과 응답 결과

문 항 내 용	표준 편차	평 균	순 위
1) 함께 많은 시간을 보낼 때	.748	3.98	5
2) 함께 살 때	.797	4.28	2
3) 함께 고생할 때	.682	4.50	1
4) 굳이 동고동락이나 함께 일을 하지 않더라도 그저 함께 살면 정이 생긴다.	.742	2.81	
5) 정을 붙이려고 노력할 때	.771	2.84	
6) 자신의 비밀을 숨김없이 털어놓을 때	.840	3.53	10
7) 상대에 대해 진지하고 성실하게 대할 때	.838	3.85	7
8) 자신의 사생활과 상대의 사생활을 구분할 때	.749	2.13	
9) 어리석을 정도로 착하게 행동할 때	.831	2.49	
10) 상대에 대해 합리적으로 대할 때	.752	2.28	
11) 어린 시절을 함께 보냈을 때	.849	3.48	
12) 상대를 칭찬해 줄 때	.775	2.72	
13) 같은 운명에 처할 때	.881	3.67	8
14) 즐거움과 어려움을 함께할 때	.693	4.20	3
15) 기쁨을 함께 나눌 때	.802	3.58	9
16) 고생을 함께 겪을 때	.737	4.17	4
17) 흥미와 관심이 서로 비슷할 때	.759	3.26	
18) 특정한 상대에 대해 특별히 혜택을 베풀어 줄 때	.868	2.98	
19) 상대에 대해 친절하게 대해 줄 때	.762	3.13	
20) 대화를 많이 할 때	.790	3.49	
21) 상대가 가치롭고 훌륭한 사람일 때	.850	2.66	
22) 상대를 좋아할 때	.848	3.98	5

〈표 2-4〉에서 높은 평정치를 나타낸 순서대로 정이 드는 조건을 제시해 보면, 함께 고생할 때(문항 3), 함께 살 때(문항 2), 즐거움과 어려움을 함께할 때(문항 14), 고생을 함께 겪을 때(문항 16), 함께 많은 시간을 보낼 때(문항 1), 상대를 좋아할 때(문항 22), 상대에 대해 진지하고 성실하게 대할 때(문항 7), 같은 운명에 처할 때(문항 13), 기쁨을 함께 나눌 때(문항 15), 자

신의 비밀을 숨김없어 털어놓을 때(문항 6), 대화를 많이 할 때(문항 20), 어린 시절을 함께 보냈을 때(문항 11) 등의 순으로 나타났다.

　이러한 결과를 재분류하여 내재되어 있는 구조를 살펴보면 첫째, 함께의 속성이 대표적이라 할 수 있다. 예컨대, 함께 고생, 함께 살 때, 즐거움 함께, 함께 시간 보냄, 기쁨 함께 등에서 잘 나타나 있다. 둘째, 호감성 속성이 내재되어 있다고 볼 수 있다. 이러한 속성은 '상대를 좋아할 때'의 조건이 높은 평정치를 나타내 보인 결과에서 추론된다. 셋째 속성은 격이없음성이라고 볼 수 있다. 이러한 속성은 자신의 비밀을 숨김없이 털어놓을 때와 대화를 많이 할 때 등의 조건에서 잘 나타나 있다. 넷째는 성실성 요인이다. 이것은 상대에 대해 진지하고 성실하게 대할 때의 조건에 잘 내재되어 있는 것으로 해석된다.

정의 인간적 속성

정을 느끼는 대상

　이상에서 본 바와 같이 정은 '함께 하고' '아껴주고' '격의 없이 대하고' '일체감을 느끼고' '서로를 이해할 때' 생긴다고 할 수 있다. 그렇다면 정은 누구에게 드는 것일까라는 의문과 정이 많은 사람은 어떤 사람이며 정이 드는 사람의 특성은 어떠한가 등의 질문을 갖고 연구를 실시하였다. 정을 느끼는 대상을 묻는 질문에 대한 응답은 '전혀 그렇지 않다.'(1점)에서 '아주 그렇다.'(5점)의 범위를 갖는 5점 척도(어느 정도 그렇다.=3점)상에서 평정하도록 구성하였다. 각 항목별 표준편차, 평균과 상대적 순위는 〈표 2-5〉와 같다.

　〈표 2-5〉는 정을 느끼는 대상에 대한 그 정도를 묻는 질문에 대해 응답자들의 평정치를 상대적 순위별로 나열해 본 것이다. 나의 어머니(문항

1), 나의 아버지(문항 2), 나의 형제나 자매(문항 5), 고등학교 때 친구(문항 9), 흥미와 관심이 비슷한 친구(문항 11), 어렸을 때 친구(문항 8), 나의 할머니(문항 3) 등으로 나타났다. 이러한 결과는 한국의 문화가 유교문화에 바탕을 둔 가족주의 문화라는 기존의 연구자들의 견해(박명석, 1993; 이규태, 1991; 차재호, 1988; 최재석, 1989)를 뒷받침해 주는 것이다. 즉, 어머니, 아버지, 형제자매 순으로 가족의 구성원에 대한 정을 많이 느끼며, 또한 이러한 결과는 한국의 가족 구성원 간에 연결고리 역할을 하고 있는 감정이 곧 정의 감정이라는 해석도 가능하다.

표 2-5 ▶ 정을 느끼는 대상에 대한 정도

문 항 내 용	표준 편차	평 균	순 위
1) 나의 어머니	.709	4.56	1
2) 나의 아버지	.934	4.15	2
3) 나의 할머니	1.245	3.40	7
4) 나의 할아버지	1.390	2.74	
5) 나의 형제나 자매	.883	4.13	3
6) 촌수가 가까운 친척들	.850	3.05	
7) 자주 만나는 친척들	.853	3.27	
8) 어렸을 때 친구	.885	3.50	6
9) 고등학교 때 친구	.824	3.94	4
10) 대학 친구	.820	3.27	
11) 흥미와 관심이 비슷한 친구	.770	3.53	5
12) 자주 말다툼을 했거나 싸운 친구	.931	2.93	
13) 나와 같은 학과의 모든 입학 동기생들	.726	2.78	
14) 나를 알고 있는 모든 사람들	.695	2.65	
15) 내가 아는 동네의 이웃사람들	.779	2.35	
16) 나를 가깝게 대해 주신 선생님들	.829	3.11	
17) 나를 꾸짖거나 벌을 주신 선생님들	.877	2.77	
18) 나를 가르쳐 주신 모든 선생님들	.779	2.63	
19) 내가 한 번 싫어했다가 친해진 사람들	.919	3.16	
20) 나와 관심 분야가 비슷한 사람들	.724	3.28	
21) 한이 많은 사람들	1.053	2.43	

또 다른 흥미 있는 결과는 정을 느끼는 대상으로 친구 간의 순위에서 나타난다. 즉, 고등학교 때 친구가 가장 정을 많이 느끼는 대상이며, 다음으로 흥미와 관심이 비슷한 친구, 어렸을 때 친구, 대학 친구 등의 순으로 나타났다. 여기에서 어렸을 때 친구라는 응답의 내면에 있는 심리를 파악해보면, 한국인에게 있어 정은 유년기 시절에 대한 향수성을 짙게 띠고 있다 (최상진, 유승엽, 1996a)는 점을 알 수 있다. 즉, 정은 고향에 대한 관념적 향수가 내재되어 있는 심리적 상태라고 할 수 있다. 이러한 정의 관념성은 '나의 할머니' 라는 응답에서도 엿볼 수 있는바, 여기에서 할머니는 특정 대상으로서의 할머니일 수도 있으나 막연히 손자를 사랑하는 농촌(고향)에 살고 있는 관계 속에 존재하는 할머니일 수도 있다.

정이 많은 사람과 무정한 사람

정이 인간적인 차원에서, 사적인 관계에서, 공동 운명체의 상황에서, 서로 동일한 연고와 특성의 기반 위에서 형성된 것인 만큼 이는 공식적이며, 사무적이며, 계약적이며, 상업적인 관계와는 정반대 극에 있는 공동체 사회적 인간관계 및 심리의 특성이라고 추론해 볼 수 있다. 따라서 이익 사회의 관계 법칙인 합리성, 공정성, 상업성, 계약성 등은 정을 떼게 하는 섭섭하고 야박한 행동들로 받아들여질 수밖에 없다. 우리는 남에게 당연히 할 수 있는 이야기도 하지 못하고 자기 속에서 삭이지 않으면 안 되는 경우가 많다. '차마 어떻게' 의 심리 속에는 합리적이고 옳고 타당한 행위인지 알면서도 그 행위나 말이 정을 깨는 것이라고 염려하여 나오는 갈등의 표현이라고 생각해 볼 수 있다.

이러한 탈합리적인 정의 특성은 다음의 결과에서도 경험적으로 확인될 수 있다. 즉, 인정이 많은 사람, 무정한 사람, 그리고 정이 안 드는 사람에 대한 질문을 하여 정과 관련된 사람의 특성을 양극선상에서 정도별로 변별한 것이다. 먼저 인정이 많은 사람의 특성에 대한 응답을 범주화한 결과 〈표 2-6〉과 같은 네 개의 범주를 추출하였다.

표 2-6 ▶ 인정 많은 사람의 조건
1) 애타성
2) 인간적 연약성
3) 우선성(愚善性)
4) 타인 관심성

표에서 인정이 많은 사람은 무엇보다도 남을 사랑하고 도와주며(애타성), 남의 어려움이나 감정, 처지에 대해 감정 공감과 관심(타인 관심성)을 보이는 특성을 지닌다. 그러나 중요한 사실은 이러한 특성만으로는 인정이 많은 사람으로 평가되지 않을 수도 있다는 점이다. 예컨대 서구적 합리성이나 기독교적 박애주의 및 정의감에 근거한 자선적 행동이나 애타적 관심은 인정으로 연결되지 않을 수도 있다. 비록 그러한 감정, 관심, 행동은 그 표현형에서 다른 바 없으나, 한국적 '인정 심리'는 이러한 합리성과 당위성이 내재된 자선행위를 고마움의 차원이나 혹은 인위적인 인정의 차원으로 받아들이기는 하나 내면적인 인정의 차원으로 전화시키지는 않는다.

그러한 자선행위와 고마움이 인간적인 개념인 인정으로 승화되기 위해서는 그 행위를 하는 사람의 인간성이 연약하고 우직하며, 실속 없이 착하고, 혹은 미련해야 한다는 특수성이 요구된다. 여기서는 이러한 범주의 특성을 '인간적 연약성'과 '우선성(愚善性)'의 범주로 수렴하였다. 어떻게 보면 이러한 연약성과 우선성이 소위 한국인이 말하는 '인간적'이라고 하는 말의 본체일지도 모르겠다. 중요한 사실은 인정은 합리적인 자선보다는 이러한 보다 인간적인, 즉 비합리적인 인간 특성 속에서 발생하는 한국인의 특수한 사회 심리 현상이라는 점이다. 한국인의 '우리성'이 정을 바탕으로 한 개념이라는 사실을 주시할 때, 한국인의 우리성은 곧, 합리적인 혹은 공식적 관계 속의 우리나 서구적 사태 상황적 동질성에 기초한 우리가 아닌, 탈합리적, 인간적 관계 속에서 정을 바탕으로 한 개인 간의 인간 지향적 연계 단위(과업 지향적이 아닌)임을 알 수 있다.

다음으로, 무정한 사람의 특성에 대한 반응 내용을 범주화한 결과는 〈표 2-7〉과 같다.

표 2-7 ▶ 무정한 사람의 조건
1) 타인 고통 무감정성
2) 이기성
3) 이지성
4) 비감정성

여기서 '타인 고통 무감정성'과 '이기성'의 범주내용은 냉혈적인 금수성(타인 고통 무감정성)과 상업성 또는 타산성(이기성)을 함축하는 특성이며 동시에 상대에게 불만족을 유발할 수 있는 부정적 특성이다. 그러나 논리적으로 수긍하기 어려운 나머지 두 가지 특성, 즉 '이지성'과 '비감정성'이 무정한 사람의 특성으로 표현된 것은 매우 흥미로운 사실이다. 이는 앞에서 거론한 바와 같이 한국인의 정의 합리적, 이성적 차원의 반대 극에 있는 인간적, 감정적 차원의 특성에서 연원하는 심리적 속성임을 지지하는 것이다. 즉 '무정한 사람'은 남에게 피해를 주는 경우뿐 아니라 인간적인 접촉을 회피하거나 등한시하는 경우에도 해당되는 개념이다. 따라서 우리의 문화 심리 속의 '인정머리 없다'는 말은 곧 '인간성이 없다'는 심

리 논리가 이러한 인정의 구조적 특성에서 비롯되는 것이라고 생각된다. 이러한 인간적 속성의 정의 개념을 반영하듯, 우리 문화 심리 속에서 흔히 사용되는 '인정머리 없다'는 말은 곧 인간적이지 못하다는 것을 뜻한다. 이는 곧 '인간적임'이 한국의 '정 심리 문법'의 요체임을 암시한다.

　　무정한 사람의 속성을 묻는 구조화된 질문지를 통해 얻어진 결과는 〈표 2-8〉과 같다. 〈표 2-8〉에서 무정한 사람의 속성으로 높은 평정치를 나타내 보인 항목은 타인의 고통이나 어려움에 대해 동정심이 없는 사람(문항 1), 이기적인 사람(문항 2), 냉정한 사람(문항 3), 감정이 없는 사람(문항 4), 인간적인 관계를 맺기 어려운 사람(문항 8), 개인주의적인 사람(문항 9) 등의 상대적 순위로 나타났다.

표 2-8 무정한 사람의 속성

문 항 내 용	표준 편차	평 균	순 위
1) 타인의 고통이나 어려움에 대한 동정심이 없는 사람이다.	.82	3.99	1
2) 이기적인 사람이다.	.86	3.95	2
3) 냉정한 사람이다.	.97	3.71	3
4) 감정이 없는 사람이다.	1.14	3.54	4
5) 남의 도움을 원치 않는 자립적인 사람이다.	.97	2.70	8
6) 독립성이 강한 사람이다.	.95	2.47	9
7) 신뢰하기 어려운 사람이다.	1.14	3.02	7
8) 인간적인 관계를 맺기 어려운 사람이다.	1.01	3.45	5
9) 개인주의적인 사람이다.	.99	3.39	6

　　위의 결과가 시사하는 바는 첫째, 타인 고통 무감정성(문항 1과 3)과 이기성(문항 2와 9)은 집단생활 및 대인 상호작용 상황에서 정이 민감하게 작용하는(최상진, 최수향, 1990) 한국의 문화에서는 상대에게 불만족을 유발할 수 있는 부정적 특성이다. 둘째, 비감정성(문항 4)은 앞에서 거론한 바

와 같이 한국인의 정이 합리적, 이성적 차원의 반대 극에 있는 인간적, 감정적 차원의 특성에서 연원하는 심리적 속성임을 지지하는 결과라 하겠다. 즉, '무정한 사람'은 남에게 피해를 주는 경우뿐 아니라 인간적인 접촉을 회피하거나 등한시하는 경우에도 해당되는 개념이다. 따라서 우리의 문화심리 속에 '인정머리 없다'는 말은 곧 '인간성이 없다'는 심리 논리가 이러한 인정의 구조적 특성에서 비롯되는 것이라고 생각된다. 이러한 인간적 속성이 정의 개념을 반영하듯, 우리 문화 심리 속에서 흔히 사용되는 '인정머리 없다'는 말은 곧 인간적이지 못하다는 뜻이다. 이는 곧 '인간적임'이 한국의 '정 심리 문법'의 요체임을 암시한다고 하겠다.

이와 같은 무정한 사람의 속성에 대한 빈도 분석의 결과와 결부하여 요인 분석을 실시한 결과, 제1요인에 높은 부하량을 보인 문항은 냉정한 사람(문항 3), 이기적인 사람(문항 2), 타인의 고통이나 어려움에 대한 동정심이 없는 사람(문항 1), 감정이 없는 사람(문항 4)으로 나타났다. 이와 같은 문항의 내재된 공통 속성을 살펴보면 냉정하고 이기적이며 동정심이 없고 감정이 없는 특성을 지닌 것으로, 이 요인을 무감정성이라 명명하였다. 이런 결과는 앞의 응답경향성 분석의 시사점에서 지적한 바와 같이 한국인의 정의 속성이 인간적, 감정적 차원의 특성에서 연원하는 심리적 속성임을 지지하는 또 하나의 결과라고 해석된다.

둘째, 제2요인에 높은 부하량을 보인 문항은 신뢰하기 어려운 사람(문항 7), 인간적인 관계를 맺기 어려운 사람(문항 8), 개인주의적인 사람(문항 9)으로 나타났다. 이러한 문항들의 공통적인 속성을 파악해 보면 개인주의적이며 인간관계를 맺기 어려운 특성을 나타내는 것으로, 이 요인을 자기 중심성으로 명명하였다. 다음으로 제3요인에는 독립성이 강한 사람(문항 6)과 남의 도움을 원치 않는 자립적인 사람(문항 5)이 높은 부하량을 나타내 보였다. 이러한 특성은 정이 드는 조건의 비타산성과 반대 극에 있는 특성으로 독립성이라고 명명하였다.

정이 드는 사람과 정이 안 드는 사람

어떤 사람에게 정이 들고 어떤 사람에게 정이 안 가거나 정이 들지 않는가에 대한 연구결과는 다음과 같다.

표 2-9 ▶ 정이 안 드는 사람의 조건
1) 위선-자기 현시성
2) 타산-이기성
3) 무관심-냉정성
4) 자기 중심성
5) 독립-완벽성

〈표 2-9〉에서 정이 안 드는 사람의 범주로 위선-자기 현시적, 또 타산-이기적 속성이 포함된 바 이들 특성은, 인정이 많은 사람의 특성인 이타성, 타인 관심성과 상반되는 특성이란 점에서, 그리고 이러한 범주들은 상호 작용에서 상대에게 피해를 줄 수 있으며 자신의 목적적 이기성을 추구하는 특성이라는 점에서 대인 간에 호감을 손상시키는 성격 특성이다. 그러나 나머지 세 범주인 무관심-냉정성, 자기 중심성, 독립-완벽성은 적어도 타인에게 명백한 피해는 주지 않을 수 있다는 점에서 그 자체로 부정적인 인성 특성이라고는 보기 어렵다.

어떤 면에서 이 세 범주는 서구적이며 현대화된 도시인 또는 능률 지향적인 WASP(와스프, White Anglo-Saxon Protestant) 집단의 특성이기도 하다. 개인주의와 능률주의의 속성인 이들 특성이 한국의 사회 심리 문화권에서는 인정과 관련해서 부정적 소인으로 작용한다는 점에 주의할 필요가 있다. 즉, 이러한 결과는 적어도 한국인의 정이 개인주의와 능률주의에 상반되는 편에 서 있는 심리적 속성임을 시사한다. 그 이유는 인정이라는 현상이 我와 他의 분리, 개체와 집단의 분리가 아니라 이타의, 개체와 집단의 상호의존과 인간적인 결합에 기초한 심리 현상이기 때문이다. 즉, 우리성을 조장하는 인간 특성을 가진 사람이 정이 많은 사람임을 시사한다.

이와 같은 결과를 토대로 정이 들기 어려운 즉 정을 붙이기 어려운 사람에 대한 구조화된 질문지를 통해 얻어진 자료를 분석하였다. 정이 들기 어려운 또는 정 붙이기 어려운 사람의 속성을 묻는 질문에 대한 응답은 '전혀 그렇지 않다' (1점)에서 '아주 그렇다.' (5점)의 범위를 갖는 5점 척도(어느 정도 그렇다.=3점)상에서 평정하도록 구성하였다. 각 항목별 표준편차, 평균과 상대적 순위는 〈표 2-10〉과 같다.

〈표 2-10〉에서 보면 정 붙이기 어려운 사람의 성격 특성으로 높은 평정치를 나타내 보인 내용은 위선적인 사람(문항 1), 교만한 사람(문항 4), 이기적인 사람(문항 7), 자기중심적인 사람(문항 15), 타산적인 사람(문항 11), 핑계를 잘 대는 사람(문항 23), 냉정한 사람(문항 14), 개인주의적인 사람(문항 19), 남에게 무관심한 사람(문항 13), 항상 눈치를 보는 사람(문항 22), 책임감이 없는 사람(문항 18) 등의 순으로 나타났다. 이러한 결과를 종합하여 해석해 보면 솔직성 결여(위선, 교만, 핑계, 눈치 등), 자기 현시성(교만, 위선) 그리고 이기적 타산성(이기성, 타산성), 냉정 무관심성, 자기 중심성 등의 속성을 지닌 대상에 대해서 정을 붙이기 어렵다고 생각하는 것으로 볼 수 있다.

표 2-10 정 붙이기 어려운 사람의 속성

문 항 내 용	표준편차	평 균	순 위
1) 위선적인 사람	.821	4.48	1
2) 어리석을 정도로 착한 사람	.863	2.45	
3) 나와 늘 싸워온 사람	1.037	3.19	
4) 교만한 사람	4.46	4.46	2
5) 내 성격과 아주 다른 사람	1.058	3.09	
6) 나에게 시련을 주는 사람	.974	3.63	
7) 이기적인 사람	4.36	4.36	3
8) 결점이 많은 사람	.946	2.87	
9) 경쟁심이 강한 사람	.946	3.43	
10) 어리석은 사람	.905	3.05	
11) 타산적인 사람	4.05	4.05	5
12) 만나도 재미가 없는 사람	.883	3.30	
13) 남에게 무관심한 사람	3.72	3.72	9
14) 냉정한 사람	.965	3.83	7
15) 자기중심적인 사람	4.16	4.16	4
16) 독립성이 강한 사람	.895	2.81	
17) 완벽한 사람	.931	3.37	
18) 책임감이 없는 사람	3.69	3.69	11
19) 개인주의적인 사람	3.76	3.76	8
20) 자립성이 강한 사람	.883	2.58	
21) 체면을 지키는 사람	.937	3.17	
22) 항상 눈치를 보는 사람	3.69	3.69	10
23) 핑계를 잘 대는 사람	3.93	3.93	6
24) 순박한 사람	.827	1.87	
25) 사업가처럼 이해관계가 밝은 사람	.988	3.00	
26) 합리적인 사람	.786	2.54	
27) 경우가 밝은 사람	.830	2.16	
28) 사무적인 사람	.801	3.35	

한(恨)

   '한(恨)'은 가장 한국적이면서도 가장 심층적인 한국인의 감정 및 심성 특질이다. 대부분의 한국인들은 한이 한국인의 민족적 감정이라고 표현하기도 한다. 학자들은 물론 일반인에게 있어 한은 한국인의 근원적인 심성이며 한국 문화의 정신으로 표상화되어 왔다. 즉, 한은 한국인의 집단적 표상이라고 할 수 있다.

   '한'은 억울하고 부당한 피해 상황에서 가해자에 대한 복수의 감정과 같은 대상 지향적 적대 감정이나 증오적 정동에서부터, 오랜 가난에 찌들은 농부의 '한'처럼 허무감이나 외로움, 막연한 피해 의식, 무력감과 같은 정조나 성격 특성 수준의 '한'에 이르기까지 다양할 수 있다. 즉 '한'은 심리학에서 볼 때, 정동 수준의 '한', 정조 수준의 '한', 성격 특성 수준의 '한' 등 서로 다른 수준에서의 개념화가 가능하며, 만일 수준이 다를 수 있다면 '한'을 설명하는 이론도 달라야 한다는 주장이 가능하다.

   더 나아가 '원(怨)'과 '한'이 동일한 현상을 지칭하는가 아니면 서로 다른 것인가에 대한 문제도 '한'을 개념화하는 데 필수적 · 선행적으로 해결해야 할 문제다. 만일 정대현(1987), 이어령(1982)의 주장처럼 '원'이 대상 지향적인 감정인 반면 '한'은 비대상지향적 감정이라면, 전자의 '원'은 분노의 감정과 보복의 감정이 중요한 감정 특성이 될 수 있으나, 후자의 '한'에서는 비애, 자책, 체념과 같은 허무감, 무기력감 등이 중요한 감정 요소로 부각될 가능성이 크다.

기존의 '한'의 심리 상태에 대한 분석이나 설명은 이러한 구분이 거의 이루어지지 않은 상태에서 이루어졌으며, 따라서 연구자가 어느 차원의, 어떤 시각의 '한'을 마음속에 두고 연구하느냐에 따라 '한'은 달라질 수 있다는 문제점이 있다.

여기에서는 이러한 혼돈에 대한 정리를 목적으로 하여 지금까지의 '한'에 대한 접근과는 달리 심리 상태로서의 '한'을 심리학이라는 미시적 접근을 통해 개념화하고, '한'을 설명할 수 있는 심리학적 설명 체계를 구상해 보는 데 목적을 두었다.

◑ 문헌을 통해 본 한의 속성

그동안 한국인의 의식구조나 심성적 특성, 더 크게는 한국의 문화적 특성을 파악하려는 노력에서 '한'은 한국인의, 한국 문화의 고유한 특성으로 학자 사회는 물론 일반인의 사회에서 표상화되어 왔다. 특히 문학, 인류학(민속학 포함) 분야의 학자들에 의해 주도되어 온 '한'에 대한 논저들은 '한'이 한국인의 고유한 심리, 문화적 특성이며, 동시에 그러한 '한'의 특성이 무엇인가를 찾아내고 기술하는 데 연구의 방향이 지향되어 왔다. 예컨대, 김열규(1975, 1980, 1986), 이어령(1978, 1982), 김용운

(1989), 이규태(1977, 1991) 등은 '한'을 "마음속의 응어리"로, 최길성(1991)은 고은의 정의를 빌어, "영구적인 절망이 낳은 체념과 비애의 정서"로 수렴하고 있다. 이들이 '한'을 한국인의 특성이라고 규정하고 '한'의 특성이 어떤 것이라고 주장하는 논리 전개의 과정은 고대와 현대에 이르는 대표적 문학 작품, 시가 속에 '한'적 에토스나 주제가 많다는 것을 찾아내거나 또는/동시에 굿(예컨대, 별신굿), 전통놀이(예컨대, 산대놀이, 탈춤), 민속 신앙과 역사적 사건(예컨대, 동학 운동) 속에서 '한' 풀이나 '한'적 상징들을 찾아내고 여기서 '한' 심리와 '한' 문화의 특성을 추출하는 형태를 취하고 있다.

　김열규는 심청전, 홍부전, 장화홍련전, 춘향전, 홍길동전에서부터 현대에 이르는 한국의 대표적 문학 작품 속에서 '한'적인 주제와 문학적 관습을 찾아내고 이로부터 한국인과 한국 문화 속의 '한' 심리에 대한 자신의 이론을 도출하였다. 그는 '한'을 단선이 아닌 복합적 감정 상태로 보고, 그 특성을 다음과 같이 묘사하고 있다.

　　"외로움 같은 '恨', 서러움 같은 '恨', 허전함 같은 '恨', 괴로움 같고 슬픔 같은 '恨', 서정인가 하면 비참이기도 한 '恨', 아쉬움이면서도 처절한 아픔인 '恨', 뉘우침이 엉겼는가 하면 원망이 서린 '恨' (1980, pp. 26-27)"

　김열규는 '한'을 한국인의 문화적 특성이라는 차원을 넘어 '한'의 생성 기제를 심리학적 차원으로 설명하고 있다(물론 그는 자신의 견해를 심리학적 이론으로 칭하지는 않았지만, 오히려 문화적 접근을 그 기저에 두고 있음). 그는 '한'과 '신명'을 서로 양극을 이루고 있는 심리 상태로 설정하고, 이 사이를 '정'이 매개하는 것으로 보았다. 여기서 '정'이 파탄될 때 '한' 또는 '원한(怨恨)'이 생기며, '정'이 회복될 때 '신명'이 난다(1986, pp. 123-

133)고 하였다.

　김열규의 견해를 분석해 보면 첫째, 그는 '한' 속에 '원(怨)' 으로서의 '한' 과 '한' 으로서의 '한' 을 모두 포함시키고 있다. 그의 표현 속에 '한' 을 외로움, 서러움, 뉘우침이라 한 것은 '한' 으로서의 '한' 을, 원망에 서린 '한' 이란 표현 속에는 '원' 으로서의 '한' 을 암시하고 있다. 그의 '한' 에 대한 여러 논저를 보면 복수심, 분노와 같은 '원' 으로서의 '한' 감정을 여러 곳에서 살펴볼 수 있다.

　둘째, 그는 '한' 을 정동 수준, 정조 수준, 성격 특성 수준 등으로 구분하고 있지는 않지만, 그의 논저 전반에는 이 세 가지의 감정, 심리 상태가 모두 포함됨을 알 수 있다. 위에서 그의 '한' 의 특징 묘사에서도 외로움 같은 '한' , 허전함 같은 '한' 등의 표현은 성격 특성이나 정조 수준의 '한' 에, 괴로움 같은 '한' , 슬픔 같은 '한' , 서정 같은 '한' 등의 표현은 정조 수준의 '한' 에, 비참이기도 한 '한' , 처절한 아픔인 '한' , 원망에 서린 '한' 등의 표현은 정동 수준의 '한' 에 가까운 감정 특성이라고 볼 수 있다. 이미 문학 속의 '한' 자체가 살아서 이글거리는 '한' 이라기보다는 세련되고 반추된 '한' 이란 점에서, 또한 문학이라는 예술 속의 '한' 이란 점에서 그 '한' 은 인본주의적 요소나 정한과 같은 서정적 '한' 이 깊게 드리어져 있음을 가히 추론할 수 있다.

　이어령(1978, 1982)은 한국의 시가 속에 한국인의 '한' 이 깊게 서려 있음을 지적하면서, 한국의 문화를 '한' 을 푸는 문화로 규정하고 있다. 특히 그는 일본과 한국의 문화를 '원' 과 '한' 의 문화로 대비시키면서 두 문화의 차이를 칼과 에밀레종의 문화로 비유하고 있다. 그는 '원' 을 원망과 복수의 함축적 의미로 풀이하고, '한' 은 꿈과 욕망이 깃든 좌절 상태로 비유하며, '원' 의 문화를 일본에서 가장 인기 있는 가부키의 하나인 '주우 신꾸라' 에서, '한' 을 이에 대응하는 한국의 '춘향전' 에서 그 원형을 찾을 수

있다고 주장한다. 또한 '한' 이 풀릴 때 신바람이 난다고 봄으로써 '한풀이
=신명' 이라는 김열규의 입장과 그 궤를 같이하고 있다. 그는 또 '원' 의 일
본 문화는 빚이나 은혜를 갚는 문화로, '한' 의 한국 문화는 갚는 것이 아
닌 푸는 문화로 비유하면서, 그 예로 살풀이, 샤머니즘, 푸닥거리 등을 들
고 있다.

　이어령의 견해를 분석해 보면, 그는 '원' 과 '한' 을 구분하여 '원' 은 직
접적 보복의 형태로 풀고, '한' 은 복수보다는 좌절의 회복 그 자체로 풀
수 있다고 보고 있다. 그러나 구체적으로 '원' 과 '한' 의 발생 기제가 어떻
게 다르다거나, 감정 상태에서 이 두 개념이 어떻게 구분되는가에 대해서
는 관심을 기울이지 않고 있는 것처럼 보인다.

　김용운은 '한' 의 원형을 귀신에게 아내를 빼앗긴 처용에서 찾고 있다.
그의 표현을 인용하면 "아내를 범한 귀신과 맞싸우자니 힘이 없고, 울자
니 자신의 신세가 안타깝다. 그는 화도 내고 웃기도 했으나 결국 노래하고
춤을 추면서 그 자리에서 물러섰다. 그러면서도 그는 은근히 아내가 무사
히 돌아올 날을 믿었다. 그의 울음 속에 '한' 과 '원' 이 함께 내포되어 있
는 것이다. ……" (1989, p. 284).

　그는 이러한 처용의 심리에 대한 분석에서, 좌절은 웃어넘기면서도 자
신의 못난 힘을 자학하기 때문에 '한' 의 심정이 우러나온다는 것이다. 처
용의 예와 더불어 그는 2차 대전 당시 징용으로 끌려온 한국 젊은이들의
행동을 기술하면서, 거기서 한국인의 '한' 을 그려내고 있다. 내용인 즉,
한국의 젊은이들이 북해도 탄광으로 가는 수송 열차를 기다리면서 마땅히
슬퍼해야 함에도 불구하고 전혀 슬픈 것처럼 보이지 않으면서 제기 차기,
자치기를 하면서 큰 소리로 웃고 떠들며 논다는 내용이었다. 김용운은 그
때의 한국 젊은이들의 마음에 '한' 이 응어리져 있다고 가정하면서 그런
상황에서 한국인은 울기보다 웃는다는 것이며, 그것을 '한' 의 본질적 심

성으로 그리고 있다. 더 나아가 그는 병신춤을 예술화시킨 민족은 한국뿐일 것이며, 여기서 불쌍한 병신 거지가 명랑하게 노래하며 춤을 춘다는 것이 아이러니라는 것이다. 그러나 이 웃음 속에는 눈물이 가려져 있고, 이것을 곧 '한' 의 미묘한 심성으로 파악하였다.

그는 또한 『일본인과 한국인의 의식구조』(1986)에서 한국인의 민족성을 눈물과 인정에서 우러나오는 용서로 특징짓고 눈물에서 비롯된 '한' 이 오래 지나 '원' 에 이르는 의식구조가 형성된다고 하였다. 이것이 그의 涙恨怨의 한국인 심성관이다.

본 연구의 관심 문제와 관련하여 김용운의 견해를 분석해 보면, 그에게 있어서도 '한' 은 김열규, 이어령과 마찬가지로 마음의 맺힘, 곧 응어리와 같은 것이며 '한' 의 심리 상태 속에는 분노와 자학이 복합적으로 얽혀진 것으로 일본인의 무상과는 다른 개념으로 대비시키고 있다. 그리고 '원' 과 '한' 을 동일선상에서 보고 있으며 '한' 이 오래 지속되면 '원' 이 된다고 보고 있다.

이규태(1977, 1987, 1991)는 한국인 '한' 의 의식구조를 역사적 사건, 문학 및 민속에서 찾고 있다. 먼저 그는 '한' 의 마음을 풀리지 않은 응어리로 특징짓고, 한자의 한 분석을 이를 통해 설명한다. '한' 은 마음을 뜻하는 心과 가만히 멎어 있다는 뜻인 艮과의 회의 문자로서, 마음속에 상처를 가만히 간직하고 있는 상태를 '한' 이라고 본 것이다. 즉 외부의 충격을 반사하지 않고 마음속에서 수용, 처리하는 것이 '한' 이라는 것이다(1977, p. 227). '한' 은 무형의 氣가 외적인 스트레스 때문에 맺힌 것이 응어리이고 불평, 불만, 원망, 탄식 등을 발산하지 못하고 속에 맺혀 두는 것을 응어리지는 것으로 보았다(조선일보, 1987. 12. 15.). 이 응어리가 오래 풀리지 않으면 '한' 이 사무치고 공감대를 형성하면 '원' 이 된다는 것이다. 그리고 우리나라 무속의 푸닥거리가 '분풀이', '살풀이' 등으로 불리는 것도 응어리를 푼다는 의미에서 '풀이'라는 말이 붙여졌다는 것이다(1991). 응어리를 푸는 방법에 있어서는 응어리의 원천을 본질적으로 제거하는 실질적 방법과 불평, 원망 등을 말로 표현하는 카타르시스성인 간접적 방법이 있다면, 그는 이 둘을 구분하지 않고 푼다는 말을 사용하고 있다. 그러나 그의 글 내용 속에는 이를 밖으로 표현하는 것 자체를 푸는 의미로 사용하고 있는바, 간접적 한풀이 쪽으로 기울어진 경향을 보인다. 따라서 그는 한국인의 응어리 병을 말 못해서 생긴 병으로 상징화한다(조선일보, 1987. 12. 15.). '한'은 좌절이 축적되어 생기는 것이며, 좌절 의식의 내향 축적은 피해 의식이 되고, 그 좌절이 외적 요인에 의해 발생했을 때 怨讐이 생겨나는 것으로 '한'을 파악하는바, 그에게 있어서 '한'은 원한과 피해 의식의 복합이 되는 것이다(1977, pp. 227-228). 이 피해 의식은 '한'에 자학적 요소를 복합시키며, 따라서 '한'의 심리적 기제는 마조히즘(masochism)이며 한국인은 스스로 약자 의식을 가짐으로써 자기 속에서 '한'을 처리하는 성향이 높다고 말한다.

이규태의 견해를 분석해 보면, 첫째, '한'을 응어리로 보고 있다는 점에서 김열규, 이어령의 '한' 관과 유사하다. 둘째, 이규태는 '원'과 '한'을 질적으로 구분하지 않고 '한'이 사회적 공감대로 발전할 때 '원'이 된다고 하였다. 이는 '한'이 개인적 수준의 심리 상태라면 '원'은 그러한 '한'이 사회적 의식화 및 감정 공감대를 형성할 때 보다 대상 지향적인 '원'이 된다는 점을 암시하는 것으로 해석된다. 셋째, 이규태는 '한'의 발생 원인을 단순히 외부에만 돌리지 않고 개인 내적 특성, 즉 의식구조에도 관련됨을 주장한다. 다시 말해 피해 의식에 관련된 약자 의식, 자학 의식을 '한'의 심리적 기제로 들고 있는 점은 개인 수준에서의 성격 특성이나 의식 구조가 욕구 좌절 상황에서 '원'의 형성에 관여됨을 시사한다.

지금까지 앞에서는 '한'의 현상과 개념 및 '한' 심리 상태에 대해 가장 기본적이고 포괄적으로 다루고 있는 논저를 살펴보았다. 이 고찰에 나타난 것은 '한'의 심리 상태가 구체적으로 어떤 것인가에 대한 기술이 아직 상세화되어 있지 않으며, '원'과 '한'이 구분될 수 있느냐, 또는 왜, 그리고, 어떻게 구분되거나 구분되지 않는가에 대한 구체적이고 심층적인 논의가 없다. 또한 '한'이 좌절이나 고통, 분노와 같은 감정이라면 그것이 외부적 상황 요건에 의해서 조성되는 것이냐, 아니면 그러한 상황에 대한 수용 방식 및 반응 양식과 같은 사람의 내적 특성에 의해서 영향을 받는 것이냐에 대한 논의가 없다. 따라서 다음에서는 이러한 문제와 관련된 논저들의 고찰을 통해 이 문제를 거론해 보기로 한다.

먼저 정대현(1987)은 "한의 개념적 구조"라는 제목하에 '한'과 원한이 사용되는 언어의 분석에 철학적 시각을 적용하여, '한'과 원한의 개념을 분석하였다. 그는 '한'과 원한의 개념이 사용되는 문장의 분석에서, '한'은 맺히는 것이고 원한은 품어진 것이라는 것이다. 더 나아가 그는 '한'은 의도에 독립적인 것임에 반하여 원한은 의도에 의존적이라는 것이다. 또한 원한은 지향성의 개념임에 반해 '한'은 어떠한 대상에도 향해 있지 않은 비대상 지향적 개념이라는 것이다. 따라서 '한'은 통증처럼 맺혔을 때 경험될 뿐이라고 말한다. 원한은 발생적으로 부당 또는 불의라는 사회 정의의 개념과 필연적으로 관련되어 있으며, '한'은 불행의 인식론적 규범이 막혔을 때 생성된다는 것이다. 그렇기에 '한' 풀이는 인식적이기보다는 예술적이거나 종교적이게 된다고 말한다. 그러나 '한'이 대상 지향적이 아니라고 해서 대상이 아주 없지는 않다는 것이다. '한'의 발생이 불의에서 출발했다면 그 불의를 인식하는 상태에서는 '한'은 비대상적 체험에서 대상적 체험으로, 즉 원한은 '한'으로 전환된다고 본다. 그러나 불의를 지적할 수 있는 사람은 지성인, 혁명가, 정치가가 된다는 것이다.

끝으로 그는 '한' 은 한국인에게 고유한 특성이라기보다는 외국인에게도 존재하며, 다만 한국인에게 더 많이 나타나는 특성이라고 했다. 그의 표현을 빌자면, "울산 바위는 한국에만 있다." 라는 의미에서가 아니라 "갓은 외국에도 있지만 한국에서 많이 만들어진다."의 의미에서의 '한' 이 한국적이라는 것이다.

그의 이러한 분석에서 다음과 같은 점에 주목할 필요가 있다. 첫째, 그는 '원' 과 '한' 을 대상 대 비대상, 지향성 대 비지향성의 차원에서 다른 개념으로 파악하고 있는 점, 둘째, '원' 이나 '한' 모두 부당 및 불의에 의해서 생성되나 '원' 은 불의를 인식한 반면 '한' 은 불의를 불의로 인식하지 않는 점, 셋째 '원' 이나 '한' 의 발생 원천인 좌절은 기본적으로 이 좌절을 받아들이는 사람의 특성에서보다는 외적 억압 상황이 거의 전적으로 '원' 과 '한' 의 발생에 기여한다는 점이다. 따라서 '한' 은 다른 나라에도 똑같이 있는 현상이라고 본다.

정대현의 '원' 과 '한' 의 구분은 이규태, 김용운, 이어령, 김열규 등의 개념화와 크게 다르다. 후자의 집단에서는 대상에 따른 구분, 지향성에 따른 구분, 불의 인식에 따른 구분 등을 의도적으로 시도하지 않고 있다. 정대현이 이들 집단과 또 하나 다른 점은 '한' 이 한국인의 고유한 심성 특질이라는 후자 집단의 입장과 달리하고 있다는 점이다. 그리고 본 연구의 관심 문제와 관련하여, 정대현은 '한' 의 생성에서 체험하는 사람의 심리적 특성을 거의 무시하거나 중요시하고 있지 않다는 점이다. 이 점은 자학 의식이 '한' 의 형성에 관여된다는 이규태의 견해와는 상치된다. 이규태와 같은 입장에서 여동찬(1987)은 한국인의 '한' 을 '한' 추구적 한국인의 심성으로 풀이하는 시각을 갖는다. 기실 문학이나 민속학적 '한' 접근에서는 정대현보다는 이규태나 여동찬의 '한' 지향적 성격 시각을 직접 또는 암시적으로 깔고 있다고 보아도 무방할 것이다.

'한'이 한국인의 의식 속에 있는 것인가 아니면 '한'을 유발하는 상황에 의해 그런 상황이 있을 때마다 생성되는 것인가의 문제는 민중 사회학적 시각에서 '한'을 다룬 한완상과 김성기(1988)의 책이 좋은 참고를 제시한다. 한완상과 김성기(1988)는 '한'을 민중의 생활 체험의 한 모습으로 파악하면서 '한'을 한국 민중 특유의 정동적 경향 및 태도와 관련된 집합적 정동 체험으로 파악하고 있다. 여기서 그가 말한 정동이란 개념은 개인의 일시적인 심리적 반응을 가리키는 것이 아니라 집합적인 차원과 문화적인 차원에서 쓰여지는 개념으로 사용하고 있으며, '한'을 한국 민중의 삶에 가장 널리 그리고 깊이 뿌리 내려 있는 민중 감정으로 그는 규정하고 있다. 그는 또한 '한'은 민중의 실존적 체험이며 또한 역사적이고 사회적인 체험으로, '한'은 억울하고 비참한 고통의 현실 속에서 형성되고 유지되며 표출된다는 것이다. 이러한 역사적이고 구조적인 상황 속에서 좌절된 희망과 그것에 따른 증오식 원상 회복에의 열망 등, 마음속에 맺혀 있는 모든 정서들을 '한'이라고 보았다.

그는 더 나아가 '한'을 기본적인 심리 현상인 것 같으면서도 공동체적인 체험이며, 좌절된 욕구나 소망인 것 같으면서도 새로운 구조를 탄생시키는 힘이기도 하며, 과거의 체험이면서도 미래의 삶을 열어 주는 힘으로 규정하고 있다. 그리고 그는 '한'의 경험 상태를 융(Jung)의 집단적 무의식으로 파악하고 있으며, 동시에 변화 가능한 출현적 규범의 성격도 갖고 있는 것으로 보고 있다.

'한'에 대한 한완상 등의 시각은 다음과 같은 점에서 주목할 필요가 있다. 첫째, '한'의 감정 상태를 정동적 경향 및 태도와 관련된 정동(여기서의 정동은 emotion이라기보다는 affect에 가까운 개념)체계로 보고 있으며, 이는 '한'이 태도와 정동적 태세같이 외부의 자극에 대한 수용 태도 및 반응 특성에 영향을 미칠 수 있음을 시사한 점이며, 둘째 '한'은 역사 및 사회적 억압 상황 속에서 형성된 한국인, 특히 한국 민중의 정동 체계라고 보고 있으며, 이는 과거의 외적 상황이 정동 특성 또는 성격 특성과 같은 개인 내적 특성으로, 또는 집단의 심리적 특성으로 '한'이 내재화되어 있다는 점, 셋째 '한'을 변화를 지향한 동기로 작용할 잠재적 에너지로 보고 있다는 점과 더불어, 넷째 '한' 심리의 사회적 형성 과정을 사회적 구성의 입장에서 파악하고 있는 점이다.

끝으로 '한'의 감정 상태가 구체적으로 어떤 감정을 느끼는 상태인가를 경험적으로 밝히려는 연구로 민성길(1991)의 '화병과 한'에 대한 연구를 들 수 있다. 그는 '한'이 한국인의 고유 심성의 하나라는 기존의 시각을 수용하면서, 정신병원에 입원한 환자 중 스스로 또는 주변에서 화병 환자라고 생각하는 환자를 선택하여, 화병과 '한'에 대한 자기보고 형태의 자료를 수집, 분석하였다. 그의 연구 결과는 ① '한'과 화병은 거의 공통적 경험에서 나타나며, ② '한'은 과거의 경험이기 때문에 어느 정도 극복되거나 체념되거나 잊혀진 과거의 감정 반응을 그 특징으로 하나, 화병은 감정 반응이 처리되거나 잊혀지지 않은, 또는 불안정하게 억제된 상태에서 나타나는 급격한 현재진행형의 감정 반응이라는 것이다. 화병에서는 충격, 분노, 증오 등 즉각적 대응 반응이 많이 나타난 반면, '한'에서는 허무, 후회, 고통, 열등감 등 장기적 억제의 결과가 '한'의 감정 반응으로 많이 보고되고 있다. 이러한 '한'의 감정은 현재의 불행이 아닌 과거의 불행에 대한 심리적 처리 과정을 거쳤기 때문이라는 것이다.

민성길의 연구에서 주목할 점은 다음과 같다. 첫째, '한'을 감정 상태로 파악하고 있는 점, 둘째 '한'의 감정은 개인들의 의식 속에 표상화될 수 있다는 전제하에 '한'의 감정에 대한 개인적 보고를 들어본 결과 상당히 일치된 감정 특징을 도출하고 있다는 점, 셋째 '한'의 감정 특성은 허무,

후회, 고통, 열등감과 같은 정조(sentiment) 수준의 감정이며, 따라서 emotion의 감정과 같이 강하게 활성화된 면이 약하다는 점, 넷째 '한' 의 감정 속에는 타책이 아닌 자책의 정념이 많이 반영되고 있다는 점이다. 이러한 시각에서 加瀨英明(1989)이 '한' 을 밖을 향한 것이 아니라 안쪽으로 향해진 자책의 정념에서 생겨난다고 보는 시각과 일치한다. 다섯째, 화병을 유발한 사건은 가까운 현재의 사건인 반면, '한' 을 유발한 사건은 지나간 과거의 불행한 사건이라는 점이다.

지금까지 '한' 에 대한 기존의 논저와 논문을 분석적으로 고찰해 보았다. 이러한 고찰을 기초로 하여 다음에서는 '한' 에 대한 필자의 심리학적 개념화를 가설 수준에서 시론적으로 구성해 보고, 마지막으로 소집단 조사를 통한 실증적 분석 자료를 제시하기로 한다.

○ '한' 심리의 세 차원

지금까지 문학이나 민속 분야에서 '한' 의 성격을 규정해 보려는 노력이 이루어져 왔으나, 이들 분석에서 발견되는 문제점은 심리학적 측면에서 '한' 의 심리 상태, 즉 '한' 심리를 개념화하는 분석적 시각의 결여를 들수 있다. 이는 학문의 성격상의 특성에서 이해될 수 있으나, 궁극적으로 '한' 을 이해하고 개념화하는 데 있어서는 심리학적 분석의 조망 체계가 필수적이라는 점에서 문제로 남는다.

예컨대, 문학 분석에서는 '한' 감정이 분노나 적개심과 같은 특정 대상을 지향해서 발기된 emotion인지 아니면 대상이 불분명한 상황에서의 sentiment와 같은 정서 체계인지를 분별하지 않은 상태에서 '한' 감정을 혼용하고 있으며, '한' 과 '원' 을 동일한 개념으로 혼돈해서 사용하기도 한다. 또한 '한'의 유형은 물론 시간적 경과에 따른 '한' 감정 및 '한'의 인지적 구조 변화에 대해서는 관심을 두지 않고 있다. 또한 특정한 상황에서 욕구 좌절로 인한 흥분된 세속인의 '한' 감정과 순화되고 승화되며 정련된 문학 속의 '한' 정서, 한국인의 성격 특성으로서의 '한' 성격과 세속적 '한'풀이 형태의 '한' 감정을 구분하지도 않는다. 더 나아가 '한'의 발생 구조적 조건 분석도 미흡한 상태이며, 일반인의 이 '한'에 대해 지니고 있는 도식이 어떤 것인가에 대한 논급도 없는 것이 현실이다.

그러나 '한'을 보다 정확하게 이해하기 위해서는 다음과 같은 차원의 '한'을 구분할 필요가 있다. 즉, 성격 특성으로서의 '한' 특성(Hahn Trait), 정서 상태로서의 '한' 센티먼트(Hahn Sentiment), 흥분된 정동 상태로서의 '한' 감정(Hahn Emotion)을 들 수 있다. 그리고 성격-정서-정동 차원과는 달리 인지적 차원에서의 '한' 쉐마를 고려해 볼 필요가 있다.

먼저 성격 특성으로서의 '한' 특성(Hahn Trait)을 불안의 경우와 유추시켜 설명하면, 성격 특성으로서의 불안에 해당된다. 즉, '한' 성격 특성을 가설적으로 예시해 보면 허무주의적 성격, 현실 초월적 성격, 비관적 성격, 운명론적 귀인 등으로 표현해 볼 수 있다. 다음 '한' 센티먼트는 위의 성격 상태와 연계된 감정적 정조 체계를 말한다. 쓸쓸함을 느낀다든가, 무상함을 느끼는 정조 체계를 예시해 볼 수 있다. '한' 정동은 초기 '한' 상태에서 불행에 대한 원망감, 적개심이나, 후기 상태에서는 자책의 감정 등을 들 수 있다. 끝으로 '한' 인지 도식은 일반인이 '한'이라고 부르는 것에 대해 일반인이 가지고 있는 인지적 쉐마를 말한다. 즉, '한'은 왜 발생한다거나 또는 어떤 조건에서 생성되는 것인가에 대한 일반인의 자기 도식을 지칭한다.

이러한 구분에서 보면 처용가는 '한' 정동을, 민담 속에 표현된 '한'은 '한' 센티먼트를, 한국인은 '한'이 많다는 말은 '한' 성격 특성을 지칭하는 것이라 볼 수 있다. 물론 이 세 가지 상태는 서로 유기적 관련성을 가지나, 어느 하나가 반드시 다른 것을 수반하거나 예언하지는 않는다. 서양인에게 있어서도 '한' 정조와 '한' 센티먼트가 있을 수 있으나, 서양인이 '한' 성격을 가지고 있다고 말하기는 어려울 것이다. '한'에 대한 인지 도식도 동서양 간에 차이가 있을 수 있다. 만일 '한'의 미학이 있다면, 그것은 한국적인 미학일 수 있으며, 그러한 미학은 '한' 정동보다는 '한' 정조에 기초한 미학이라고 볼 수 있다. 또한 정신 건강의 측면에서 '한'을 부정적 심리 상태로 파악하는 정신의학자들이 있는 것이 현실이며, 이들이 말하는 '한'은 '한' 정동에 가까운 '한'이라고 볼 수 있다. 그리고 한국인의 '한' 풀이식 공격성을 탓하는 사람들이 적지 않은 바, 이들이 말하는 '한'은 '한' 정조보다는 '한' 정동에 가까운 것이라 하겠다.

○ '한'과 '원'의 발생 과정

한의 발생 상황

'한'이 어떤 심리상태를 지칭하는 개념인가를 탐색하기 위해 가장 먼저 필요한 일은 '한'이란 개념이 사용되는 맥락을 검토해 보는 일일 것이다. 이를 위해 일상생활이나 대화에서 '한맺힌다' '한스럽다' '한이다'라는 상황을 서술하는 사건이나 상태를 검토해 본 결과, 다음과 같은 세 가지 '한' 사건 내지 상황을 추출할 수 있었다.

첫째, 부당하게 차별 대우를 받을 때 '한'이 결과될 수 있는 상황을 들수 있다. 예컨대, 상놈이 부당하게 양반에게 하시당할 때, 서민이 부당하게 관료에게 핍박받을 때, 못 가진 자가 부당하게 가진 자에 의해 피해당하거나 무시당할 때 '한'이 나타난다는 대화적·언어적 용례가 매우 많다. 여기서는 부당한 차별 대우에 대한 억울함의 인지와 감정이 욕구 좌절의 원천으로 작용한다. 둘째, 자신에게 필요한 것이 심각하게 결핍되었거나 일반 타인에 비교해서 필요한 것이 상대적으로 현격히 결핍되었을 때 '한'이 결과된다. 이 상황은 앞의 '차별 대우' 경우와 비교할 때, 욕구 좌절의 면에서는 유사하나, 욕구 좌절의 원천이 제3자나 제3자 집단이라기보다는 좀 더 애매한 비인적 요인에 의해 결과된 결핍 또는 박탈된 상황이다. 예컨대, 가난하다든가, 자식이 잘못되었다든가, 원하는 일이 제대로 되지 않았을 때 팔자나 운명 등으로 그 원인을 돌리면서 자신을 한탄하는 경우를 말한다. 마지막으로, 앞의 첫째나 둘째 상황에서는 제3자나 통제 불능성 외적 요인에 의해 욕구 좌절이 나타나는 상황에서의 '한'과 관련되나, 여기서는 자기 자신의 지울 수 없는 실수(one's own unrecoverable mistake)에 의해 만들어진 욕구 좌절이나 불행과 연계된 '한'을 말한다. 예컨대, 살아 생전 불효하던 자식이 부모의 사후에 이를 후회하는 상황과 결부된 뉘우침의 고통을 지칭하는 말이다. 이 세 가지 유형의 '한'을 쉽게 표현하면, 부당한 차별 및 업신여김의 '한', 불행성 결핍의 '한', 취소 불능성 자기 실수의 '한'으로 명명해 볼 수 있다. 동시에, 이 세 가지 유형의 '한'은 모두 자기 통제 불능성이라는 공통점을 지닌다. 그러나 '한'은 욕구 좌절이나 불행의 원천이 본래는 통제가 불가능한 요인이나 상황에 의해 발단된 것이기는 하나, 시간적 경과 및 심리적 고통의 과정 속에서 망각 및 심리 기제(psychological mechanism)와 유사한 자기 적응 과정을 통해 자신이 감내하거나, 수용할 수 있는 형태의 인지적·감정적 재구성을 해 가는 특성을 지닌다고 하겠다. 예컨대, 인지적 재구성의 경우 자기 팔자나 운명 또는 자기 탓으로 돌리는 등의 자기 책임적 귀인 재조정을 하거나,

세상은 원래 그런 것이라거나, 다 그런 거지 뭐 등과 같은 제3자적 관조 인생관 등을 수용하여 자신의 고통과 불행을 소화하기도 한다.

이러한 시각에서 보면, '한'은 그 발생 당시에는 분노, 원감, 증오, 적개심과 같은 외부 지향적 부적 감정과 더불어 자기 불행 외부 귀인적 특성을 가지고 있으나, 시간의 경과와 더불어 심리적 재조정 과정을 통해 점차로 자책적 귀인 및 현실 초월적 도식을 형성, 지니고 살 수 있는 '한' 의식과 '한' 정서로 변질되는 특성을 갖는다. 이 점에서 초기 상태의 '한'은 '원'에 가까우나, 시간의 경과와 더불어 '원'의 표적이 불분명하고 원망의 강도가 낮은 자기 책임 지향적 자기 수용의 속성과 연계된 '그저 허무하고 서러운 일반화된 센티먼트의 순화된 형태로 변질된다.'라고 볼 수 있다. 이런 시각에서 '한'의 초기 심리상태, 즉 '원'과 '한'의 특징을 대비시키면 다음과 같다.

표 3-1 원과 한의 특징 비교

	원	한
욕구 좌절 또는 불행의 원인	욕구 좌절의 원천이 분명하고 동시에 욕구 좌절 제공원은 사람이나 집단이 된다.	욕구 좌절의 원천이 분명할 수도 있으며, 불분명할 수도 있다. 차별 및 업신여김 당함의 경우에는 욕구 좌절자가 분명한 사람이나 집단이 되나, 불행성 결핍의 경우에는 불행의 원천이 제3자가 아니며 동시에 불분명하다. 또한, 취소 불능성 자기 실수의 경우에는 욕구 좌절의 원천이 제3자가 아닌 자기 자신이 된다.
불행에 대한 인지적 해석 및 귀인	자신의 불행이 제3자(개인 또는 집단)에 의해 인과되었다고 귀인	초기에는 불행의 원인을 제3자나 비인적 통제 불능 외적 요인으로 돌리지만, 시간의 경과와 더불어 자기 책임으로 귀인하는 경향이 증가되거나 제3자적 관조 인생관을 통해 현실을 수용하는 인지 체계를 갖는다.
감정 상태	상대에 의한 부당한 피해에 대한 억울함과 피해 작위자에 대한 적대감이 강렬하게 작용한다.	부당한 차별 및 업신여김 당하는 한의 경우, 초기에는 원의 상태와 유사하다. 불행성 결핍의 한의 경우, 특정한 불행 작위자가 없으므로 상황에 대한 원망의 감정만이 존재한다.

		취소 불능성 자기 실수의 한의 경우에는 자신에 대한 원망과 증오가 초기에는 강하게 일어난다. 그러나 한의 경우 시간의 경과와 더불어 원망과 억울함, 적개심의 감정은 순화되어 결과적으로 한 센티먼트 형태의 정서 체계를 이룬다.
표출 행동	보복이나 앙갚음의 적개심이 지속되고, 행동으로 표출될 가능성이 높다.	초기에는 자신의 한을 풀려는 행위 의도가 강하나, 후기에는 행위 의도가 약화된다. 그 대신 전위 공격 형태의 간접적 한 카타르시스 행동이나 심리적 대리 공격과 같은 전위적 원망 성취 행동 형태로 나타날 수 있다.
결과되는 산물	보복이 가능할 경우, 상대에게 자신의 피해에 상응하는 피해를 입힌다.	놀이나 해학과 같은 공격 허용 상황에 욕구 좌절을 간접적으로 표출하거나, 음악이나 문학 속에서 한 정서를 승화시킨다. 예컨대, 한 풀이 굿판, 한 문학, 유행가, 별신굿, 양주 산대놀이 등.

한의 발생 과정

여기서 한의 발생과 관련하여 '그저 서럽다는 것'과 '서러운 신세'는 구분되는 말이다. 국어사전(한글학회, 1994)에서 서럽다는 말은 '원통하고 슬프다'는 뜻이다. 그러므로 "나는 서럽다."라고 말할 때, 이 말은 자신의 감정이 원통하고 슬프다는 것을 나타낸다. 여기서는 서러움을 느끼는 주체가 자기 자신이 된다. 그러나 "서러운 (내)신세"라고 말할 때는 그저 원통하고 슬픈 것이 아니라 '내 신세를 생각하니 원통하고 슬프다.'라는 말이다. 따라서 여기서 자신은 서러움의 주체가 아닌 대상이 된다. 국어사전에서 '신세'라는 말은 '자신에 관한 처지와 형편'을 뜻한다. 따라서 '서러운 내 신세'라는 말은 내 자신의 처지와 형편이 원망스럽고 슬프다는 것을 말한다. 즉, 한은 남으로부터 억울한 피해를 당해서, 사람 취급을 못 받는 자기 자신의 처지와 신세에 대해 원망하며 슬퍼하는 감정과 생각이라고 정의해 볼 수 있다. 이에 반해 원은 자신의 억울한 불행에 대한 원인과 책임이 밖의 사람이나 상황에 있는 것으로 지각하면서, 그 대상이나 상황을 원망하는 것을 뜻한다.

일반적으로 한은 원의 감정에서 출발하여 심리 내적 과정을 통해 한으로 전화되는 경우가 많다. 원은 타인에 의해 억울한 피해를 받거나, 응당히 받아야 할 것을 못 받았다는 자의식에서 발생된다(최상진, 1991). 예컨대 정신대 할머니가 위안부로 차출되어 자신의 인생을 망치는 일에서부터 상사의 농간에 의해 부당하게 해고당하는 경우에 이르기까지 원이 발생하는 사건은 수없이 많을 수 있다. 이처럼 정신대 할머니나 부당 해고자의 공통된 심정은 '억울함'이다. 우리나라에 '억울한 사람들의 모임'이라는 회원 단체에서 사례 발표된 내용을 분석해 보면 한 마디로 '백없고 힘없어서 당했다.'는 심정 토로로 요약된다(최상진, 이요행, 1995). 여기서 억울함의 감정은 부당한 피해 의식에서 생기며, 우리나라에서 억울과 관련된 피해 심리는 자신이 힘이 약해서 당했다는 약자 피해 심리가 주종을 이룬다. 앞의 한에 대한 설명에서 사람 취급을 못 받는 신세라는 말 속에도 자신이 힘이 약해서 그러한 피해를 받은 것이라는 함축이 있다. 즉, 한국인은 힘이 없어서 서러워할 때가 많다.

힘이 없기 때문에 억울한 피해를 입힌 당사자에게 원을 갚거나, 부당한 피해를 회복시킬 엄두를 내지 못한다. 그래서 생기는 것이 화이다. 화는 분한 마음에서 발생한다(최상진, 이요행, 1995). 억울한 마음의 강도가 높을수록 화도 커지고 원도 많아진다. 그러나 힘이 약해 가해 당사자에게 화를 못 내거나 원을 갚지 못하고, 보다 궁극적으로는 부당한 피해를 회복할 수 없다고 느껴질 때, 이 화와 원은 외부 대상 지향에서 자기 지향으로 바뀌게 된다. 자기 딸이 난폭한 남편에 의해 이혼 당해 친정으로 돌아왔을 때 딸을 맞는 친정 어머니는 자신의 사위를 원망하는 것이 아니라 병신 같은 딸을 둔 자기 자신을 원망하고 슬퍼하는 경우를 우리는 종종 목격한다. 친정 어머니 입장에서 자기 사위를 나무랄 힘도 없고 다시 살게 만들어 줄 능력도 없으니 결국은 이 상황을 어쩔 수 없이 받아들여야 하며 원망할 것은 불쌍한 자기 딸이 아니라 불쌍한 딸을 둔 자기 자신이다. 또한 자신의 신세를 생각하니 서러울 뿐이다.

이처럼 원의 심리가 한의 심리로 변하는 과정은 프로이트의 무의식 심리학에서 가학과 자학이 공존할 수 있는 심리 기제와도 연관된다. 즉, 해결할 수 없는 원이 시간이 지나면서 원과 한이 공존하는 한의 심리 상태로 전환되며, 그 상태를 '원·한' 의 심리 상태라고 볼 수 있다. 원·한의 심리 상태는 그 초기에는 동시에 존재하나 시간이 지나면서 원은 약해지고 한만이 남는 것이 일반적이며 이러한 과정은 자기 심리 내적 적응 과정에 해당된다. 그러나 이러한 심리 내적 적응 과정을 통한 '원' 감정 순화가 순조롭게 진행되지 않거나, 활성화된 한의 감정이 망각되거나 잠재화되지 않을 때 화병으로 발전될 수 있다. 화병은 울화병이라고도 하며, 여기서 '울' 은 우울 상태를, '화' 는 화가 농축된 원의 감정 상태를 말한다. 즉, 울화병은 원과 한이 약화되지 않고 강하게 활성화된 상태에서 화와 울이 순환적으로 나타나는 정서적 장애 상태를 말한다. 그러나 대부분의 경우에는 원에서 활성화된 한으로, 활성화된 한에서 망각된 한이나 잠재화된 한으로 침전되어 정상적인 정서를 회복하게 된다.

한의 발생 단계와 순화 과정을 시간 차원상에서의 심리적 변화와 관련시켜 분석해 보면 다음과 같다(Choi & Kim, 1993). 제1단계는 억울함을 함유하는 원 유발 사건이 일어나면서 당사자는 욕구 좌절과 분노, 적개심, 복수심, 원한 같은 강력한 감정 경험을 갖게 된다. 그러나 그러한 감정의 직접적이며 대상 지향적인 표출은 사회로부터 용인되지 않거나, 복수심이 표출될 때 복수 상대로부터 보복을 받을 위험을 느낄 수 있다. 이런 상황에서는 자신의 감정을 억누르거나 억제하지 않으면 안 된다.

제2단계에서는 억울함이나 불행의 책임을 그 원인 제공의 당사자인 외부의 사람에게 돌리는 1단계에서, 자기 스스로에게 적어도 부분적인 책임을 전가시키는 책임 전환과 더불어 분노 감정의 약화와 질적 전환을 가져오는 심리 내적 적응 과정이 일어나게 된다. 원에서 한으로의 전환 과정은 힘이 없는 자신의 신세에 대한 비애의 감정과 더불어 대상 지향적 원망이 자기 자신에 대한 원망으로 전환되거나, 경우에 따라서는 팔자나 운명으로의 귀인과 같은 숙명론적 합리화 과정 등을 통해 일어나게 된다. 이러한 원망 대상의 전환과 자신의 신세에 대한 한탄으로의 전환은 제1단계의 강력한 '원' 감정을 완화시키거나 약화시키는 데 기여한다. 예컨대, 분노는 슬픔으로, 욕구 좌절은 무력감으로, 복수심은 자기 원망과 신세타령으로 전환된다.

다음의 제3단계는 2단계를 통해 가라앉힌 분노의 감정과 자신의 처량한 신세에 대해 재정리하는 심리적 반성 과정이 일어나게 된다. 예컨대 억울하게 피해를 받은 약자가 그 책임을 일단 2단계에서 자기 자신의 무능력에 돌렸다고 할 때, 제3단계에서는 이러한 해석 전환에 따른 불행 수용에 대해 회의를 느끼게 되는 미결의 사건으로 다시 반전된다. 즉 '힘이 약한 사람은 왜 당하고만 있어야 하는가?' 또는 내 팔자가 사나워서 그런 불행을 당했다고 일단 생각했다면 '왜 하필이면 나만 팔자가 사나워야 하는가?' 등 자신의 불행에 대한 회의와 더불어 이를 받아들이지 못하는 부정적 감정이 생긴다. 이 단계에서의 감정 상태는 슬픔, 흥분 등이 함유된 부정적 감정이 생기고 다시 가라앉고 하는 기복을 반복하면서 시간의 흐름과 더불어 안정된 한의 감정 상태로 침전된다. 이러한 상태의 한은 적절한 사회적 통로를 통해 표출되기도 하며, 예술이나 문학과 같은 승화된 형태의 감정이나 센티먼트로 전환 표현되기도 한다. 보통 우리가 말하는 한은 바로 이 3단계의 한을 말하며, 분노한 상태의 한은 제1단계에 해당된다고 볼 수 있다. 그리고 제2단계는 어떤 면에서 1단계에서 3단계로 전환되는 중간 단계로서 1단계의 강렬한 분노 반응 직후에 나타나는 반전 감정 현상으로서의 자책의 감정이라 해석해 볼 수 있다.

끝으로 마지막 단계인 제4단계는 한이 자신의 감정적 관여로부터 분리되어 객관화된 상태의 한이라고 볼 수 있다. 여기서는 이제 자신의 한을 남의 한에 대해 이야기하는 것처럼 말할 수 있는 상태로, 이미 자신의 한이 자기 자신과는 분리된 그저 이야깃거리로서의 한으로 전환된 상태다. 이 단계에서의 감정 상태는 평온하며, 조용하고, 쓸쓸하며, 한적하기도 하다. 어떤 면에서 현실을 초월한 것 같은 초연성을 나타내 보이기도 한다. 처용이 자신의 비극을 노래로 읊조리는 행동은 제4단계의 '한' 심리 상태에 해당되는 행동이라고 해석해 볼 수 있다.

보통 한은 그 불행의 원천을 근본적으로 해소시킬 수 없는 상황에서 발생하며, 따라서 한은 간접적 방법으로 푸는 것이 일반적이다. 이때 그 방법은 사회적으로 수용된 방법으로 표현하거나 승화된 방법으로 전환시켜 표현하거나, 또는 사회적으로 수용된 형태의 한 표출을 보고 동일시하여 감소시키기도 한다. 여기서 가장 보편적인 방법은 말을 통해 한을 푸는 것으로 이때 자신의 한을 이해하고 공감해 주는 상대가 있어야 한다. 그 실례로 한 많은 노인이 자신의 한에 대해 이야기할 때 누구나 붙잡고 말하지는 않는다. 상대가 자신의 입장과 비슷하거나, 자신의 한에 대해 공감할 수 있는 것으로 판단될 때, 그 사람에게 자신의 한을 끊임없이 털어놓게 되는 경우를 주변에서 쉽게 볼 수 있다.

⊙ 한에 대한 심리 경험 분석

'한'과 '원'은 어떤 관계가 있나

먼저 '원'의 심리와 '한'의 심리가 같은가 또는 다른가의 질문에 응답자의 87%가 다르다는 응답을 했으며, 다르다면 어떤 점에서 다르냐의 질문에 대해서, '원'에는 증오, 보복, 분노, 원망, 반항 심리 등의 감정 상태가 전체적으로 가장 많이 기술되었으며, '한'에 대해서는 피해, 좌절, 수동적 체험, 자학적 경향, 슬픔 등의 반응이 많이 나타나나 원에서처럼 두드러진 반응은 많이 나타나지 않았다. '한'과 '원'의 주된 심리 상태는 〈표 3-2〉에 제시되어 있다.

표 3-2   '한' 심리와 '원' 심리 상태의 차이

'한'의 심리 상태	'원'의 심리 상태
피해	원망
좌절	분노
수동적 체험	반항 심리
자학적 경향	보복
슬픔	증오

다시 '원'과 '한'의 발생에서 시간적 선후를 묻는 질문에 대해서는 83%의 응답자가 '원'이 먼저 나타나고 시간적 경과와 더불어 '한'이 나타난다고 보고하고 있다. 전체적으로 응답자들은 '원'의 심리는 보복 지향적이며, '한'의 심리는 자책이 섞인 좌절의 심리 상태로 보는 경향이 두드러진다.

'한'은 어떤 상황에서 맺히나

'한'이 맺히는 상황을 응답의 내용 범주에서 그 빈도 순으로 보면, 자기 통제 밖에 있는 원하지 않는 상황에 처할 때(예컨대 돈이나 가족의 유고, 어려운 외적 상황, 꼭 해보고 싶었으나 못한 경우, 운명적인 상황, 자신에게 부정적임을 알고서도 그것을 수용해야만 할 때, 자신으로선 회복하거나 극복하기 어려울 때)가 가장 높은 빈도를 보이며, 그다음은 부당한 피해(지나치게 억압했을 경우, 외부 압력으로 자기 의사 표시 좌절, 부당하게 억압받음, 권력이나 권세에 의한 피해, 억울한 일을 당했을 때, 배반감을 갖게 될 때)의 순으로 나타나나 그 빈도는 전자의 범주 반응에 비해 월등히 떨어진다. 이 밖에는 크게 두드러지는 반응 범주를 찾아내기가 어려울 정도로 나머지 반응 수가 적었다. 결과는 〈표 3-3〉에 제시되어 있다.

표 3-3 한이 맺히는 상황

개념화 범주	응답 내용 범주	응답 내용 예
불행성 결핍 상황	자기 통제 밖에 있는 원하지 않는 상황에 처할 때	가족의 유고 어려운 외적 상황 운명적인 상황 회복하거나 극복하기 어려울 때
부당한 차별 및 업신여김	부당한 피해를 당할 때	부당하게 억압받음 권력이나 권세에 의한 피해 억울한 일을 당했을 때
취소 불능성 자기 실수		

이러한 결과는 본 연구의 '한' 심리 개념화에서 제시된 세 가지 형태의 '한' 발생 상황 중 불행성 결핍 상황이 가장 중요한 '한' 발생의 외적 원

천이며, 그다음이 부당한 차별 및 업신여김 당함의 상황인 것으로 나타났다. 그러나 취소 불능성 자기 실수 상황에 적합한 반응은 매우 희소하게 나타난바, 이 범주의 적합성 여부는 계속 검토를 요한다. 그러나 본 연구에서의 응답자들이 20대의 대학생이라는 점을 감안할 때 이들에게서 이러한 상황의 경험이 아직 적거나 아니면 이러한 인식이나 감정이 아직 미발달된 데서 기인했다는 가능성도 배제하기 어렵다. 앞으로 40대 이후의 사람들을 대상으로 한 연령의 확대가 필요하다고 사료된다.

그러나 자신이 그린 '한' 많은 사람에게 '한'이 쌓이게 된 배경을 묻는 질문에 대한 응답을 보면, '한'의 발생 배경이 매우 구체적으로 기술되고 있다. 먼저 '한' 많은 사람으로 채택된 그림 속의 인물을 성별로 보면, 여성이 81%로 남성보다 월등히 많으며, 자신과의 관계는 자신의 어머니와 할머니가 67%, 어머니의 친구가 14%, 이웃 아주머니나 할머니 친구가 10% 등으로 나타났다. 남성의 경우는 자신의 아버지와 이웃 아저씨가 가장 많이 선택되었다.

이들에게 '한'이 쌓이게 된 배경을 보면 가난, 사별, 교육을 받지 못함, 가족 내 갈등(남편과의 불화), 전쟁으로 고향을 떠남(이북 실향민), 자식의 사고 등이 높은 응답률을 보였다. 여기서도 앞의 결과와 마찬가지로 불행성 결핍 상황이 가장 높은 빈도를 보였으며, 그다음은 부당한 차별 및 업신여김 당함 상황이었다.

'한'의 심리 상태는 어떠한가

한의 심리 상태는 억울함, 원망, 답답함, 무기력, 후회스러움, 고통, 서러움, 슬픔, 체념 등이 가장 보편적 응답으로 나타났다. 이러한 결과는 '한'의 심리 상태가 '원'과 섞여 있음을 나타내며, 좌절과 그에 따른 고통 및 그것에 감정적으로 수반되는 불행한 무드 상태로 '한'의 심리가 요약될 수 있는 것 같다.

다시 자신이 그린 '한' 많은 사람의 감정 상태를 물은 질문에 대한 응답을 보면 쓸쓸하고 우울함, 무감정 및 체념, 안정된 감정 상태이나 경우에 따라 감정이 급격히 변화됨, 인정이 많음 등이 가장 보편적 응답으로 나타났다. 이러한 감정 상태들은 위의 '한'에 대해 직접적으로 묻는 질문에 대한 반응과는 약간의 차이를 보이는바, 전자에서는 욕구 좌절에 따른 불만족과 심리적 고통이 두드러진 반응 특성이나, 후자에서는 이러한 정동성 감정이 어느 정도 처리되어 안정된 상태로 유지되는 감정(affect) 상태로서의 '한'이 특징적으로 나타난다.

자신이 그린 '한' 많은 사람의 성격 특성은 어떠한가

온순하고, 다정하며, 인자하다는 반응이 가장 높게 나타난다. 다음으로는 내향적 성격, 참을성이 많다, 의지력이 강하다, 결벽적이다 등의 반응이 많이 나타난다. 이러한 결과는 우선 '한'은 다정다감하며 자기 표현을 억제하는 사람에게 '한'이 생기기 쉽다는 가능성을 시사한다. 물론 여기서 '한'이 많아 반대로 그러한 성격이 생길 수도 있다는 가능성을 완전히 배제하기는 어렵다.

이를 알아보기 위해 '정'과 '한'과의 관계를 묻는 질문에 대한 응답을 보면 86%의 응답자가 '정'과 '한'은 관계가 있는 것으로 응답했다. 그 관계성의 근거나 이유를 묻는 질문에 대한 응답을 보면 '정'이 많으면 상처를 받기 쉽고, 또한 '정'이 많으면 자신의 주장을 내세우는 데 약하며, 참는 경향이 많으므로 '정'이 많은 사람이 '한'을 갖게 된다는 설명이 지배적이다.

'한'을 가장 많이 담고 있는 노래와 고전은 무엇인가

노래에 대해서는 '한오백년' '아리랑' 이 가장 높은 빈도를 나타내 보였고, 그다음은 '단장의 미아리 고개' 와 '칠갑산' 이었다. 다음으로 고전에 대해서는 '가시리' 와 '한중록' 이 가장 많은 반응을 보였으며, 그 다음은 '장화홍련전, 홍길동전, 청산별곡' 의 순이었으며 그 밖에는 '공무도하가, 사모곡' 등 다양하게 나타났다.

위의 조사 결과를 종합적으로 해석해 보면, '한' 에 대한 대학생들의 도식은 일정한 고정 형태를 보이며, '한' 에 대한 도식의 내용도 구체적일 뿐 아니라 앞의 '한' 에 대한 논저 및 연구 고찰에서 말하고 있는 '한' 의 특성 기술과 매우 유사하며 '한' 의 발생 기제 면에서도 매우 유사한 생각을 대학생들이 가지고 있음을 알 수 있다.

이러한 결과는 '한' 의 개념이 이미 전문가 수준에서의 개념 체계나 이론 체계라기보다는 일반인의 개념 체계이며 이론 체계임을 알 수 있다. 여기서 '한' 이 한국인의 사회적 표상이 되었다는 사실은 '한' 을 한국인의 고유한 의식 구조나 감정 체계로 포착하는 데 큰 문제가 없음을 시사한다. 이 말은 곧, 한국인은 '한' 상황 조건에 직면할 때 '한' 적인 감정을 느끼며, '한' 적인 인지 쉐마가 발기되고 여기서 '한' 적인 행동 반응을 나타낼 수 있으며, 또한 나타냄을 시사한다. 즉, 한국인은 '한' 을 보고 '한' 이라 말할 수 있다는 것이다.

○ '서편제' 속의 한 심리 분석

기구한 인생들

서편제(임권택, 1993; 이청준, 1993)의 가장 대표적 주제를 하나 잡는다면 '기구함'이다. 우리는 '기구하다'는 말을 쓸 때 '기구한 팔자' '기구한 운명' '기구한 사람' '기구한 생활' 등의 맥락에서 사용한다. 서편제에는 바로 위에서 언급된 사안들을 모두 포함한다. 즉, 기구한 운명 또는 팔자를 가진 사람들(유봉, 송화, 동호, 낙산거사, 이도령, 주막집 천 씨 등)이 기구한 생활(떠돌이 생활, 가난한 생활, 천대받는 생활, 폐가 망신의 생활 등)을 하면서 이를 기구한 내용과 곡조를 가진 판소리를 통해 풀어 나가는 '기구성'의 총집합이다.

그러면 먼저 이 작품의 주인공인 유봉, 송화의 팔자를 보자. 유봉은 원래 당대의 최고 명창 이동성의 수제자로 가장 촉망받는 제자였으나, 스승의 첩 추월이와 내통한 후 파문 당하여 떠돌이 소리꾼이 된 사람이다. 그러다 어찌어찌하여 청상과부인 동호의 모와 관계를 맺고 결과적으로 그 관계 행위로 인해 애를 배어 출산하다가 죽게 되었다. 그 후 유봉은 애매한 남매 지간인 송화와 동호를 이끌고 남도를 떠돌아다니며, 한편으로는 송화와 동호를 소리꾼으로 기르고, 다른 한편으로는 생계를 위해 약장수 판, 술판 등을 전전긍긍하며 소리를 팔아 연명해 나간다. 그러나 그 과정에서 술판의 손님으로부터, 약장수 부부로부터, 이동성의 문하생 동료들로부터 모멸과 멸시를 당하였고, 더욱 충격적인 사건은 동호가 자신을 멸시하고 자신의 곁을 떠나게 된 것이다. 결국 송화에게 자신의 소리를 전수시키기 위해 송화를 장님으로 만들었으나 송화는 초기에 소리하기를 거부

한다. 그러나 유봉의 마음을 읽고 유봉을 용서하면서 송화는 소리에 전념하게 되고, 유봉은 식음을 전폐하고 소리를 하다가 죽어 가면서(소설) 송화에게 용서를 비는 것으로 일생을 마친다.

송화는 조실부모한(영화) 천애의 고아로서 유봉을 아버지 아닌 아버지로 삼고 그 밑에서 판소리를 배우게 된다. 그 소리를 배우는 과정은 일관되게 고통, 시련과 가난으로 점철되어 있으며, 이 과정에서 소리를 팔아 연명해 나가는 생활의 형편이 기구의 극치를 이룬다. 힘이 없어 소리를 못내는 송화에게 고기를 먹이기 위해 남의 닭을 도적질하였다가 주인에게 들켜 유봉이 혼쭐나기도 한다. 송화는 동생 동호가 자신의 곁을 떠났을 때 괴로워하고 계꾼 모임에서 하기 싫은 소리를 하지 않아 계꾼들로부터 비난과 조롱을 받는다. 송화의 가장 큰 돌이킬 수 없는 시련은 아버지에 의해 인위적으로 눈이 멀게 되는 사건이다.

늙은 아비와 눈 먼 송화는 공동묘지 고개인 소릿재 주막에서 소리를 하면서 아버지 유봉의 임종을 맞고 아버지를 그곳에 묻고 삼년상을 치른 후 술집을 떠돌다가 늙은 무자식 홀아비 천 씨를 만나 그곳에 정착한다. 천 씨는 송화를 부인도 애인도 아닌 어정쩡한 관계에서 서로 함께 살아가는 동거인으로 송화와 관계를 가지며, 술손님이 송화와 동침을 원할 때 옆방에서 동침을 별생각 없이 허락하기도 한다(소설). 천 씨 역시 생활이 기구하며 혈혈단신으로 주막을 지키며 살아가다 송화를 만나고, 송화가 오라버니인 동호와 해후한 후 송화의 마음이 자신을 떠났다는 것을 알고 덤덤히 송화를 떠나보낸다.

동호는 유봉의 의붓자식으로 아주 어린 나이부터 어머니인 청상과부의 손에서 자란다. 동호의 어머니는 산골짜기의 밭떼기를 일구어 가며 생계를 유지했고, 밭을 일굴 때 동호는 나무에 끈으로 묶인 상태에서 어머니의 흥얼거리는 소리와 기다림으로 지친 하루하루를 살았다. 그러다 자신의 어머니가 죽게 되자 유봉의 밑에서 살아가면서 유봉에게 소리를 배우게 된다. 그러나 동호는 소리를 배워 먹고살기가 어려우며 소리꾼이 천시 받는 것을 유봉의 생활을 통해 확인하고 유봉의 곁을 떠난다. 그 후 동호는 한약재 수집상의 점원으로 일하면서, 자신의 남매인 송화를 찾아 남도를 헤맨다. 마침내 송화를 천 씨의 주막에서 만나게 되고 송화와 더불어 밤새 소리를 하면서 지새운다. 그러나 서로가 남매임을 밝히지 않은 상태에서 소리를 통해 '한'의 감정과 남매 지간의 정을 교감하고 말없이 송화를 떠난다.

대화 및 판소리 가사의 분석

'서편제'에 나타난 대화와 판소리 가사를 분석해 보면 다음과 같다.

- 세월 내의 소리 가사 중 "갈까 보다 갈까 보다 님따라 갈까 보다."는 실제로 가지도 못하면서 가보겠다는 응석적 표현으로, 이는 소월의 시 '진달래꽃' 등에서 나타나는 심리 상태와 모두 일맥상통하는 약자의 자기 위안 심리와 관계된다고 하겠다.
- 송화가 한량들 술자리에서 술을 강제로 따르게 된 후, 집으로 돌아와 유봉이 송화의 뺨을 치며 "빌어먹을 년, 술 따르란다고 따러?"라고 소리친다. 이런 행동은 송화를 미워서 꾸짖는 것이라기보다는 자기 자신에 대한 자책의 반동적 표현형이라고 볼 수 있다.
- 이 과정에서 동호는 유봉에게 반발하고 송화는 동호를 달래면서 "얼마나 괴로우시면 그러시것냐, 아버지도 불쌍하신 분이여."라고 말한다. 여기서 송화는 아버지에 대해 연민의 정을 가지고 있음을 알 수 있으며, 자신에 대한 아버지의 꾸짖음에 대하여 긍정적 이해가 이루어졌음을 시사한다.

- 유봉의 노래 속에 "개똥같은 세상" "떠돌이 인생" "수심도 많다" "날 두고 가는 님은 가고 싶어서 가느냐."는 구절이 나온다. 이 말들은 모두 '한'의 부분적 속성을 함축한다.

- 유봉은 송화의 소리를 들으며 "그게 소리냐, 넋두리 흥타령이제."라고 송화의 소리를 책한다. 여기서 판소리는 넋두리도 흥타령도 아니며 이를 초월 극복해야 함을 뜻한다. 유봉은 소리를 득하려면 '한'을 극복해야 한다는 말을 여러 번 반복한다. 여기서 '한'을 극복함은 증오를 극복하고 자기 비하나 지기 모멸감을 이겨 낸 상태의 초연성과 힘을 가져야 함을 시사한다.

  유봉이 송화에게 "니가 나를 원수로 알았다면, 니 소리에 원한이 사무쳤을 텐디, 니 소리 어디에도 그런 흔적은 없더구나." "동편제는 무겁고 맺음새가 분명하다면, 서편제는 애절하고 정한이 많다고들 하지, 허지만 한을 넘어서게 되면 동편제도 서편제도 없고 득음의 경지만 있을 뿐이다."라고 말한다. 여기서 원한과 한이 구분되고 애절하고 정한이 많은 것을 '한'이라 한다면 이 '한'을 극복해야 함을 강조한다.

  한을 넘어선다는 말은 자신의 감정이 깊이 관여된 '한'에서 자신의 감정을 벗어난 '한'의 상태로 전환되는 것을 암시하며, 이 상태의 '한'을 객관화된 '한'이라고 부를 수 있고 이 단계가 불교에서의 초월의 경지에 해당된다고 볼 수 있다.

- 송화와 동호가 밤새 소리를 하면서, 서로 남매 지간임을 말로 밝히지 않았음을 천 씨가 알고, 왜 모른 척하고 헤어졌는가를 묻는다. 이에 대해 송화는 "한을 다치고 싶지 않아서였지요."라고 답한다. 이때 천 씨는 "무슨 한이 그렇게도 깊이 맺혔간디 풀지도 못하고 허망하게 헤어졌단 말이여?"라고 묻는다. 이때 송화는 "간밤에 한을 풀어냈어요."라고 답한다. 여기서 '한'을 다치지 않고 싶어 서로 모른 척 했다

는 것은 서로를 밝힐 때 이미 각자의 감정 상태에서 처리된 '한' 의 구체적 사건들이 다시 회상되어 또 다시 마음속에서 처리해야 할 '한' 의 소재가 생길 것을 두려워했기 때문일 것으로 해석된다.

• 소설 '소리의 빛' 마지막 부분에서 송화가 천 씨를 떠나면서 "어르신네 곁을 찾아온 지도 벌써 십 년이 넘었군요. 제 팔자를 생각해 보면 당치도 않게 편한 세월이 너무 길었었나 봐요. 이젠 어디론가 떠날 때가 되었지요."라고 말한다. 처리된 상태의 '한' 에서는 이 세상살이의 어떠한 시련에 대해서도 불만이 생기지 않음을 찾아낼 수 있다. 이 단계의 '한' 이 앞에서 말한 제4단계 수준의 '한' 이라고 볼 수 있다.

반면 동호가 이글거리는 태양을 소리의 얼굴로 이미지화하여 살기 같은 증오를 느끼는 상태의 '한' 은 제1단계 및 제2단계 수준의 '한' 이라고 볼 수 있다. 한편 송화가 자신을 눈멀게 한 아버지를 용서하면서도 다른 한편 자신의 비참함을 느끼는 상태의 '한' 은 제3단계 수준의 '한' 이라고 볼 수 있다. 여기서 제4단계 수준의 '한' 을 가장 충실하게 살고 있는 사람은 낙산거사이다.

영화가 심리학은 아니다. 그러나 영화 속에 심리는 있으며, 심리학자는 영화 속의 심리를 체계화하여 심리학의 조망 체계 속에서 그러한 심리를 해석해 볼 수 있다. 서편제가 원래 제작 또는 저작 당시 한국인의 '한' 심리를 담고 있다는 확신을 가질 수는 없다. 그러나 무슨 이유에서인지 몰라도 서편제는 한국인에게 엄청난 공감대를 유발했다. 여기서 서편제가 한국인의 심리를 투사하고 있다는 추론이 가능하다. 그러나 한국인의 무슨 심리를 투사하고 있는지는 누구도 모른다. 다만 본 연구자들은 이미 자신들이 제안한 '한' 심리의 이론적 틀 안에서 서편제 속의 한국인 심리를 주관적으로 해석해 보았을 따름이다.

자기(自己)

◯ 서구적 자기개념에 대한 문제제기

솔직히 말해 필자는 자아(ego), 자기(self), 정체감(identity) 등의 개념에 대해 확실한 개념화가 이루어지지 않았을 뿐만 아니라 이러한 개념들의 실체를 경험적으로 실증할 수 있는 체험적 바탕도 확실치 않은 상태에서 이 개념들을 학생들에게 강의해 왔다. 기실, 필자 자신은 "내가 도대체 본질적으로 어떤 사람이며, 즉 나의 자기(自己) 또는 정체감이 무엇인가?"에 대한 진지한 자문을 심각하게 제기해 왔다는 생각도 그리 확실치 않으며, 또한 이에 대한 해답 때문에 고민해 본 경험도 별로 없었다고 생각한다. 따라서 이러한 개념을 학생들에게 현실감 있게 느낄 수 있도록 하기란 필자의 경우 매우 어려웠으며 그 이유는 필자의 무식에도 그 책임의 일단이 있지만, 동시에 한국의 학생들에게 이러한 개념을 실재의 경험적 현실로 소화할 수 있는 체험적 바탕의 부재에서도 찾아볼 수 있다고 생각한다. 예컨대, Erikson의 청년기 발달 특성인 '정체감 위기'를 경험했다는 생생한 기억이 없는 학생들에게 이 개념에 대해 피부에 와닿게 하는 일은 필자의 경우 거의 불가능에 가까웠다고 해도 과언이 아니다.

자기 또는 정체감과 같이 현상적 경험을 바탕으로 구성된 경험 기술개념 속에는 문화적 상징체계, 의미체계, 해석체계 및 감정 연합체계가 융해되어 있으므로, 이러한 개념의 이해는 그 개념이 구성되고 통용되는 사회문화적 맥락에 대한 고려를 필수 전제조건으로 해야 한다. 즉, 현상적 경험은 문화적 경험이며, Wittgenstein(Budd, 1989), Vygotsky(Wertsch, 1985) 와 Mead(1934)의 이론은 모두 심리적 속성이 사회문화적 맥락과 속성에 의해 구성된다는 전제에 입각하고 있다는 점에서 이 부류의 이론체계라고 볼 수 있다. Vygotsky(1978), Moscovici(1981), Harré(1984), Bruner (1990)와 같이 '심리학에 있어서의 사회문화주의자'들은 오늘날의 심리학이 개인주의적 오류(individualistic bias)에 빠져 있음을 지적하면서 심리학의 문화-사회과학화를 주장하고 있다.

다시 Erikson의 발달단계설을 중심으로 이 문제를 거론해 보자. 그의 생애 8단계설에서 1단계인 기본 신뢰감 대 불신감, 2단계인 자율성 대 수치와 회의, 3단계인 주도성 대 죄의식, 4단계인 근면성 대 열등감 등의 개념차원은 모두 서구식 개인주의 문화권의 아동사회화에서 강조하는 또는 필요한 심리적 특성 및 가치와 합치 또는 유관된 속성이라고 볼 수 있다. 이러한 개인주의 문화권의 사회화 가치모형을 집단(집합)주의 문화권의 아동발달단계론으로 차용해서 후자를 이해하는 데는 문제가 있다. 부모의 자기와 자녀의 자기가 서양처럼 강하게 경계화되어 있지 않은 한국의 부모 자녀관계에서 Erikson의 1단계 발달과업인 신뢰의 문제는 한국의 자녀에게도 서양과 똑같이 적용되는 중요한 발달과업이 될 수 없다. 또한 자율성이 없다고 해서 수치감을 느끼며, 주도성이 결여되어 있다고 해서 죄의식을 느끼며, 근면성이 없어서 열등감을 느끼게 된다는 이론을 한국의 아동에게 그대로 적용하는 데는 문제가 있다고 생각된다.

여기서 논의의 초점은 Erikson의 이론이 한국의 아동에게 적합한가 또는 그렇지 않은가의 문제라기보다는, 발달이론, 자기이론, 성격이론, 사회적 인지이론 등과 같은 심리학적 개념 및 이론은 단순히 개인심리의 차원을 넘어 문화−사회적 조건을 반영할 수밖에 없으며 또 그러해야 한다는 주장을 정당화하는 데 있다. Harré(1984, p. 20)의 표현을 빌어 보면, "인간은 자연적 산물이 아닌 문화적 인공물(cultural artifact)이다. 개인은 문화적 이론을 학습한 존재로서 그의 경험은 그 이론에 따라 질서화되고 조직화된다."

여기에서는 이러한 시각을 발달심리학 및 사회심리학의 핵심개념인 '자기' 개념에 적용해 보려 한다. 이를 위해 필자가 속한 문화권인 한국인의 '자기' 개념을 그 분석의 대상으로 선택하였다. 그동안 필자는 한국인의 심리적 특성을 문화심리학적 시각에서 분석해 왔다. 분석의 방법으로는 한국인의 사회적 상호작용에서, 즉 일상적 대화과정에서 자주 사용되는 심리 특성 기술 개념이며, 동시에 한국과 외국의 학자들이 한국인의 심리적 특성이라고 지적해 온 개념들을 추출하여 그 개념들에 대해 심리현상적 속성을 정리하고 구성하는 방법을 사용하였다. 이러한 과정을 통해 정리된 개념은 눈치, 우리성, 정, 한, 체면, 평계 등이며, 이들 개념에 대한 이러한 심리학적 개념분석을 토대로 한국인의 문화적 자기를 발견적 시도의 차원에서 구성해 보려 하였다. 물론, 이러한 구성은 무리가 크다. 그럼에도 불구하고, 이러한 시도는 비판과 개선을 통해 새로운 발전적 탐색의 그루터기(그것도 틀린)를 제공해 줄 수 있다는 희망에서 이루어졌다.

◯ 문화에 따른 '자기' 개념의 차이: 일본과 서구의 비교를 중심으로

극도로 간소화시켜 자기(The Self)를 1인칭(나)적으로 표현해 보면, "나는 다른 사람(들)과 비교 또는 관련해서 어떻게 다르거나 독특한가?"에 대한 자의식적 경험과 그러한 경험에 기초한 자기규정(나는 어떠어떠한 사람이다)이다.

여기서 '자의적 경험'이란 남이 아닌 '나 자신이 스스로 어떠어떠한 지·정·의적 경험을 하고 있다.'는 자의식이 관여된 경험 상태를 말하며, 위에서 '자기규정'은 내가 스스로 나를 대상화시켜 자신의 독특성 및 정체감을 인지적으로 정의 또는 조직한 것을 말한다. 자기에 대한 이와 같은 개념규정은 자기가 개인 간의 상이한 심리적 특성을 반영하는 개념이란 점에는 적합한 초점을 두고 있으나, 동일 문화권 속의 또는 동일한 집단 속의 구성원 간의 동질적 또는 유사한 심리적 특성을 기술하는 데는 적합하게 적용될 수 없는 개념이라는 뜻을 강하게 내포하고 있다.

그러나 이러한 자기가 형성되는 과정을 이론적(예컨대, 상징적 상호작용주의, 사회적 표상이론) 측면에서 검토 조망해 보면, 자기는 개인 및 집단이 속한 사회-문화적 맥락 속에서 구성되는 사회-문화 함수적 산물이다(Harré & Secord, 1972; Harré, 1980; Gergen, 1973; Vygotsky, 1978; Bruner, 1990). 내가 어떤 사람이고, 내가 지금 어떤 경험을 하고 있으며, 내가 어떤 상태를 추구하고 지향해야 하는가 등의 문제에 대한 해답과 구성이 곧 자기의 형성이라고 볼 때, 이러한 문제에 대한 경험과 해답적 구성은 그 개인(들)이 속한 사회의 정서체계, 가치체계, 의미체계, 지식 및 표상체계에 지반과 거점을 두지 않을 수 없다.

이러한 시각을 여기서 문제삼고 있는 자기라는 개념 자체에까지 확대
시켜 보면, 지금 우리가 여기서 규정한 바로의 자기라는 개념 그 자체도
개인주의에 바탕을 둔 서구의 역사-문화적 구성물이라고 볼 수 있다. 사
람은 개인화될수록 가치롭다는 암묵적 전제가 자기의 개념 속에 내재되어
있으며, 이는 곧 서구의 개인주의 문화를 자기라는 개념이 구조적으로 장
착하고 있음을 뜻한다.일본이나 한국과 같은 유교문화의 전통적 시각에서
는 오히려 개성적 자기보다는 보편적 자기로서의 '인간 됨됨이'를 문화적
가치로 추구해 왔다. 이러한 시각에서 동서를 대비시켜 비교해 보면, 서양
에서는 개인의 자기구성과 자기실현을 문화적으로 강조해 왔다면 한국을
비롯한 유교문화권에서는 유교적 교리에 따른 이상적 인간성(仁·義·
禮·智)을 보편적이며 공통적인 자기개념으로 추구해 왔다고 볼 수 있다.

　　Hofstede(1980)는 개인주의적 사회와 집합주의적 사회를 다음과 같이
대비시키며, 전자는 서구사회의 특성으로 후자는 유교권의 동양사회적 특
성으로 파악하고 있다. 전자의 개인주의적 사회에서 강조하는 사회심리적
특성으로는 '나' 의식, 자율성, 정서적 독립성, 개인적 추진성, 프라이버시
존중, 쾌락추구, 보편주의 등을 들고 있다. 또한 집단주의적 사회의 특성
으로는 '우리' 의식, 집합적 정체감, 정서적 의존성, 집단 유대성, 의무와
책임의 공유, 집단 의사결정 및 소집단주의 등을 들고 있다. Hofstede의
이러한 고전적 개인주의-집합주의 개념화는 문화적 차원과 심리적 현상
을 연결짓는 개념체계로 널리 수용되었다(예컨대, Bond, 1986, 3장; Rohner,
1984; Triandis, 1980).

　　Triandis(1980)는 집합주의 문화권의 사람들은 개인주의 문화권에서와
는 달리 자기 자신에 대한 자기규정이 자신이 속해 있는 내집단의 성격에
따라 결정된다고 보고 있으며, Sinha와 Verma(1987)는 개인주의적 문화권
에서의 대인관계는 정서적 유대보다는 교환의 법칙이 더욱 중요한 근간이

됨을 밝히고 있다. Kagitcibasi(1987)는 개인주의적 사회를 분리성 문화로, 집합주의적 사회를 관계성 문화로 그 특성을 요약하고 있다. Choi(1992)는 한국아동의 자기성(selfhood)을 의사소통 분석을 통해 연구한바, 한국의 아동은 아동 초기의 사회적 상호작용 과정에서 독립적인 사회 심리적 개체로서 취급받지 못하며 그러한 의사소통상의 간주관성(inter subjectivity)이 한국아동들에게 비분화된 자기경계체계를 형성하는 데 기여한다고 보고하고 있다.

　Johnson(1985)은 서양에서의 '자기' 개념에 대한 분석에서, 서양에서의 개인주의가 자기의 연출(presentation of self)은 물론 자기의 경험에 직ㆍ간접적 영향을 미친다고 기술하면서 서양인의 자기와 일본인의 자기를 비교하고 있다. 여기서 그는 일본인의 자기적 특성으로, 일본사람들은 사회적 상황에서의 자기와 사적, 내적 의식상태로서의 자기간에 예민한 변별감각을 가지고 있으며, 일본인들은 자신들의 이중적 자기지향에 대해 스스로 인식하고 있음을 DeVos(1985)의 연구를 빌어 소개하고 있다.

　Doi(1986)는 일본인의 자기의식에 대한 심리적 특성으로 '오모데' 와 '우라' 라는 의식의 이중구조를 논하고 있다. 여기서 앞쪽을 뜻하는 오모데는 타인에 대한 사회적 대상으로서의 자기지각을 말하며, 뒷쪽을 뜻하는 우라는 내적 자기의 사적 세계를 지칭한다. 즉, 일본인은 내적과 외적 자기 간의 일관성을 강조하는 서양인과 달리, 적어도 겉으로 보기에는 모순적인 관계의 내ㆍ외적 자기를 동시에 자연스럽게 공존시키고 있다는 것이다. 또한 Doi(1986)와 Caudill(1962)은 일본인의 상하관계에서 지배적 위치의 사람은 양육적 입장을, 하급위치의 사람은 의존적 태도를 어려서뿐만 아니라 전 생애를 통해 유지한다고 주장한다. 이들은 따라서 일본인은 내적 자기감의 획득과 대인관계에서의 개인적 자율성의 행사에 어려움을 겪게 된다고 보고하고 있다.

Minami(1971)는 일본인의 자기에 대한 논의에서, 일본인은 대인관계에서 자기에 대한 부정(denial of self)을 과장해서 나타낸다고 기술하고 있다. 이러한 일본인의 외적 자기부정 성향은 자기를 내세울 때 개인주의로 지각되고, 개인주의는 일반적으로 부정시되는 일본의 문화적 집합주의를 함축하는 것으로 해석해 볼 수 있다. 따라서 일본인에게 있어서는 'amae' 즉 상호의존성이 개인 내적 및 대인 상호작용에 있어서의 바람직한 문화적 자기로 받아들여지고 있는 것이다. 또한 내·외 귀인에 있어서 일본인들은 서양에서와 달리 실패의 경우 외적이 아닌 내적 귀인을, 성공의 경우 내적이 아닌 외적 귀인을 한다는 연구결과도 많다(DeVos, 1985). Markus와 Kitayama(1991)는 이러한 현상을 겸손과 양보가 미덕시되는 관계문화권의 특성으로 해석하고 있다. 또한 그들은 표현되는 정서의 내용에 있어서도 개인주의와 집단주의 문화권 간의 차이가 있음을 주장하고 있다. 즉, 개인주의 문화권에서는 자기 중심적 정서의 표출이, 집합주의 문화권에서는 타인 중심적 정서의 표현이 발달되었음을 보고하였다.

위에서 서양의 개인주의에 대비되는 집합주의 문화권의 일본을 중심으로 자기와 관련된 문화 간 차이점을 검토해 보았다. 이와 같이 상이한 문화 간의 심리적 차이를 사회심리학 연구에서 반영해야 된다는 주장은 우리나라 사회심리학계에서도 몇몇 연구자들에 의해 강하게 제기되고 있다(최상진, 최수향, 1990; 한덕웅, 전겸구, 1990; 조긍호, 1998; 한규석, 1992). 특히 한규석(1992)은 그동안 국내외적으로 밝혀진 심리학 연구결과에 있어서의 문화적 차이를 종합적으로 정리·고찰하고 있다.

◐ 한국인의 '문화적 자기' 탐색

　여기서 한국인의 문화적 자기란 다른 사회나 문화권의 사람들과 비교해서 한국인들에게 상대적으로 독특하게, 또는 질·양적으로 현저하게 나타나며, 동시에 한국 문화권 내에서 볼 때 다른 자기적 특성보다는 다수에 의해 상대적으로 더 현저하게 고유화되고 중시되며 기능적으로 관여되는 자기적 특성을 지칭한다. 무릇 문화는 비교적 체계화된 가치체계, 해석체계, 감정체계를 내재시키고 있으며, 따라서 문화적 자기는 내재적으로 그 문화권의 사람들에게 특정한 사건이나 상황에 직면해서 감정적으로 어떻게 반응하고 인지적으로 어떻게 해석하며 행위적으로 어떤 행위가 적합한가에 대한 준거체계를 제공한다. 결국 한국인의 문화적 자기는 한국인의 사회·문화적 생활 속에서 보편성 있고 중요하게 작동되고 관여되는 자기의 주요한 차원들을 지칭하는 것이라 하겠다.

　그동안 한국인들의 의식구조와 한국인들의 문화적 정체감을 파악하려는 노력들이 국문학, 민속학, 철학, 사회학 등의 다양한 학문분야에서 이루어져 왔으며, 이러한 노력의 산물들은 한국인의 가치관, 의식구조, 성격 또는 한국적 사고의 원형, 한국인의 참모습, 한국인과 한국문화, 한국인의 버릇 등과 같은 다양한 제목으로 발표 또는 출간되어 왔다. 그러나 이들 문헌들의 내용을 검토해 보면, 한국인의 문화적 자기가 어떤 것인가를 밝히려는 노력으로 수렴될 수 있다. 필자는 이들 기존의 문헌들에 대한 분석을 토대로 한국인의 주요한 문화적 자기 차원으로 '우리성' '정' '한' '핑계' '눈치' '체면' 등의 개념을 한국문화의 사회적 표상이란 차원에서 연구하고 보고한 바 있다.

　그러나 여기에서는 이들을 해체적으로 재종합하여 보다 의미있는 한국

인의 문화적 자기차원과 이 차원들 간의 역동성을 구상적으로 모형화해
보고자 한다. 이를 위해 먼저 위에 제시한 각 개념들에 대한 연구결과들을
개별적으로 먼저 요약한 후 다음으로 이들 간의 통합적 재구성을 시도하
고자 한다.

우리성

그동안 미국을 비롯한 서양의 심리학자들은 '우리' 또는 '우리성' 이란
개념을 직접 연구한 것이 아니라, 집단이라는 포괄적 개념을 연구하는 과
정에서 내외집단을 구분하고 내집단의 특성을 연구함으로써 etic개념으로
서의 '우리' 를 연구해 왔다고 볼 수 있다. 그러나 내집단 개념과 달리 '우
리' 라는 현상은 단순히 관계된 사람들의 현상적 집합이라는 차원을 넘어
'우리 경험' 또는 '우리 관련 경험' 이라는 사회적 표상을 경험적으로 동
반하는 emic현상이며, 문화적 구성개념이기도 하다. 따라서 내가 한국인
으로 '우리' 라는 범주관계를 타인과 형성했다고 생각할 때 수반되는 감
정, 심리적 유대감, 규범적 상호작용규칙, 상대에 대한 책임감 등은 서양
사람이 동일한 우리 범주관계를 인식할 때 체험되는 '우리' 적 경험과는
질적으로 다를 수 있다.

이를 검토하기 위해 캐나다 대학생과 한국 대학생 간의 사회표상으로
서의 '우리성' 을 비교해 본 결과, 캐나다의 경우 공통점 인식을 바탕으로
한 공통성 연계우리(distributive weness)로 특징된 반면, 한국의 경우는 공
통점 인식의 차원을 넘어 하나됨, 일체감, 결집성, 탈개성화, 동일성
(sameness) 인식을 바탕으로 집합성 우리(collective weness)의 성격을 강하
게 나타내고 있다. 또한 '우리' 라는 생각을 타인에게 갖게될 때 캐나다인
은 그 상대를 더 잘 알게 되고 자신과 유사성이 있음과 더불어 더욱 가깝

게, 더욱 친밀하게 느낀다고 보고하고 있으나, 한국 대학생들은 친밀성을 느끼는 차원을 넘어 따뜻함, 심리적 안정성, 심리적 안락감, 조화 등의 감정반응이 두드러지게 나타나고 있다.

이러한 '우리 경험' 의 집단 간 차이는 우리 개념, 우리 감정, 즉 우리 경험의 문화적 문법에서 두 문화권 간에 차이가 있음을 시사하며 특히 한국인의 우리 경험은 자신이 타인과 우리 집단을 구성하게 될 때 자신과 우리집단 속의 타인과의 경계가 약화되며 자신의 내적 자기를 우리의 요구 및 특성적 구성에 조화 내지 동화시키는 탈개성화 현상이 나타나고 있음을 시사하고 있다. 즉, 한국인의 우리 집단 자기의식은 서양의 내집단 자기의식과 달리 자신의 자기를 우리라는 문화적 심리체 속에 적어도 현상적으로 함몰시키는 탈자기적 '우리 자기' 로 특징지을 수 있다. 따라서 한국인의 자기정체감은 개인이 자기 내적으로 구성한 사적 정체감보다는 자신이 속한 우리 집단의 사회적 및 규범적 정체감을 자신의 사적 정체감으로 내삽시키는 집단정체감의 특성을 강하게 함축하고 있다.

따라서 한국인은 내가 누구인가보다 내가 어느 우리에 속해 있는가에 따라 자기정체감은 물론 사회적 신분과 사회적 역할기대가 달라진다. 또한 한국인에게는 서양인의 경우와는 달리 내적 자기와 외적 행동 간의 일관성보다는 우리 집단 속에서의 행위적합성 여부가 내적 갈등이나 긴장의 조건으로 더 크게 작용한다고 볼 수 있다. 따라서 한국인에게 있어서는 상황적 행동과 집단 조화적 행동을 행동 자체의 정당성, 이념성 및 항상성보다 더욱 중요시한다고 볼 수 있다.

정

여기서의 정은 일반적 감정 상태로서의 정차원을 뜻하기보다 가족, 친구와 같은 친밀한 사람에 대해 느끼고 경험하는 감정적 경험상태를 지칭하는 개념으로 서양에서의 친근감(intimacy), 애정(affection), 사랑과는 구분되는 심리적 현상이다. 정의 특성을 정의 형성과정을 통해 추정해 보기 위해, 정의 형성과정을 일반인이 가지고 있는 정에 대한 사회적 표상분석을 통해 분석하였다. 여기서 정 형성의 기본 조건은 4가지 차원으로 장기간의 동거적 접촉(동거성) 속에서 공동의 시련과 경험을 가지며(공동운명성), 여기서 상호이해, 포용, 도와줌을 경험하면서(다정성) 서로 간의 자기 경계성이 약화되며 우리성 단위로 융해되는(탈경계성) 경험 차원을 통해 발생되는 친밀감정의 한국문화적 특수형태라고 해석해 볼 수 있다.

　정이 한국인에게 있어 사회적 대인관계에서 대인 지향성 감정으로서의 문화적 자기성을 갖는 한국인의 특성이라고 포착될 수 있는 근거는 타인이 정을 많이 느끼는 사람의 심리특성적 구성과 정 감정의 특이성을 분석할 때 두드러진다. 우선 정이 많이 드는 사람의 특징을 보면, 애타성, 타인관심성과 같은 타인 지향적 애정감정 이외에, 정의 형성과는 전혀 논리적으로 관계되지 않는 두 가지의 다른 특성이 추출되고 있다. 그 하나는 인간적 연약성이며, 다른 하나는 어리석을 정도로 착한 우선성(愚善性)이다. 즉, '바보온달'의 심리적 특성이 남으로부터 정감을 자아내는 심성이다. 위의 정이 잘드는 사람의 특성을 다시 확인하기 위해 정이 안 드는 사람, 그리고 무정한 사람의 조건을 분석한바, 이기성, 타산성과 같은 자기 중심성 이외에 앞서와 마찬가지로 정의 속성과 거리가 있어 보이는 두 가지 특성이 두드러지게 나타났다. 하나는 독립성이며 또 하나는 완벽성 및 냉정성이었다. 결국 이 두 가지 특성은 앞의 인간적 연약성, 우선성의 반대극에 있는 특성이라고 볼 수 있으며 이 두 가지 차원은 정과 밀접한 관계가 있는 차원이라고 볼 수 있다.

　서양에 있어서 독립성과 완벽성은 적어도 문화적 감정 및 가치면에서

긍정적 가치를 가지며, 반대로 우선성 및 인간적 연약성은 부정적 평가 차
원에 속한다는 점을 감안할 때 결국 이 두 차원은 한국인의 심리적 특수성
과 연계된 문화-심리적 차원이라고 생각되기도 한다. 정의 감정은 서양
의 애정이나 사랑, 우정, 친밀감정과 동류적이면서도 구분되는 특성이 있
다. 첫째로 정은 갑자기 또는 빠른 시간 내에 형성되는 감정 특성이라기보
다는 장기간의 동거적 체험을 통해 서서히 형성되는 감정적 관여상태로
그 감정의 강도는 약하되 상대와의 감정적 연루성은 매우 강한 것을 특성
으로 한다. 정이 감정적 연루면에서 강한 이유는 정이 역사성면에서 길기
때문에 이 감정을 느끼는 빈도가 많았다는 데도 그 이유를 찾아볼 수 있
다. 이와 동시에 이러한 감정적 연루를 이어주고 보강해 주는 사건과 경험
들의 인지적 연줄망 체계가 그 역사성에서 매우 길며 그 연계 가닥면에서
매우 다양하고 복잡하게 조직되어 구성된 감정체계라는 점에서도 그 이유
를 찾아볼 수 있다.

　이러한 정의 특성 때문에 정은 자신이 좋아하는 성격 특성의 소유자나
장기간의 호감적 동거경험이 있는 사람에 대해서뿐만 아니라 자신이 싫어
하는 성격 특성, 불유쾌한 공동활동 경험을 가진 미운 사람에게까지도 정
은 들 수 있다. 어떤 면에서 한국인은 '오래-함께'라는 인지적 체험만 가
지고도 아름다운 '정' 관여적 연상망을 구상할 수 있는 문화적 표상체계를
내재적으로 구유하고 있다고 생각되기도 한다. 그래서 고향, 어머니, 모
교, 스승 등은 언제나 마음 속에서 아름답고 그리운 존재인지도 모른다.
이러한 '정' 감정체계를 필자는 한국문화적 자기감정이라고 생각해 본다.
흔히 외국인과 사귀어 본 한국인들은 거의 한결같이 외국인에게 정을 주
어도 상대는 자신에게 정을 돌려주지 않는다고 느끼며, 여기서 깊은 인간
관계를 기대할 수 없다는 결론을 내리는 것을 자주 목격할 수 있다.

한

한은 다른 어떤 한국인의 심리적 특성보다도 가장 한국문화적인 한국인의 심성 특질로 지적되어 왔다. 어떤 학자들은 한국인의 민족적 감정이라고 표현하기도 한다. 한국인의 문학 및 예술은 한을 그 감정적 및 etos적 정수로 하고 있다는 데 대해 한국의 문인 및 예술인들은 이의를 제기하지 않는다. 그런가 하면 일부의 사람들은 한이 한국인의 성취적이며 발전적인 기상에 저해적인 요인이라고 지적하면서 한을 패배주의적이며 피해의식적인 자기감정으로 부정시하기도 한다(이규태, 1991). 또 어떤 사람은 한이 있어서 한국인이 원망성취적 에너지가 높게 발화될 수 있다고 주장하기도 한다(김열규, 1980; 가세히데아끼, 1989). 이와 같이 한에 대한 서로 다른 생각들은 한의 심리적 복합성을 충분히 파악하지 못한 데서 오는 혼돈과 혼동이라고 생각된다. 한은 크게 다음과 같은 세 가지 수준을 모두 포함하는 복합개념으로, 상황에 따라 서로 다른 수준의 한을 동일한 한이라는 개념을 사용해 지칭하기도 한다.

한은 크게 정동(emotion)과 같은 감정수준의 한, 세련된 정서체계를 갖춘 정조(sentiment)로서의 한, 그리고 한많은 사람의 성격 특성과 같은 성격 특질(trait)로서의 한 등의 세 수준으로 구분해 볼 수 있다. 첫 번째 감정수준의 한은 억울함, 분함, 울화가 치밈 등과 같은 강한 부정적 감정상태의 발기를 그 속성으로 하며, 정조체계로서의 한은 문학이나 예술에서의 한의 정서와 같이 세련된 상징체계, 감정체계를 그 표현적 수단으로 한 예술성 수준의 순화된 정서를 지칭한다. 끝으로 성격 특성으로서의 한은 한의 감정 및 정서가 개인의 성격 차원으로 내재화되어 자기 자신과 자신을 둘러싼 환경을 한의 원초적 본질로 승화시킨 무상함, 운명, 체념, 현실초월과 같은 성격 차원의 한 수준과 관계된 것이다.

한을 이처럼 세 차원으로 분류할 때 한에 대한 부정적 시각은 주로 피해의식에 바탕을 둔 공격적 감정상태로서의 한을 준거로 이루어진 평가라 볼 수 있다. 다른 한편 민족적 정서체계로서의 한은 한 예술과 한 문학과 같은 한국인의 독특한 예술 및 문화적 감성 및 정서체계를 두고 지칭하는 한의 한국적 특성이다. 또한 흔히 한국 노인의 성격적 특질로 파악될 수 있는 인생무상주의, 운명수용태도, 현실초월 및 체념적 인생관과 같은 수동적 운명론 내지 불교적 무상론은 한국인의 성격 차원상에서의 '한' 심리를 준거로 한국인을 기술한 특성이라고 볼 수 있다.

한의 그 원초적 발생기제를 보면 억울함, 분함 또는 울화치밈과 같은 감정을 수반하는 욕구좌절 상태에서 한 감정이 발생된다. 이러한 억울함은 단순한 욕구좌절이 아니라, 스스로 어쩔 수 없거나 당연한 것으로 수용하기 어려운 부당성의 인식을 전제로 한다. 한 감정의 발생조건인 부당한 차별대우, 중요하고 필요한 조건과 기회의 결핍, 회복할 수 없는 대실수 등은 일면 본인의 무능력이나 자신에게 주어진 운명 또는 이미 끝난 사건이란 점에서 적어도 '어쩔 수 없는 현실'이다. 이런 점에서 억울한 감정의 당사자는 일면 그 책임을 본인에게 돌리는 한편 현실을 수용할 수밖에 없다는 점에서 '한' 사태에 대한 적응적이며 수용적인 심리적 적응체계를 갖추게 된다고도 볼 수 있다.

그러나 한의 심리는 이처럼 완료된 심리적 적응상태가 아니다. 억울함을 경험한 당사자는 다른 한편 '왜 하필이면 나에게 이런 불행이' 또는 부당한 대우와 같은 고통을 제거할 수 있는 힘이 자기 자신에게 없다고 해서 이러한 부당성을 수용해야 한다는 현실적 요구 자체에 대해 부당함을 느끼며, 따라서 자신의 처지를 현실로 수용할 수 없는 이중적 양가감정을 갖게 된다. 그러므로 한의 감정은 완료된 감정이라기보다 반긍정 및 반부정의 미완된 감정처리 단계의 복합감정이라 할 수 있다.

이러한 한 감정 속에서는 한편 '다 그런거지 뭐' '어쩔 수 없지' '이놈의 내 팔자야' '힘없는 내가 잘못이지' 와 같은 자기포기적, 운명수용적, 자책적 감정이 복잡한 심리적 기제를 통해 형성되는가 하면, 다른 한편 '내가 무슨 잘못을 했다고' '왜 하필 나에게 이런 불행이' '억울해서 못 참겠다' 등과 같은 자신의 주어진 여건에 대한 거부적·대항적 태도와 심정이 복합적으로 공존한다. 이 상태의 한이 곧 감정수준의 한이다. 이러한 한 감정 복합이 매우 한국적인 감정체계라고 필자는 생각한다.

이런 상황에서 일본인은 현실에 완전히 승복하거나 아니면 현실에 대한 적극적 저항 내지는 도전의 양극적 흑백반응의 어느 하나를 채택할 것이라는 추론이 가능하다(Benedict, 1967). 이러한 흑백식 반응은 서양인에게서도 공통적으로 기대되는 반응이기도 하다. 가세히데아끼(1989)라는 일본인은 "한국어에는 '항복했다' 라는 말이 없다."는 표현을 빌려 한국인의 특성을 기술하고 있는바, 이 표현 속에는 한국인이 힘의 논리와 더불어 사리의 논리를 동시에 실생활에 적용하고 있음을 함축적으로 암시하고 있다. 한은 곧 힘의 논리에는 승복했으나 사리의 논리에는 승복하지 않은 상태에서의 미완결된 콤플렉스 감정이라 볼 수 있다.

한과 관련하여 더욱 한국적인 문화적 특징은 한 정조와 관련된 한 문학과 한 예술에서 발견할 수 있다. 한 예술 및 한 문학 속에서 체험되는 한의 성격은 부정적이라기보다 낭만적이며, 회피적이라기보다 추구적이며, 현실적이라기보다 심리구성적이다. 따라서 정조 수준의 예술·문학적 한은 한국인의 문화생활 전반에 폭넓게 깔려 있는 기본적 한국인의 정서체계라고 보아도 과언이 아니다. 한국인에게 있어서는 뜨거운 남녀 간의 사랑까지도 한 정조가 깃들여야 멋진 사랑이며, 병신춤과 같은 한많은 사람의 춤까지도 예술로 승화시키는 독특한 예술심리 문화를 한국인은 구성하고 있다.

끝으로 성격 특성 수준의 한도 한국인 성격의 고유한 특성이라고 생각해 볼 수 있다. 한국인은 자신이 극복할 수 없는 불행상황에 직면할 때 그 현실에 단순히 좌절하는 것이 아니라 현실에서부터 자신을 심리적으로 괴리시키거나 현실을 중요치 않은 것으로 비하시킴으로써 현실로부터 오는 고통을 초월하는 현실초월적 통제능력을 심리적으로 구사한다(최상진, 1986).

체면

한국인은 다른 나라 사람들에 비해 체면을 중시하며, 남 앞에서 체면차리기를 잘한다는 견해는 학계는 물론 일반 사회에서도 거의 당연한 사실로 수용되어 왔다. 한국인의 체면이 외국인의 체면 또는 안면과 구분될 수 있는 몇 가지 소지를 찾아보면 다음과 같다.

첫째, 한국인의 체면은 사회적 관계에서 상대 및 자신의 사회적 지위와 신분적 위치의 공공적 확인이나 노출의 상징적 단서를 통해 상대와 자신의 위신과 체통을 세워주고 세우는 권위 지향적 상호작용 관습과 규칙이라고 볼 수 있다. 물론 서양과 일본을 비롯한 외국의 문화권에서도 상호작용하는 상호 간에 신분적 위치에 따른 체면 의식이 있다고 볼 수 있다. 그러나 한국의 체면은 '치례적' 성격의 체면이라는 점에서 그 특성을 찾아볼 수 있다. 여기서 '치례'란 형식성을 실질보다 강조하는 것을 말하며 따라서 체면치례는 자신의 본심이 아닌 형식적 우대를 타인에게 나타내 보임으로써 상대의 사회적 위신과 체통을 고양시키는 연출된 상대자기 고양행동을 뜻한다. 여기서 체면치례 행동은 상대에게 베풀어 줄 수 있을 뿐 아니라 자신의 위신을 내세우기 위해 스스로 자신이 연출하는 경우도 있다.

그러나 실제에 있어서는 체면치례 행동이 의도성과 연출성이 있다하더라도 적어도 상대 및 제삼자에게는 의도성과 연출성이 은닉되어야 하며 이때에 체면은 그 소기의 성과를 거둘 수 있게 된다. 이러한 체면은 타인 의식적이고 신분지향적인 권위주의적 사회에서 중요한 상하 상호작용의 의식과 기술로 통용되며, 반면 자기지향적이고 평등적인 개인주의적 사회 에서는 체면보다 사회적 예절(politeness)이나 자신의 내적 자존심과 관계 된 상호작용 그 자체 속에서의 안면성(face)의 유지가 더욱 중요한 요인으 로 작용한다고 볼 수 있다.

따라서 권위와 지위를 중시하는 한국적 체면은 지위나 권력이 없는 일 반인, 연하자 및 하위신분의 사람에게는 일방적으로 상대의 체면을 지켜 주는 일은 규범적으로 요구되나 자신의 체면을 지켜야 할 소지는 애초부 터 배제된다고 볼 수 있다. 그러나 서양인의 체면은 지위고하를 막론하고 인격적 관계 속의 상호작용에서 서로 지켜주고 지키는 에티켓에 가까운 특성을 지닌다.

이 밖에도 한국인의 사회적 관계에서 자주 그리고 중요하게 사용되는 심리적 기제로 눈치와 핑계현상을 들 수 있다. 눈치는 명시적 의사소통이 곤란하거나 적절치 못한 사태에서 간접적 단서를 통해 상대의 내적 마음 과 의도성을 읽고 동시에 자신의 속마음을 표시나지 않게 상대에게 전달 하는 간접적 의사소통의 한 형태다. 눈치는 개인주의를 바탕으로 한 서구 적 평등사회에서 보다 집단주의를 바탕으로 한 위계적 권위주의적 사회에 서 더 높은 기능성과 가치를 지닌다.

특히 체면과 신분을 강조하며 권위주의적 사고방식이 비교적 높았던 한국사회에서 눈치는 다른 문화권에 비해 더욱 발달될 수 있었다고 사료 된다. 핑계도 눈치와 마찬가지로 한국인에게 발달한 심리적 특성의 하나 다. 핑계는 상대방에 대한 피해의식이나 자신의 사회적 체면에 대한 민감 성이 높은 사회에서 더욱 보편적으로 나타날 가능성이 높다.

한국인의 자기를 자기경계(boundary of self)의 측면, 자기의 구조 (structure of self), 대인관계적 자기(interpersonal self) 및 내감정적 자기 (Inner-emotional self)의 측면에서 검토해 보면 다음과 같다.

- 한국인의 자기경계성은 서양의 개별화(individuation), 실체성(solidity), 자율성(autonomy), 독립성(independency) 등을 속성으로 한 자타분리적 자기구조와는 크게 다를 것이다. 즉, 개별화보다는 탈개별화, 자율성과 독립성보다는 상호연계성 및 상호의존성을 자타관계에서 특히 내집단(우리집단) 관계에서 바람직한 가치로 추구하는 경향이 높다. 이러한 견해는 일면 한국인의 특성을 집단주의적 또는 관계주의적 시각에서 조망하는 기존의 입장과도 일치하는 것이다. 그러나 부연해서 기존의 시각과 구분해 본다면, 한국인이 이처럼 집합주의 또는 관계주의적 자기 지향성이 높다고 해서 남 아닌 나로서의 독특한 사적 자기가 개인내적으로 존재하지 않는다는 입장은 아니다. 다만 사적 자기가 있되 약하며, 특히 우리 집단 속에서 사적 자기는 억제되고 적응적인 형태로 전환될 수 있다는 견해다.

- 한국인의 자기의 형성구조를 보면, 서양적 자기발생의 본질인 내가 본질적으로 누구인가 그 자체보다 내가 속한 사회 속에서 중시하고 추구하는 인격적, 권력적, 지위적 특질을 얼마나 많이 가지고 있는가에 대한 타인의 인정을 중심으로 구성되는 경향이 많다. Riesman의 자기체계 개념에서 보면, 내적 자기 지향적이라기보다는 외적 자기 지향적이라고 볼 수도 있다. 또한 사적 자기보다는 공적 자기 지향적이라고 볼 수 있다. 그러나 사회적 및 공적인 측면에서 한국인이 가치롭게 여기는 자기구조는 서구적 문화권에서 강조되는 자기자신감, 능력감, 효능감, 성취감 등과 같은 능력 속성적 자기측면보다는 인격

성, 덕성 등과 같은 품성도야적 측면의 자기와 더불어 지위, 권력과 같은 사회적 평가측면의 자기구조다. 이처럼 자신이 추구하는 자기가 자기개성화 지향적이라기보다는 사회가치 추구적이라는 점에서 개인 간의 차이보다는 공통성을 갖는 이상적 사회성 자기(ideal social self)를 개인적 이상자기로 내면화하는 경향이 높다.

• 한국인의 대인관계적 자기를 보면, 호감(liking)의 측면보다는 '정'의 측면이 더욱 중요하며 관심적인 차원으로 작용한다. '정'은 좋아한다기보다는 아껴준다는 마음을, 대상에 대한 직선적 호오감정이라기보다는 자신과 대상과의 공동체적 연줄의식을 기초로 한 감정적 연루성을, 타산성보다는 비타산성을, 이지성보다는 감정성을, 독립성과 완벽성보다는 상호의존성 및 불완전성 등과 같은 소위 한국적 의미의 '인간성'을 상호 간에 느낄 때 발생되는 한국적 대인호감의 한 형태라고 볼 수 있다.

　　따라서 한국적 대인관계에서는 무엇이 실질적으로 어떻게 교환되었느냐 같은 서구적 합리보다는 상호작용 속에서 서로 간의 관계성 경험 및 그에 대한 공감적 인식이 얼마나 농도 짙게 일어났느냐가 상호 간의 '정친밀성' 형성에 더욱 중요하다. 따라서 내가 너에게 무엇을 해 주었다는 사실 자체보다, 이를 통해 내가 너를 얼마나 생각해 준다는 것을 네가 얼마나 아느냐의 문제가 정 관계에 더욱 중요한 요건이 된다.

• 한국인의 내적 감정 자기는 정 감정으로 특징될 수 있을 것 같다. 한 감정이 상호모순된 감정과 상호공존하기 어려운 인지의 복합을 내재하고 있는 것처럼, 한국인의 내적 감정 자기는 헤겔철학적 생성 및 변화구조를 가지고 있다고 볼 수 있다. 한 정서의 특성인 비련의 미, 슬픔의 희극화, 자기일탈화(self estrangement), 현실로부터의 분리화 같

은 감정–인지적 경험체제, 심미체계 및 적응기제가 한국인의 정서 및 성격기제로 특징지을 수 있을 것 같다. 또한 한국인의 정서적 자기는 직접체험적, 현재발생적 감정보다는 반성적 정서성 감정에 의해 형성된다고 사료된다.

그리고 한 감정 자체가 일종의 발달된 심리내적 통제기제라는 점에서 한국인에게 있어서는 일차적 통제보다는 이차적 통제감 기능이 매우 발달되어 있음을 암시한다. 현실의 실제적 극복이 어려울 경우 현실을 심리적으로 초월함으로써 얻는 통제감, 자신의 불행을 스스로의 운명이나 여건에 귀인시킴으로써 심리적 안정을 찾는 심리기제 사용적 통제가 한국인에게는 잘 발달되어 있는 것 같다. 한이 있는 한 한국인에게 영원한 비극은 없다.

지금까지 한국인의 의식구조적 특징분석을 토대로 한국인의 문화적 자기를 자기발견적 입장에서 구상해 보았다. 이를 전체적으로 조망해 보면, 한국인에게 자기가 있다면 서구적 의미의 자기와는 그 구조, 내용 및 그 역동면에서 다르다고 생각된다. 어떤 면에서 한국인의 집단 속 자기는 경계성이 불분명하며, 자기만의 자기도 서양인에서처럼 뚜렷하지 않으며, 자기인지 및 자기감정에 있어서도 일관성과 통합성이 서구문화처럼 중요하지 않다.

따라서 자신의 self에 모순되는 행동을 할 경우에도 서양인처럼 인지적 불균형이나 죄의식 또는 자기모순감이 강하게 유발되지 않을 수 있다. 또한 한국인의 자기는 서양인의 경우처럼 개별화 지향적인 자기라기보다는 사회화 지향적인 자기의 측면이 강하다. 그리고 한국인의 자기에 있어서는 모순된 감정 및 인지도 헤겔적 공존과 전환을 통해 심리적 균형을 유지할 수 있다고 사료된다.

2부 한국인의 사회심리

앞에서 이미 살펴본 바와 같이 한국인의 사회적 관계와 사회적 상호작용은 한국인의 심정심리와 심층심리(정과 한 등)를 바탕으로 이루어진다. 따라서 한국인의 '우리성' 인간관계와 소위 '인간적인' 교류는 마음의 관계를 맺는 데 그 종착역이 있다. 이처럼 마음으로 맺어지는 인간관계나 대인 교류는 보상이나 이해 관계를 중심으로 한 교환 관계나 합리성(서구적의미)을 강조하는 서구의 인간관계와는 질적으로 다르다. '받은 대로 돌려주며 준 만큼 갚는' 거래성 교환관계는 한국인에게 있어서 '남남'의 관계로 인식되며, 남남관계에서 '우리성' 관계로 발전되기 위해서는 마음에서 우러나오는 '정표'를 주고받아야 한다.

최근에 서구에서 교육을 받았거나 미국식 문화에 익숙한 사람들이 전통적 한국인들의 정표 표시 행동을 비합리적 행동으로 받아들이는 경우를 종종 볼 수 있다. 예컨대 한국인의 후한 인심, 교수가 제자들의 추천서를 지나치게 좋게 써 주는 행위, 윗사람이 아랫사람의 음식값을 도맡아 내주는 행동, 친구 부모의 상가에서 밤을 세우며 함께 고생하는 행동 등은 서구적 시각에서 이해하기 어려운 한국인의 사회심리적 행동이다. 그러나 한국에서는 이러한 행동을 비합리적이라고 보기보다는 '인간적인' 정이나 의리로 받아들인다. 우리 한국에서는 정이 없는 사람을 냉혈피 같은 사람이라 하여 상종하지 못할 사람으로 취급하며 이러한 사람은 아무리 지식이 높거나 예의가 바르더라도 가까이 하기를 꺼린다. 한국적 리더십에서 가장 중요한 것은 아랫사람을 자기 식구처럼 아껴 주는 마음이며, 여기서 아껴 주는 마음은 정의 핵심요소다. 결국 한국인의 사회적 관계의 기본적 지향은 서로가 아껴 주는 마음을 표현하고 확인하며 알아감으로써 궁극적으로는 우리 의식을 마음속으로 실감시키는 데 있다.

그러면 한국인들은 어떻게 마음으로 다가오는 우리 의식을 상대에게 심어 주고 확인시킬까? 그동안 한국인은 오랜 역사 문화적 삶 속에서 마음에서 마음으로 전달하는 여러 가지 사회적 행동 양식과 지혜를 축적해 왔고, 또 이를 일상의 생활에서 사용해 왔다고 볼 수 있다. 예컨대, 정을 표현하는 방식, 한을 공감하고 풀어 주는 양식, 상대의 심정을 달래 주는 기술, 상대의 권위를 인정하거나 높여 주는 언행 등이 우리 문화 속에 잘 발달되어 있으며 이러한 사회적 행동에 대한 문화 문법을 우리는 거의 무의식적으로 행하고 있다.

이러한 한국적 문화 문법을 습득하지 못했거나, 우리와는 다른 사회 관계 문법을 가진 서양인들과의 교류에서 한국인들은 흔히 좌절감과 실망을 경험한다. 서양 남편을 둔 한국의 부인들이 흔히 하는 푸념을 들어보면, 서양의 남편들은 싸가지가 없다거나 정이 없다는 불평을 많이 하는가 하면, 눈치가 없다거나 이기적이라거나, 감정이 안 통한다거나 심지어는 '우리'가 아닌 남처럼 느껴질 때가 많다고 말한다. 이와 같이 한국인 부인이 미국인 남편에게 느끼는 이질감은 두 사람이 자라 온 문화적 배경 차이에서 비롯된 것이라 볼 수 있다.

　미국의 부부관계는 상호의 독립성과 개별성을 존중하며, 사리·합리성을 바탕으로 이루어진다. 그러나 한국의 경우는 상호의존성, 우리성, 하나됨을 강조하며, 사리성보다는 심정성, 합리성보다는 정분성이 부부 간의 상호작용에서 규범적 부부관계 문법으로 작용한다. 이처럼 사리성, 합리성에 익숙한 미국인 남편이 한국인 부인의 섬세한 심정, 인간적인 정분을 슬기롭게 충족시킬 수 있다는 것은 기대하기 어렵다. 또한 상호의존, 하나됨을 이상으로 추구하는 한국인 부인은 독립성, 개별성을 상대에 대한 존중으로 생각하는 미국인 남편에 대해 부부 일심동체의 일체감이나 우리편 의식을 느끼기는 어려울 것이다. 즉, 두 사람 간에 정으로 엉겨 붙은 한 마음이 아니라 서로의 마음이 이어지지 않은 '저기 저 사람'으로 미국인 남편을 경험하게 된다.

　한국인의 부부 관계를 비롯한 일차 집단 관계, 즉 사적 인간관계에서 마음과 마음을 잇는 이음끈 역할을 하는 심리적 매개체는 심정, 정분, 우리편 의식, 상호의존 등으로, 한국인의 사회적 행동의 기저에는 기본적으로 위의 이음끈들을 긍정적 방향으로 보강하고, 상대에게 이를 확인시키려는 동기와 목적이 있다. 예컨대 상대의 심정을 배려하는 의례적인 언행, 상대의 마음을 만족시키기 위한 체면치레 행동, 상대의 기대에 맞추어 상대의 생각에 동조하는 우리편 확인시키기 행동, 상대에 대한 의존을 암시하는 응석 행동, 상대의 자존심을 고양시키기 위한 자기 비하적 겸손 행동, 그리고 상대의 심정을 포함한 상대의 마음과 감정을 읽어 내는 눈치 등은 모두 상대와의 이음 끈을 강화시키기 위한 의도성과 지향성을 가진 한국인의 특징적 사회심리 행동이라 볼 수 있다.

우리성

    사전적 의미로 볼 때 '우리'는 자기를 포함하여, 자기와 관련 있는 무리를 스스로 지칭하는 말이다. 따라서 자기가 속한 모든 종류의 집단은 '우리' 집단이 될 수 있으며, 내집단 성원들 모두가 '우리' 관계를 형성할 수 있는 대상이 될 수 있다. Allport(1958)는 집단 성원들이 서로 본질적으로 똑같은 의미에서 '우리'라는 말을 사용할 경우, 그 집단을 내집단이라 규정함으로써 '우리' 집단을 내집단과 동일한 개념으로 다루었다. 그러나 내집단의 경우 집단 성원성이 자신의 선택에 의해 결정되지 않을 수도 있기 때문에, 적극적으로 자신을 전체 집단의 한 부분으로 관련시키거나, 심리적으로 자신을 집단에 관련시키고자 열망할 때 존재하게 되는 준거 집단(Sherif & Sherif, 1953) 개념과는 차이가 있다고 하였다. '우리' 집단은 구성원이 자기 의사와 무관하게 출생과 더불어 결정되는 귀속적(ascribed) '우리'와 자신의 능력, 노력, 의지 등과 관련하여 적극적으로 성원성을 취득하는 성취적(achieved) '우리'로 구분될 수 있다. 그러나 어떤 경우에서든

집단 간 상호작용과 서로의 관계에 대한 뚜렷한 인식이 선행되어야 한다. 이 점은 앞으로의 논의에서 자세히 설명하기로 하겠다.

Schutz는 인간이 당연시 받아들이는 생활 세계를 '우리 관계'와 '그들 관계'가 공존하는 세계로 파악하고, '우리 관계'란 '너 지향'(thouorientation)을 특징으로 하는 대면적, 직접적 관계이며, '공감을 갖고 참여하는 관계'(Schutz, 1932/1967)라고 하였다. 이와 같은 설명은 인간관계 중심의 상호작용을 전제로 하는 게마인 샤프트적 특성이나, 동일 집단 성원성을 기반으로 친밀한 인간관계를 형성하는 내집단적 성격과도 일치하는 것이다.

그러나 '우리' 관계 또는 '우리 집단'을 인간의 인식과 무관하게, 이미 주어진 객관적 실체로만 파악하는 설명들은 '우리'가 구성원의 적극적인 인지적 구획화와 관계적 특성의 자각을 전제로 비로소 형성되는 사회 인지적 산물이라는 점을 간과하고 있으며, 따라서 그 관계와 연합된 구성원들의 인지적, 감정적, 행동적 지향성을 구체적으로 설명하지 못하고 있다. 예를 들어, 거리의 공중전화 박스에 줄지어 서 있는 사람들은 서로가 성별이나 인종이 같다 할지라도 '우리'라는 인식을 공유하지 않는다. 그들은 서로 관계성이나 공통성을 확인하거나, '확인'하고자 노력하지 않으며, 매우 중성적인 입장에서 단지 하나의 군집(aggregate)을 이루고 있을 뿐이다. 그러나 본고에서 다루고자 하는 '우리'는 성원들이 '우리'에 대한 뚜렷한 인식과 동질감의 공유를 전제로 하고 있다.

'우리'에 대한 논의에서 또 한 가지 중요하게 다루어져야 할 점은 서구의 개인 중심적 '우리' 관계와 한국의 집단 중심적 '우리' 관계는 사회적 상호작용의 제 측면에서, 그리고 집단 정체로서의 역동적 성격에서 색다른 양상으로 나타날 수 있다는 것이다. 최상진과 최수향(1990)은 서구의 집합주의 개념은 집단을 구성하는 개인들을 자율적이고, 독립적이며, 개별적인 존재로 상정함으로써, 개인의 고유성이 소멸되지 않는 군집(collective pool)을 의미한다고 하였다. 그러나 이와 같은 개인의 존재를 전제할 수 없는 동양 문화권—특히 한국에서는 개인이 집단 상황에서 자기의 고유성을 전체 집단에 맞추어 변화, 순응시키고, 전체에 융화됨으로써, 개인성의 합으로는 포착할 수 없는 새로운 집단성을 창출한다고 한다.

한국적 집단주의 상황을 잘 반영하면서, 동시에 우리 관계나 '우리' 집단의 특수성을 잘 나타내는 예로 '우리' 라는 말의 일상적 쓰임새를 들 수 있다. '우리' 는 일상어에서 자신이 속한 특정 집단을 수식하거나 지칭하는 경우가 많다(우리 학교, 우리 나라, 우리 회사, 우리 가족). 이와 달리 '우리끼리 ~ 한다.' 는 표현은 서로의 친밀하고 독특한 인간관계를 암시하는 것으로 상호 친밀감을 고조시키거나 어떤 것에 대한 배타적 공유 의식을 확인시키는 뜻으로 사용되는 표현이다. 또한 '우리 사이에 네것 내것이 어디 있느냐.' 라든가, '우리 사이에 그렇게 따지면 섭섭하지.' 라는 표현은 개인이 상호 간 분리될 수 없는 일체이며, 분리되는 것이 오히려 '우리' 관계를 위협하는 요소임을 드러내는 표현이다. 그리하여 상호관계에 대한 기대가 실제와 어긋날 때 사람들은 "우리 사이에 그럴 수가……."라는 표현으로 기대가 깨진 것에 대한 애석함, 섭섭함, 절망감, 배신감 등의 감정을 표출한다. 따라서 '우리' 는 개인간 혹은 개인과 집단간의 관계뿐 아니라 성원들 사이의 독특한 인간관계의 특성 및 그 관계를 통해 기대할 수 있는 감정적 행동적 특성까지도 함축하는 말로 사용되고 있음을 알 수 있다.

이와 같은 언어사용의 실례들은 한국인의 일상 생활이나 관념 속에 특정 집단을 지칭하지 않은 상태의 '우리' 개념이 집단의 특성과 유관, 무관하게 존재할 수 있음을 가정하게 한다. 즉, 다양한 종류의 '우리' 집단 경험은 일반화되고 추상화된 '우리' 개념을 성원들에게 내면화시킴으로써,

추상적 형태의 고유한 '우리' 개념이 구체적 '우리'와 별개로 그 나름의
역동을 가지고 기능하게 될 수 있다는 것이다.

🌀 우리성의 형성과 그 진화 과정

여기서는 추상화된 '우리' 개념이 무엇을 근거로 형성되고, 어떠한 과
정을 거쳐 발전되는지를 그림을 통해 설명한다. 이 과정에서 저자는 자기
중심적 집합주의와 집단주의적 집합주의 특성을 비교해 보고, '우리'를
'우리성'으로 구체화시키고자 한다.

'우리성'의 형성 근거와 진화

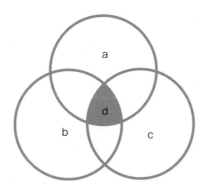

a, b, c : n은 개인 고유 영역, d : '우리'의 실제 공통 요소

그림 5-1   '우리' 형성의 근거

[그림 5-1]은 독립된 개체로서의 개인들이 서로 실제 공통성 지각을 통
해 '우리' 인식이 발생하는 것을 보이고 있다. 개인들은 물리적, 심리적,

사회적 차원 중 어떤 것에서든지 공통성 또는 유사성을 지각하여야 하나,
여기서는 특히 사회적 관계에서의 유사성 지각이 '우리성'의 출현에 중
요한 요소가 된다. 예를 들어 '외모가 닮았다.' 라든가 '취미가 같다.' 는
것보다는 '고교 동창이다.' '같은 회사에 다닌다.' 와 같은 사회적 관계 유
사성은 여타의 요소들에서 유발될 수 있는 동질감을 모두 수용할 수 있는
요소다.

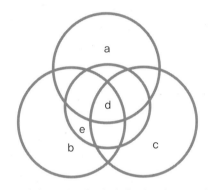

a, b, c: n은 개인 고유 영역, d: '우리'의 실제 공통 요소, e: 가정된 '우리' 공통 요소

그림 5-2   가정된 '우리' 공통 요소: '우리' 관련 내현이론

[그림 5-2]는 실제 공통성이 공통 요소의 추리, 가정을 통해 실제보다
확대된 상태를 보이기 위한 것이다. 예를 들어 '같은 고향 사람이다.' 라는
공통 요소 지각은 '사고 방식이 비슷할 것이다.' '도시보다 시골을 좋아할
것이다.' '서로 잘 통할 것이다.' 와 같은 가정을 하게 한다. 이것은 특정의
공통 요인이 다른 요인들과 연합되어 공변하는 것(James & Vander, 1988)으
로 해석될 수 있으며 따라서 [그림 5-2]는 일반인의 '우리' 관련 내현이론
(implicit theory on 'Woori')을 나타내는 것으로 볼 수 있다.

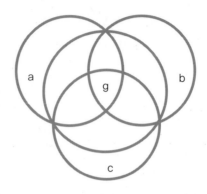

a, b, c: n은 개인 고유 영역,
g: '우리' 공통 요소의 확대로 개인 고유 영역이 줄어듦.

그림5-3   '우리' 중심으로 융화

　　[그림 5-3]은 '우리' 공통 요소의 가정과 더불어 일어나는 몇 가지 중요
한 변화를 설명하기 위한 것이다. 우선 각 개인의 고유 영역이 차지하는
비중이 줄어들면서, 동시에 개인 영역의 경계가 희미해진다. 최상진, 최수
향의 논의에 따르면, 개인을 집단보다 중요시하는 서구 사회에서는 이러
한 변화가 일어나지 않고, 개인 고유의 영역을 표시하는 경계가 뚜렷하게
남아 있을 것이다. 그러나 이 그림에서 제시하고 있는 한국 문화에서의
'우리'는 전체에 대해 조화와 순응을 위해 자기 개별성의 주장을 양보 또
는 억제하게 한다. 왜냐하면 개인의 자율성, 독립성, 개별성을 강조하는
것은 개인보다 집단을 중시하는 사회에서는 전체적 조화와 통일을 방해하
는 요소로 간주되기 때문이다. 그러나 이러한 통일성 지향이 반드시 강요
에 의해 일어나는 것은 아니며, 개인은 이 상황에서 전체적 조화를 위한
내재적 동기를 갖기도 한다.

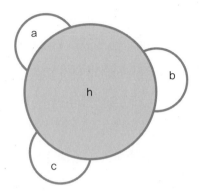

a, b, c: n은 개인 고유 영역, h: 자기-함몰적 '우리' '우리성' 의 출현

그림 5-4   '우리성' 의 출현: 탈개성적, 자기-함몰적 '우리'

[그림 5-4]는 개인 고유 영역이 전체 '우리' 속에 함몰되어 집단 중심의 '우리' 가 형성된 것을 나타내고 있다. 이 경우 물리적인 의미에서 개인 a, b, c, ……n은 엄연히 존재하지만, 사회심리적인 측면에서는 개인의 고유성은 통일된 전체 속으로 잠식되어 흔적을 찾을 수 없다. 따라서 일단 '우리' 가 강조되는 집단 상황에 접하게 되면 개인의 개별적 특성의 합의로는 설명할 수 없는 '우리' 자체의 독특한 특성과 역동성이 나타난다. 집단 상황에서 일어나는 변화는 두 가지로 분리될 수 있다. 첫째는 집단 상황에서 자기 정체가 상실되는 몰개성화(deindividuation)로서 집단 상황에서 자기는 익명성을 띠게 되거나, 자기 개별성을 확인할 수 없게 된다. 둘째로는 개인의 정체가 집단 정체로 전환되는 탈개성화(depersonalization)로서 전자와는 달리 개인의 정체는 집단 속에 상실되지 않으며 집단 상황에서도 여러 가지 현상을 통해 자기 정체의 확인이 가능하다. 자기-함몰적 '우리' 는 몰개성화보다는 탈개성화로 설명될 수 있는 부분이 더 많은 개념이다. 예를 들어, '우리는 고교 동창이다.' 라는 집단적 정체는 동일한 고등학교를 졸업한 각 구성원의 존재를 분명하게 가정할 수 있을 때 형성될 수

있다. 이는 개인의 개별성이 '우리' 형성의 필요조건임을 의미하는 것이다. 그러나 구성원 각자가 개인적 수준을 넘어서 고교 동창생 '우리' 라는 통일된 전체를 이루기 위해 의식적, 무의식적으로 노력할 뿐 아니라 그 통일성을 기꺼이 수용하려는 태도를 보임으로써, 개인적 요소의 상쇄는 암묵적으로 용인되거나 당연시 받아들여진다. 이는 개인 정체가 집단 정체로 전환되는 것을 의미하며, 구체적으로 전체적 통일을 향한 개인의 변화가 '우리' 형성의 충분조건임을 나타내는 것이다. 그리하여 자기-함몰적 '우리' 의 형성은 인지적 측면뿐 아니라 감정적, 행동적 요소까지 결합되어 강력한 집단적 힘(syntality)을 발휘할 잠재적 가능성을 내포하게 된다. 결과적으로 이 개념은 집단 속에서 자기를 상실하고 마는 몰개성화와는 질적으로 다른 탈개성적 '우리' 를 나타내는 개념이라 할 수 있다.

정서적 요소의 결합은 전체적 조화를 자연스럽게 유도하는 데 중요한 역할을 한다. 즉, 인지적 유사성 지각은 '친밀감' '따뜻함' '안정감' 등의 정서적 요인들을 자극하여, 전체 '우리' 로의 적응이 자연스럽고 신속하게 일어나도록 촉매 역할을 하며, 무리한 강요 없이도 집단을 위한 양보나 희생이 가능하게 한다. 이러한 감정적 요소가 결여될 경우 집단 성원은 전체에 동조하거나, 전체와 동일시하는 데 대한 저항을 느낄 수 있으며, 집단으로부터의 이탈 가능성도 증가하게 된다.

⟳ 사회심리학적 개념으로서의 '우리'

여기서는 자기-함몰적 '우리' 를 구체적으로 명료화시켜 보기 위하여 '우리' 의 구조적 속성과 '우리' 가 집합적 단위로서 갖는 특성들을 논의해 보고자 한다.

'우리'의 구조적 특성

'우리'는 '나'와 '너'가 분리된 단위가 아니라 통일된 존재로서의 독특한 집단 정체다. 이 정체는 다음과 같은 구조적 특성을 전제로 한다.

첫째, '우리'는 '우리'를 구성하는 개인들이 자신과 상대(단수 또는 복수)를 '우리'라는 테두리에 포함시키는 것을 전제로 비로소 구체화되는 사회인지적 산물이다. 왜냐하면 일방적인 '우리' 인식은 자기 함몰적 '우리'가 필요로 하는 개개 구성원의 조화와 융화를 이끌어 낼 수 없기 때문이다.

둘째, '우리' 정체의 자각은 '우리'에 포함된 대상과 포함되지 않는 대상을 뚜렷이 구분지을 수 있는 것이어야 한다. 즉, 물리적, 사회적, 심리적 단서를 통해 '우리'와 '그들'을 구분시켜 분명히 명명할 수 있을 때 비로소 '우리' 인식이 발생한다. 이와 같은 배타적 인식은 '우리' 경계 밖에 존재하는 사람들이 경계 내부로 들어오지 못하도록 사회심리적 압력을 낳게 되며, '우리' 구성원들은 '우리' 경계 내에서 사회적 관계망을 형성하는 경향을 갖게 된다.

셋째, 상호 간 '우리' 인식과 배타적 '우리' 인식 동질성 자각을 수반한 것이어야 한다. 동질성은 물리적 차원(유사한 외모, 유사한 행동, 공동소유 등), 개인적 관계 차원(유사한 사고방식, 유사한 성격 등), 사회적 관계 차원(동일 민족, 국가, 지역사회, 학교, 직장, 고향, 가족 등) 중 어느 차원에서 이루어질 수 있으나 본 연구에서 다루고자 하는 집단 중심적 '우리'는 사회적 관계 차원에서의 동질성 지각을 무엇보다도 중요시한다.

넷째, 집합 단위로서 '우리'는 개인으로 하여금 집단에 대한 동일시 및 동조에 대한 비가시적 압력을 유발시킨다. 성원들은 '우리' 인식과 더불어 서로의 개인차를 거의 무시하고 유사성을 확대, 강조할 뿐만 아니라 어떤 형태로든 개인의 욕구, 특성, 능력이 집단 전체의 것과 두드러지게 표출되는 것을 금기로 한다. 이러한 과정이 반드시 논리적이고 합리적인 방식으로 일어나지는 않는다. 집단의 의사나 목적이 자신의 주장과 상충될 경우, 자기 주장을 억제하고 설사 자신이 동의하지 않는다 하더라도 전체의 의사를 따르는 것은 매우 비논리적, 비합리적 집단 과정을 드러내는 예가 될 수 있다.

요컨대 '우리'는 자기와 타인(들)이 공통성이나 관계 유사성의 인식을 통해 상호동질감을 경험함으로써 형성되는 사회인지적 집단 정체라고 말할 수 있다.

자기-함몰적 '우리'가 갖는 집단적 특성: 우리성

'우리'의 구조적 속성을 모두 갖춘 인지적 구획화가 일어나면 성원들은 자기와 타자 간 관계를 조절하거나 재정비하게 되며, 각 개인의 자기 정체는 집단을 더욱 우선시하는 집합 단위로 정체도 확대된다. 집단 정체로서의 '우리'는 개인의 실제 특성들이 합해진 것과는 별개의 특성을 갖는다(그림 5-4). 왜냐하면 집단 상황은 개인성의 표출을 억제시키고, 단일화된 전체적 성격을 띠며, 개인들은 전체적 조화를 이루는 방향으로 자기를 조절하기 때문이다(그림 5-3, 4).

조사에서 나타난 바에 근거하면, 사람들은 집합 '단위'로의 '우리'에 대한 어떤 식의 설명 체계 또는 상식적 이론을 갖고 있는 것 같다. 즉, '우리'라는 추상적 자극어는 여러 가지 다양한 내용들(정서적 요소, 행동 기준, 관계적 속성, 인지적 범주화의 특성 등)과 관련되어 있는 하나의 가치 체계, 행위로서의 실천 체계라는 점이 보고된 응답 내용을 통해 드러난다. 이러한 특성은 '우리'라는 추상적 개념을 '우리'에 대한 사회적 표상과 관련

지어 설명할 수 있다. 왜냐하면 Moscovici(1981)는, "사회적 표상이란 대인
간 의사소통 과정에서 나타나는 개념 체계, 진술 체계, 설명 체계(a set of
concepts, statement, and explanation)로 그것들은 일상생활 과정에서 생성
되는 것"이며 사회적 세계에 대한 의견, 이미지, 태도 같은 단순한 현상이
아니라 현실의 발견이나 조직화를 위해 사용되는 이론 체계(theories)라 했
기 때문이다.

　'우리'에 대한 추상적 개념을 사회적 표상으로 이해할 경우, 이것은 개
인으로 하여금 '우리'라는 자극어와 함께 다른 수많은 자극들을 떠올리
고, 그 자극들을 해석하며, 그에 따라 행동을 유발시키는 역동적 성격을
갖는 체계임을 지적할 수 있다. 여기에서 '우리'가 사회적 표상으로서 갖
는 기능을 두 가지 점에서 생각해 볼 수 있다. 첫째로, '우리'는 집단 상황
과 세계에 대한 개인을 방향짓고, 상황 내 개인을 통제하는 질서를 설정
하는 기능을 한다. 둘째로, '우리'는 성원들 간 사회적 교환을 가능케 하
는 법칙 세계와 '우리' 관련 제반 사항에 대해 분명하게 명명하고(인식하
고) 체계화하는 법칙 세계를 제공해 줌으로써 구성원들 간 의사소통을 가
능하게 한다. 이와 같은 일련의 특성들은 '우리'에 대한 사회적 표상이 개
인 해석의 합에서 전환된 것이 아니며, 개인이 가진 해석의 이상이라는
점에서 자기-함몰적 '우리'가 갖는 독립적, 역동적 기능을 시사하는 것
이다.

체면(體面)

　　여러 학자들과 사회평론가 그리고 한국의 일반인들은 한국 사람이 체면을 중시한다는 말에 거의 합의하고 있다. 최재석(1989), 이규태(1977), 윤태림(1986) 등은 한국인의 의식구조 특성이나 사회적 성격의 하나로 체면을 들고 있으며, 이들의 체면에 대한 견해는 대동소이하다. 최재석은 '지위를 의식해서 지위에 상응하는 외적 행동양식을 나타내 보임으로써 자신의 존재를 보장받는 것'을 체면의 본체로 기술하고 있다. 이규태도 이와 유사한 체면관을 역사적, 야사적 사건의 실례를 통해 기술하면서, 체면의 표리(表裏)이중 구조를 부연해서 설명하고 있다. 여기서 '속(裏)'은 본 마음, 사실 또는 사적 자기(私的自己)가 될 수 있으며, '겉(表)'은 밖으로 표현된 마음, 외적명분 또는 공적 자기(公的自己)가 될 수 있다.

　　결국 체면은 상황과 관계에 따라 자기 또는 사실과 다르게 행동함으로써 자신이나 상대의 지위나 외적 명분을 높여주는 행동의 과정 또는 현상을 지칭한다. 또한 이규태는 한국의 체면과 서양의 명예를 구분하고 있다.

서구의 명예는 자신의 지위와 가문의 표리가 일치하는 방향에서 지키고 유지하는 것이라면, 한국의 체면은 표리의 일치보다는 당위와 명분을 중시하고 이에 따라 행동하는 것을 말한다. 따라서 체면에는 '치레' 적인 성격이 강하다.

윤태림은 체면을 형식주의의 시각에서 속담 속에 나타난 체면사례들을 풀이하고 체면중시의 의식구조에서 수치문화(Shame Culture)가 나타났다고 설명한다. 그는 위신을 지키기 위해 형식적인 면에 치중하여 사실과 달리 겉치레적인 행동을 하게 되는 것을 체면으로 보았다. 양반은 얼어죽어도 곁불은 안 쬔다는 식의 행동을 예로 들어 형식적이며 겉치레적인 행동으로 체면을 설명하고 있다. 또한 회의석상에서 여러 사람의 반대를 의식하여 남의 주장을 따라가는 것과 같은 동조행동도 체면치레적 행동의 범주에 속하는 것으로 보고 있다.

특히 윤태림은 한국의 속담 중에 체면을 나타내는 속담, 예컨대 '냉수 먹고 이빨 쑤시기' '가난할수록 기와집 짓는다' '가게기둥에 입춘대길' 등을 소개하면서 한국인이 다른 나라 사람보다도 체면을 중시한다고 주장한다. 물론 외국인에게도 위신과 체면이 있으나 한국인은 이에 대해 외국인보다 더욱 큰 관심과 가치를 두고 있다는 것이다.

한편, 동아일보사에서 1990년도 연중기획시리즈로 연재했던 것을 책으로 엮은 『한국인 진단』(1991)에는 45개의 연재물이 수록된바, 그중 체면과 관계된 글이 세 편 실려 있다. 하나는 "호칭 인플레가 심하다", 또 하나는 "자기과시 지나치다", 그리고 "겉과 속이 다르다" 이다. 이들 세 편의 글은 공통적으로 현대의 일반사회에서 관찰될 수 있는 사건이나 현상들을 중심으로 한국인과 한국사회를 진단하면서, 각 글의 말미에서 전문가의 종합적 견해를 통해 자신들의 관찰을 보강하는 형태를 취하고 있다.

먼저 '호칭 인플레' 와 관련해서 한국사람들은 상대방을 칭할 때 경어

를 지나치게, 과도하게 사용한다는 것이다. 여기서 이러한 경칭 남용현상
에 대해 김광식 교수는 "신분과 직업에 대한 컴플렉스가 심한 사람들이 경
칭을 들음으로써 심리적으로 보상받게 된다."는 설명을 하고 있으며, 최
종고 교수는 "한국인의 지위 지향성이 경칭 과용현상을 낳고 있다."고 해
석하였다. 일찍이 한국어 경어체계를 연구한 외국인 Howell(1967)도 한국
인의 경어사용심리를 지위(status)와 유대(solidarity)라는 사회적 요인으로
설명한 바 있다.

"자기과시 지나치다"에서는 소위 한국인의 외제 및 유명상표 선호행동
과 신분지위 과시행동에 대한 실례를 통해 한국인의 자기과시 행동을 설
명하고 있다. 앞에서 설명한 경칭 과용현상이 상대의 지위를 과시적으로
높여주고 확인해 주려는 동기에서 나타난 행동이라면, 자기과시 행동은
문자 그대로 자신의 지위와 권위를 높이려는 동기에서 비롯된 행동이라고
볼 수 있다.

"겉과 속이 다르다"에서는 한국인의 대화나 행동에서 자주 발견되는
'인사치레성' '의례성' 대화나 행동을 실례로 들면서 표리의 부동을 한국
인의 특성으로 포착하고 있다. 이에 대해 한상진 교수는 한국인이 자신을
정직하게 드러내기보다는 눈치를 살피고 체면을 중시하며 외적으로 명분
에 집착하는 한국의 문화적 전통에서 그 연원을 돌리고 있다. 그러나 김용
운 교수는 표리가 다른 것은 한국인보다 오히려 일본인들에게 더 높게 나
타난다고 주장하고 있다. 즉, 일본인은 '혼네'(本音, 본심)와 '다테마에'(建
前, 남에게 듣기 좋은 말을 하는 것)를 철저히 구별하여 사용하며, 따라서 일
본인은 겉 다르고 속 다른 면을 보인다고 지적하고 있다.

체면을 '표리부동'이라는 한 단면에서만 포착할 때 일본인의 '혼네-
다테마에' 관계와 구분되기 어렵다. 그러나 '다테마에'에는 자신이 아닌
상대의 명분과 명예를 상황적으로 높여주는 데 초점을 둔 사회적 의식

(social ritual)의 성격이 강한 반면, 체면은 원초적으로 타인보다 자신의 권위와 명분을 과시하는 데서 동기화된 상황적 행동(situational behavior)의 성격이 더욱 강하다는 점에서 차이가 있다. 따라서 일본인의 '다테마에' 는 상대에 대한 허구적 친절(politeness)의 의미가 강하고, 사회적으로 관습화, 관례화된 상호작용상의 의식성(rituality)이 강하나, 한국인의 체면은 친절보다는 자기 과시성과 권위주의적 요소가 강하며 동시에 사회적 의식성보다는 상황에 따른 대처행동으로서의 성격이 더 짙다고 볼 수 있다.

체면의 자기과시성 측면과 관련해서, 여동찬(1987)은 "현대판 군자와 특권의식" 이란 주제의 글 속에서 한국사람들이 오만, 거만, 자신만만함을 몸에 걸치고 다른 사람들을 대하고 있다는 특권의식을 꼬집고 있다. 그가 말하는 특권의식은 거드름을 피우는 행동을 지칭하며 그러한 행동은 자신의 지위를 과시하려는 체면 지향 심리를 기저에 깔고 있다고 하겠다.

외국인이 본 한국인의 특성을 분석한 차재호(1988)의 연구에서 보면, 한국인은 명분을 중시하는 것으로 밝혀졌다. 여기서 명분의 범주에 속하는 내용은 형식주의적 사고방식, 체면중심적 행동 등을 포함하는 것으로, 그는 이러한 행동을 당위성과 명분을 강조하는 유교의 윤리관과 상관이 있는 것으로 해석하고 있다. 김용운(1986)은 한국인에 대한 최대의 모욕은 '무시당한다' 는 것으로 보았다. 그는 일본 최고의 문학상인 '아쿠다가와 상(芥川賞)' 을 수상한 작품 『그 석양(夕陽)』의 내용 속에 한국인 처가 일본인 남편에게 자신의 가장 큰 불행은 '당신의 가족들이 나를 무시하고 있다.' 는 말을 인용하면서, 이 말이 갖는 심각한 의미를 일본인들은 이해할지 의문이라는 자신의 생각을 기술하고 있다. 여기서 그는 한국인에게 있어서 무시당한다는 것이 얼마나 부정적 의미를 갖는지를 강조하고 있다. 무시를 당한다는 것은 단순한 인격의 모독만을 의미하는 것은 아니다. 오히려 자신의 체면이 손상당했다는 것이 무시당했다는 말의 본뜻에 더욱 가깝다고 생각해 볼 수 있다.

일본인 가세히데아키(1989)는 한국인의 특성으로 지기를 싫어하는 점을 지적하고 있다. 일본인은 졌다고 생각하면 깨끗이 '항복했다' 라고 말하는데 한국인에게는 '항복했다' 라는 말을 설명하는 것 자체가 어려울 정도로 항복했다는 말을 하지 않는다는 것이다. 이와 비슷한 관찰로 한국인들은 토론에 미숙하다는 말들을 자주 들을 수 있다. 특히 상대의 의견을 듣지 않고 자기 주장만을 내세워 토론이 합의로 수렴되는 일이 한국인에게는 어렵다는 것이다(동아일보사, 1991, pp. 8-9). 또한 한국인은 책임회피가 심하며(상게서, pp. 60-63), 제도탓을 잘하며(상게서, pp. 80-84), 평계를 잘 대는(최상진, 임영식, 유승엽, 1991) 특성을 지니고 있는 것으로 지적되어 왔다. 이러한 현상들은 모두 체면과 밀접히 관련된 현상이라고 추론할 수 있다.

한국인들은 항복을 하거나 토론에서 자신의 생각이 틀렸다고 인정하거나 잘못된 일이 있을 때 그 책임을 자기 자신에게 돌리는 일들은 자신의 체면을 손상시키는 데 기여하는 행동이라고 생각하기 때문에 자신의 잘못을 공적으로 시인하는 행동을 회피하는 경향이 심하다는 해석이 가능하다. 자신의 체면을 좀 더 적극적으로 높이려는 행동은 흔히 최고 및 일류 지향성적 행동으로 표출되기도 한다. 김정규(1991)는 475명의 피험자를 대상으로 자신들이 겪은 스트레스의 원인을 면접조사한 결과에서 남녀 공히 학력이 가장 중요한 스트레스원으로 나타났으며, 이와 더불어 남자의 경우 출신학교의 배경이 중요한 스트레스원이 됨을 밝히고 있다. 학력과 출신학교가 스트레스의 주요한 원인이 된다는 것은 일류 지향성과 관련된 체면의 손상과 무관하지 않음을 시사한다.

한국인의 심리를 실증적 조사를 통해 밝힌 이근후 등(1991)의 연구에서 한국인들이 가장 많이 쓰는 자아방어기제 중의 하나가 허세임이 밝혀졌다. 이들은 정신분석학적 시각에서 허세의 심리를 열등감과 우월감의 복합심리로 해석하고 있는데, 여기서의 허세는 체면유지와 관련된 표리부동의 심리와 관계가 있는 것으로 사료된다. 실제의 자기보다 더 높은 평가를 받으려는 욕구 또는 무의식이 허세의 형태로 표출될 수 있다는 점을 감안할 때 체면의 심리가 자기과시나 허세를 동반할 수 있다는 추론도 가능하다. 이규태(1991)는 이러한 특성을 '분수 이상으로 자기를 과시하려는 한국인의 환상성향'이라고 지칭하고 있으며, 이와 같은 행동은 일종의 체면지향 행동이라고 파악해 볼 수 있다.

위의 글들을 자세히 설명하지 않더라도, 이미 체면이 어떤 심리 및 행위현상인가를 어느 정도 짐작할 수 있을 것이다. 즉, 체면은 ① 지위가 높음을 나타내려는 심리 및 사회문화구조와 관련되며, ② 이러한 지위를 외적인 지위상징물이나 지위상징행동을 통해 자신의 지위를 드러내 보이게 되며, ③ 따라서 체면에서는 체면상징을 외부사람이 지각하는 것에 의해 체면 현시 효과성 여부가 결정되며, ④ 체면이 지나치게 강조될 때 형식주의가 나타나며, 또한 자기과시로 상대에 의해 받아들여질 수 있다는 점이다.

한국사람이 체면을 서양사람들에 비해 중요시한다는 것은 이러한 전문가적 논리와 관찰이 아니더라도 일상생활에서 다반사로 그 실례를 찾아볼 수 있다. 집을 짓되 고래등 같은 집을 짓고, 대문은 양반집 대문 아니면 영국의 윈저궁 대문처럼 크고, 차는 경제성보다 고가성 차를 선호하고, 거동은 높은 지위의 인물이 하는 거동양식을 선호하고, 음식은 먹고 남을 정도로 많이 시켜 지위경제적 상층성을 암시하고, 의복은 자기의 경제적 신분에 넘치는 외제나 고가품을 선호하는 현상 등이 그 예다. 그러나 이러한 국민적 공감대를 갖는 한국인의 체면에 대한 이론적이거나 심층적인 연구는 아직까지 찾아보기 어렵다.

앞서 예시된 학자나 사회평론가들의 글을 고찰해 보면, 한국인이 체면을 중시한다는 면을 예시하거나 설명하는 데 초점을 두고 있는 반면 체면이 어떤 심리기제에서 나타나며, 체면은 개념적으로 어떤 사회심리적 현상인가에 대한 심층적 논의나 연구는 거의 제시되지 않고 있다. 체면이 한국인의 특성적 심리 또는 사회심리적 현상이라면 그 내부구조를 분석적으로 탐색해 볼 필요가 있다. 바로 이러한 연구는 체면이 한국인에게만 나타나는 고유한 현상인지, 고유한 현상이라면 어떤 점에서 고유한지, 한국의 체면과 유사한 현상을 지칭하는 서양의 개념은 무엇이며, 그것이 체면과는 어떻게 다른 것인지, 그리고 일본에서도 우리의 체면과 유사한 현상과 개념이 있다면 어떤 점에서 유사하거나 다른가를 밝혀낼 필요가 있는 것이다.

심리학 또는 사회심리학 측면에서, 체면연구의 필요성을 살펴보면 만일 체면이 한국인의 대인상호작용, 자아개념, 지위-권력관계 등에서 중요하게 작용하는 개념 및 현상이라면 한국인의 사회심리학적 이해에서 체면에 대한 연구는 필수적이라고 말할 수 있다. 이미 서양에서는 체면과 유사한 개념인 Face, Politeness, 또는 Dramaturgy 등의 개념을 전통 사회심리학적 개념으로 부상시켜 연구해 오고 있으며(예컨대, Goffman, 1967, 1981), 기실 사회심리학적 개념은 서양의 경우 자신들의 일상적 문화생활 속에서 추출한 개념 또는 현상인 경우가 대부분이다. 그렇다면, 한국인의 사회심리학적 연구에서 한국인이 보편적으로 체험하고 의식하며 한국인의 머리 속에 개념화된 체면과 같은 현상을 연구하지 말아야 할 이유는 전혀 찾아볼 수 없다. 여기에서는 이러한 전제하에 체면의 속성을 분석해 보았다.

체면을 차리는 대인관계에서 누가 누구 앞에서 체면을 차리게 되는가

이자 간의 관계에서 어떤 사람이 누구 앞에서 체면을 차리게 되는가를
자유기술식으로 기입하도록 한 질문에 대한 결과는 〈표 6-1〉과 같다.

표 6-1 체면을 차리게 되는 이자관계

체면을 차리게 되는 이자관계	반응빈도	체면을 차리게 되는 관계의 우선순위*		
		1위	2위	3위
교수가 학생 앞에서	77	26	14	15
상사가 부하직원 앞에서	69	15	9	20
선배가 후배 앞에서	56	4	5	7
남자(애인)가 여자(애인) 앞에서	50	11	5	11
형(누가)이 동생 앞에서	40	1		3
남편이 아내 앞에서	33	1	2	1
부모가 자식 앞에서	32	5	6	2
정치가가 국민 앞에서	31	6	6	1
유명인이 대중 앞에서	28	6	3	2
여자(애인)가 남자(애인) 앞에서	26	2	4	3
시어머니가 며느리 앞에서	19	4	3	2
기타**				

* 각 개인이 기술한 이자관계 중에서 중요도 순위 3위까지 매기게 했음.
**기타란에는 아내가 남편 앞에서, 판·검사가 죄수 앞에서 등 다수가 포함됨.

가장 보편적이며 동시에 체면이 중요한 관계상황은 교수 대 학생, 상사
대 부하직원, 선배 대 후배, 남자(애인) 대 여자(애인), 형(누나) 대 동생, 남
편 대 아내, 부모 대 자식, 정치가 대 국민, 유명인 대 대중, 여자(애인) 대
남자(애인), 시어머니 대 며느리 등의 순으로 나타났다. 이 결과를 보면, 일
률적으로 체면을 지키는 관계상황은 지위나 신분에서 이미 상대보다 높은

사람이 낮은 사람 앞에서 나타난다. 지위나 신분에는 직위, 직능, 연령, 친인척관계 등에서의 상하관계가 대표적이다.

이 결과를 볼 때, 체면을 지키는 관계상황은 양자 간의 관계가 제3자관계처럼 전혀 무관하거나 전혀 멀지도 않으며, 그렇다고 친구나 부부와 같이 서로를 아주 깊숙이 아는 동일체적 친분관계(unite relationship)도 아닌 격의관계, 공식관계, 제도적 관계 등을 특징으로 한다. 위의 결과에서 체면을 차리는 사람의 특성은 그 상대와 비교해 신분이나 지위, 연령 및 관계상에서 상위에 있는 사람임을 알 수 있다.

여기서 시사하는 점은 체면은 신분이나 지위상 상위에 있거나 또는 지킬 체면거리가 있는 사람이 자신의 지위를 나타내거나 손상받지 않기 위해 지위에 걸맞은 행동을 하고, 그 상대편의 사람은 이러한 지위상징 행동을 받아들이고 동시에 상대의 지위와 관련해서 자신의 지위에서 기대되는 행동을 하게될 때 양자 간의 체면관계는 성립한다고 볼 수 있다. 그러나 양자 간의 지위관계나 신분관계상의 구분이 불필요하거나 바람직하지 않다고 판단되는 상황에서는 체면을 세우고 세워주는 체면수준의 상호작용이 일어나지 않는다. 따라서 아주 가깝거나 아주 무관한 이자관계에서는 비체면적 관계와 상호작용이 나타나게 된다고 볼 수 있다.

어떤 경우에 체면이 떨어지게 되는가

여기서는 체면이 떨어지게 되는 경우를 자유기술하도록 하였다. 응답의 내용을 내용분석을 통해 범주화했으며, 범주에 따른 반응빈도는 〈표 6-2〉와 같다.

표 6-2 ▶ 체면이 떨어지게 되는 상황범주 및 반응빈도

상황범주	구체적 반응내용의 예	반응빈도
자신의 지위와 신분에 맞는 인격상의 행동규범을 일탈하거나 어겼을 때(인격의 문제)	• 거짓말이 진실로 밝혀질 경우 • 언행에 대한 실수 • 큰 소리로 요란하게 말함	118
자신의 신분과 지위유관 직능에서 요구되고 기대되는 능력 및 역할을 해내지 못할 때	• 교수가 지식이 짧을 때 • 자신의 책무를 제대로 수행 못할 경우 • 남들은 다 하는데 자기만이 특정한(능력의 문제) 일을 못할 때	114
자신의 신분과 지위와 연계된 권위를 지키지 못하는 행동을 했을 때(권위의 문제)	• 자신의 약점을 남에게 보이게 되는 경우 • 여러 사람 앞에서 무안을 당하는 경우 • 무시를 당할 경우 • 사회적으로 규정된 행동을 하지 못할 경우	109

　　자유기술 응답내용에 대한 분석내용을 그 빈도와 중요도 면에서 보면, 첫째, 그 지위와 신분에 맞는 인격상의 행동규범을 일탈하거나 어겼을 때, 즉 비천한 행동을 했을 때 체면이 떨어지며, 둘째, 자신의 신분과 지위유관 직능에서 요구되고 기대되는 능력 및 역할을 해내지 못할 때, 즉 무능한 행동을 할 때 체면이 떨어지며, 셋째, 자신의 신분과 지위와 연계된 권위를 지키지 못하는, 즉 탈권위적 행동을 했을 때 체면이 떨어지는 것으로 나타났다.

　　이 결과를 보면, 체면은 신분이나 지위에 관계되면서 동시에 그 신분과 지위에 적합한 인품, 능력, 권위규범이 있으며, 이러한 규범을 일탈하는 행동을 할 때 체면이 떨어지게 됨을 알 수 있다. 그리고 구체적으로 어떤 행동이 무슨 규범을 파괴하거나 상징하는 것인가에 대해서는 사회적 통념이 작용하는바, 그 추론과정에 대한 이해에서는 Jones와 Davis(1965)의 상응추론이론(Correspondence Inference Theory)이 적합하게 적용될 수 있다.

예컨대, 사장부인이 맘보바지 차림으로 사원 앞에 나타날 때 맘보바지는 곧 그 사장부인의 인격적 체면손상으로 연계될 수 있으며(한 응답자의 실례), 이러한 행위-인격, 행위-능력, 행위-권위 추론도식은 앞으로 구체적 실례를 통해 항목화할 필요가 있다.

체면을 안 차려도 되는 상황에는 어떤 것이 있는가

체면을 차리지 않아도 되는 상황에 대한 자유기술식 응답 내용을 내용분석을 통해 범주화해 본 결과는 〈표 6-3〉과 같다.

표 6-3 체면을 차리지 않아도 되는 상황범주 및 반응빈도

상황범주	구체적 반응내용의 예	반응빈도
아주 친밀한 관계	• 부부 사이 • 가족끼리 • 연인 사이 • 동료 사이	107
체면보다 더 중요하고 더 시급한 욕구가 지각된 상황	• 배고플 때 식사 제의 • 급한 일로 띌 때 • 식사할 때	66
분위기가 체면을 압도하는 상황	• 술자리에서 • 공식적인 행사를 진행하는 중에 • 사적인 자리에서	40
체면이 격식감과 소원감을 주는 데 기여하는 상황에서 상대와 더 친밀하게 되고 싶은 상황	• 절친한 사이에서 불편을 일으키는 체면	29

〈표 6-3〉에서 보면, 체면을 안 차려도 되는 상황은 ① 아주 친밀한 관계, ② 체면보다 더 중요하고 더 시급한 욕구가 지각된 상황, ③ 분위기가

체면을 압도하는 상황(예컨대, 잔칫집, 야유회, 데이트 상황 등), ④ 체면이 격식감과 소원감을 주는 데 기여하는 상황에서 상대와 더 친밀하게 되고 싶은 상황 등이다. 여기에서 추론되는 것은 체면이 그 필요성이나 우선순위에서 다른 욕구나 필요성보다 떨어지거나 체면을 지키는 것이 상황적 적합성 면에서 부적절하다고 느껴질 때 체면을 안 지키는 것은 허용될 수 있다는 점이다.

체면이 떨어지면 어떤 손실이나 불리함이 초래되는가

여기서는 두 가지 형태의 질문을 사용했는데, 하나는 구체적 상황별(사장이 사원 앞, 어른이 아이들 앞, 아버지가 자식 앞, 남편이 부인 앞, 대통령이 국민 앞, 선생님이 학생 앞, 남자가 여자 앞)로 그 손실이나 불리함을 먼저 자유기술식 형태로 질문하고, 다음으로 일반적 상황에서 체면이 떨어질 때 나타날 수 있는 손실이나 불리함 20개 항목을 나열하고 그 손실의 정도를 5점 척도상에서 표시하도록 하였다.

먼저, 자유기술식 질문에 대한 응답내용을 분석해 보면, 관계상황별로 그 내용이 약간의 차이를 보이고 있으나, 내용분석을 통해 응답의 내용을 범주화해 보면 〈표 6-4〉와 같이 7개 범주로 묶어질 수 있다.

표 6-4 ▶ 체면이 떨어질 때 나타날 수 있는 손실 및 불리점

손실 및 불리점 범주	구체적 손실 및 불리점의 예	반응빈도
권위추락	• 리더십이 떨어진다 • 존경심이 상실된다. • 위엄이 상실된다. • 국가의 권위추락	240
상급자에 대한 불신	• 회사에 대한 불신이 생긴다. • 어른을 믿지 않는다. • 신뢰도가 떨어진다.	143

	• 신임을 잃는다.	
영향력 저하	• 설득력이 저하된다. • 본보기가 못 된다. • 통제력이 약화된다.	128
인격의 하락	• 불성실해 보인다. • 자존심이 상한다. • 인간성을 의심받는다. • 무시당한다.	120
지위관계의 파괴	• 유대관계가 파괴된다. • 말을 안 듣는다. • 좋은 관계를 이루기 어렵다.	73
기대에 대한 실망	• 실망으로 인한 애정 상실 • 데이트가 성사되지 않는다.	61
무능하다는 지각	• 맹추같다. • 능력없는 사람	37

　　표에서 보면, 권위추락, 상급자에 대한 불신, 영향력 저하, 인격의 하락, 지위관계의 파괴, 기대에 대한 실망, 무능하다는 지각 등이 주된 손실 및 불리함의 범주로 부각되고 있다. 그러나 관계상황별로 차이점을 보면, 고등학교 선생님의 경우 학생들에 대해 가르칠 수 있는 권위와 신임이 추락된다, 대통령의 경우 대통령에 대한 국민의 불신감이 커진다, 아버지의 경우 자식과의 도덕적 관계가 깨진다, 어른의 경우 아이들이 어른에 대해 순종하지 않는다 등의 반응이 특징적으로 나타났다.

　　다음, 구체적 항목을 사용해서 묻는 구조적 질문에 대한 응답반응을 체면이 떨어질 때 나타나는 손실의 정도를 5점 척도(전혀 그렇지 않다-아주 그렇다)상에서 평균점수로 환산했을 때 다음과 같이 나타났다.

표 6-5 ▶ 체면이 떨어질 때 손실의 정도

문 항 내 용	평 균	순 위
1) 인격이 천하다는 인상을 주기 쉽다.	3.333	7
2) 무식한 사람으로 인정받기 쉽다.	3.122	
3) 존경심이 줄어들 수 있다.	3.811	3
4) 상대에 대한 혐오감을 줄 수 있다.	2.856	
5) 천한 가문의 사람이라는 평가를 받기 쉽다.	2.856	
6) 가정교육을 받지 못한 사람이라는 인상을 받기 쉽다.	3.333	7
7) 고등교육이나 명문학교를 못 나온 사람이라는 인상을 받기 쉽다.	2.822	
8) 성격이 거친 사람이라는 인상을 받기 쉽다.	2.656	
9) 사교성이 부족하다는 인상을 받기 쉽다.	2.489	
10) 그런 사람과 사귀면 나도 그런 사람이라는 인상을 주기 쉽다.	2.778	
11) 손해를 줄 수 있는 사람이라는 생각이 든다.	2.644	
12) 아랫사람이 리더의 말을 어렵게 생각하지 않을 것이다.	3.922	1
13) 품위가 없는 사람이라는 인상을 주기 쉽다.	3.867	2
14) 신뢰하기 어려운 사람이라는 인상을 주기 쉽다.	3.333	7
15) 능력이 없는 사람이라는 인상을 주기 쉽다.	2.644	
16) 조심성이 없는 사람이라는 인상을 주기 쉽다.	3.444	6
17) 눈치가 없는 사람이라는 인상을 주기 쉽다.	3.589	4
18) 비합리적인 사람이라는 인상을 주기 쉽다.	2.622	
19) 교양이 없는 사람이라는 인상을 주기 쉽다.	3.578	5
20) 사회적 지위나 신분이 낮은 사람이라는 인상을 주기 쉽다.	2.789	

〈표 6-5〉에서 가장 큰 손실은 12번 리더 위치에 있는 사람의 경우 아랫사람이 그 사람 말을 어렵게 생각하지 않는다이며, 그다음이 13번 품위가 없는 사람이라는 인상을 주기가 쉽다, 3번 존경심이 줄어들 수 있다, 17번 눈치가 없는 사람이라는 인상을 주기 쉽다, 19번 교양이 없는 사람이라는 인상을 주기가 쉽다 등의 순이다. 가장 높은 평균 평가치를 보인 위의 문항의 내용을 보면, 영향력 감소(12번), 인격추락(13, 7, 3번), 교양부족(19, 6번) 등을 대표적으로 들 수 있다. 이를 다시 기저에 깔린 요인에 따라 분석해

143

보기 위해 주성분 분석과 직교회전을 통해 요인분석을 실시한바, 그 결과
는 〈표 6-6〉과 같다.

표 6-6 ▶ 체면이 떨어질 때 나타나는 손실내용에 대한 요인분석

문항	제1요인	제2요인	제3요인	제4요인	제5요인	제6요인	공통성
A6	.74232	−.28873	−.11701	.13510	.00243	−.15547	.69052
A19	.73553	−.19013	.15411	.0386	−.12881	−.00704	.61903
A13	.67998	.11822	.15547	.04122	−.09327	.33873	.62566
A2	.64280	−.01734	−.24462	−.08883	.37194	−.22378	.66963
A20	.63498	−.40161	−.12793	.01748	−.14627	−.35148	.72610
A14	.63310	.36633	−.02326	−.25458	−.04212	.06706	.60663
A11	.61253	.32767	.02863	.20427	−.34940	−.04620	.64933
A15	.60013	.39426	−.12269	−.32235	−.02736	−.39695	.72287
A12	.59502	.02735	.16796	.05620	−.25617	.10670	.46317
A18	.57735	−.06081	.36903	−.06408	−.27998	−.08330	.56264
A7	.56195	−.39268	.25664	−.12030	.01061	−.13502	.56867
A5	.55434	−.47137	−.32152	.13382	.01878	.19117	.68766
A10	.54150	.15346	−.15908	.36193	−.28459	.03700	.55544
A16	.48471	.07686	.34785	−.31860	.32719	.24885	.63234
A8	.39755	.32640	.20685	.29410	.32499	−.24240	.55824
A1	.53206	.04568	−.64513	−.16984	.28368	.02690	.81141
A17	.39103	−.26798	.49324	−.03008	.44087	.00537	.66330
A9	.28845	.48282	.05329	.59364	.31027	−.00388	.76785
A3	.42008	.33216	−.08021	−.51800	−.10552	.24575	.63308
A4	.51125	−.15047	−.19149	.20687	.12280	.53407	.66379
고유값	6.46068	1.64890	1.38237	1.29200	1.14510	1.10832	
설명량	32.3	8.2	6.9	6.5	5.7	5.1	

〈표 6-6〉에서 보면, 제1요인은 전체변량의 32.3%를 설명하고, 나머지 2에서 6요인까지는 각기 8.2%, 6.9%, 6.5%, 5.7%, 5.1%를 설명하고 있어, 제1요인은 2요인설에서 볼 때 일반요인(general factor)에, 나머지 2에서 6요인은 특수요인(specific factor)에 해당되는 것처럼 결과는 나타나고 있다. 제1요인에서는 모든 문항이 높은 요인부하량을 나타내고 있으며, 특히 높은 부하량을 보인 항목은 신뢰성 없음, 손해를 주는 사람, 무능한 사람, 어렵게 생각 안 함 등으로 이 요인은 인격적 측면과 능력적 측면, 권위성 측면 등을 모두 포괄하는 것처럼 보인다. 따라서 이 요인은 일반적 지위-인격 권력요인으로 명명하였다. 여기서 지위와 인격이 함께 묶이는 것은 우리나라의 경우 이 두 요인이 함께 공존함을 기대하는 한국인의 지위-인격 관련 도식 때문에 나타나는 결과라고 사료된다.

제2요인에서 높은 요인부하량을 보인 문항은 14, 11, 15, 5, 8, 9, 3번으로 이 문항들은 주로 자신과 직접 가깝게 관련되는 리더, 즉 직속상관이나 소속집단의 지도자가 갖추어야 할 리더십과 부정적 측면으로 관련되는 행위속성, 즉 신뢰성 없음, 손해주는 사람, 무능한 사람, 사교성 부족, 성격이 거침, 존경심 감소 등이다. 따라서 이 요인은 소속집단 리더의 지도력 요인으로 명명해 볼 수 있다. 세번째 요인에서 높은 요인부하량을 보인 문항은 눈치가 없음, 비합리적인 사람, 조심성 없음, 인격이 천함 (부적 부하) 등으로 그 내용을 보면 자기 지위와 관련된 인격을 갖추고 있지 못함을 시사하는 내용이다. 따라서 이 요인은 지위관련 인격요인으로 명명해 볼 수 있겠다. 요인4, 5, 6에 대해서는 해석의 난해성을 고려하여 일단 유보하기로 한다.

어떤 사람이 체면을 지키는 데 민감하고, 또 어떤 사람이 둔감하거나 무관심한가

체면을 지키는 일에 민감한 사람의 특성 및 사회적 신분에 대한 자유기술식 응답내용을 심리적 차원에서 내용 분석해 본 결과는 〈표 6-7〉과 같다.

표 6-7 ▶ 체면을 지키는 데 민감한 사람의 심리-사회적 특성

심리-사회적 특성범주	구체적 응답의 예	반응빈도
이미지 중시	• 자기 중심적 탤런트 • 타인의 시선을 지나치게 여김 • 눈치를 잘봄 • 겉치레적 체면으로 보상을 받으려고 함	127
상대와의 지위-권위 차별화 중시	• 사회적 신분이 높음 • 타인에 비해 우월감을 느낌 • 권위의식, 큰 연령차	46
명예지위 중시	• 집단의 리더, 위치 중시 • 존경을 받는 사람	103
자신감이 낮음	• 우유부단함 • 내성적임 • 의존적이고 소극적임	37
형식 중시	• 지도적 위치에 있는 사람 • 권위적, 사교적, 보수적으로 보임 • 예절 및 관습 중시	36
자존심 중시	• 자존심이 높음 • 자신에 대한 믿음, 신뢰감 높은 사람 • 자기 우월주의에 빠진 사람	31

〈표 6-7〉을 통해 체면을 지키는 일에 민감한 사람의 심리-사회적 특성을 보면, 이미지 중시, 명예지위 중시, 상대와의 지위-권위 차별화 중시,

자신감이 낮음, 형식 중시, 자존심 중시 등을 함축하는 성격이나 신분 또는 상황으로 나타났다. 구체적인 하위 응답 내용을 보면, 고급공직자, 교수나 교사, 종교인, 인기인, 유지 등의 지위신분과 형식 중시, 명예 중시, 인격 중시, 타인의식 등과 같은 성격요인이 많이 기술되고 있다.

　다시 체면을 지키는 일에 무관심하거나 둔감한 사람의 특성 및 사회적 신분에 대한 자유기술식 내용을 심리−사회적 차원에서 내용 분석해본 결과는 〈표 6-8〉과 같다.

표 6-8　체면을 지키는 데 둔감한 사람의 심리−사회적 특성

심리−사회적 특성범주	구체적 응답의 예	반응빈도
낮은 지위	• 하류층의 사람 • 도덕적, 감정적으로 둔한 사람 • 삶에 찌들린 사람	76
자기성취 중시	• 자신의 일에 몰두 • 자기발견 중시 • 소신이 뚜렷한 사람	41
실질 중시	• 남의 이득에 신경을 쓰지 않음 • 체면과 무관한 직업을 가짐 • 타인의 평가무시 • 체면을 허식이라 여김, 실속을 차림	28
고정관념 탈피 중시	• 사회적 관념에서 탈피 • 자유분방한 사고의 소유자	21
창의성 중시	• 예술가의 작업 • 창조적 활동을 하는 사람	18

　〈표 6-8〉를 보면 체면을 지키는 일에 무관심하거나 둔감한 사람의 심리−사회적 특성은 낮은 지위, 자기성취 중시, 실질 중시, 고정관념 탈피 중시, 창의성 중시 등이 중요한 요인으로 추출된다. 구체적 하위응답 내용

으로는 예술가, 신문기자, 코미디언, 시장상인, 재수생 등과 같은 신분의
사람이 많이 등장하며, 성격 특성으로는 기존의 틀에서 벗어남, 타인을 의
식하지 않음, 목표성이 강함 등이 언급되고 있다.

어떤 상황에서 체면을 안 지키는 것이 오히려 자연스럽거나 좋은가

체면은 경우나 상황에 따라서 지키지 않는 것이 오히려 자연스럽거나
좋은 경우가 있다. 이를 알아보기 위해 체면을 안 지키는 것이 오히려 좋
은 상황이 어떤 경우인가를 자유기술하도록 하였으며, 그 내용분석 결과
는 〈표 6-9〉와 같다.

표 6-9 체면을 안 지키는 것이 좋은 경우 및 상황

상황범주	구체적 반응내용의 예	반응빈도
상대와 아주 친밀한 관계	• 친구들과의 모임 • 연인 사이, 부모자식 간 • 친한 친구를 만났을 때 • 부모와 대화할 때	90
즐겁거나 오락성이 있는 상황	• 야유회 • 술자리, MT • 식사할 때	64
체면을 지키면 거리감을 만드는 관계나 상황	• 체면을 지키는 것이 상대방에게 부담을 줄 때 • 좀 더 지속적이고 친밀한 관계를 원할 때 • 자연스러운 만남을 위해	55
급한 상황	• 급한 용무(소변) • 바쁜 상황 • 생명이 위급한 상황	23

〈표 6-9〉를 보면 체면을 안 지키는 것이 오히려 좋은 상황으로, 상대와 아주 친밀한 관계, 즐겁거나 오락성이 있는 상황, 체면을 지키면 거리감을 만드는 관계나 상황, 급한 상황 등이 가장 보편적으로 언급되고 있다.

어떤 경우에 체면을 지키면 오히려 거리감이 생기는가

체면을 지키면 오히려 거리감이 생기는 경우에 대한 자유기술식 응답 내용을 분석한 결과는 〈표 6-10〉과 같다.

표 6-10 체면을 지키면 거리감이 생기는 경우 및 상황

상황범주	구체적 반응내용의 예	반응빈도
친밀한 관계	• 친구 사이 • 식사, 술자리에서 • 선, 후배 사이	115
상대의 내면을 잘 아는 관계	• 부부 사이 • 부자, 모녀 사이 • 가정생활 내 관계(형제간, 자매간)	84
애정이나 희락관계	• 연인 간 • 부부가 사랑을 나눌 때 • 유흥, 오락, 체육대회 중 • 맞선, 미팅을 할 때	66
친밀한 그룹 내 관계	• 직장동료 • 스승과 제자 사이	32

이 결과를 보면 체면을 지키면 거리감이 생기는 경우 및 상황으로, 친밀한 관계(unit relationship), 상대의 내면을 잘 아는 관계, 애정이나 희락관계, 친밀한 그룹 내 관계 등이 보편적으로 나오고 있다. 이러한 응답내용을 종합해 보면, 친할 때, 서로를 깊이 알 때, 애정이나 희락과 같은 상황

적 특성이 체면 노출을 부자연스럽게 만들 때 등으로 요약해 볼 수 있다.

어떤 경우에 체면을 지키는 것이 적합하거나 바람직한가

체면을 지키는 것이 적합하거나 바람직한 경우에 대한 자유기술식 응답내용을 분석한 결과는 〈표 6-11〉과 같다.

표 6-11 체면을 지키는 것이 적합하거나 바람직한 경우 및 상황

상황범주	구체적 반응내용의 예	반응빈도
제도적 체면관계	• 학부모와 선생님 • 목사와 신도 • 공인의 입장일 때 • 스승을 대할 때	74
공식적 만남의 관계	• 정치가가 대중 앞에서 • 회의석상 • 공식석상(대통령 외교활동)에서	60
아랫사람과의 만남의 관계	• 자식 앞에서 부모가 • 교수가 학생 앞에서 • 선배가 후배 앞에서	57
의례적인 상황	• 초면일 경우 • 제사지낼 때, 상가집에서 • 사돈끼리 만날 때	42

표에서 보면, 체면을 지켜야 하는 관계는 사돈끼리 만남이나 교수와 학생 간의 만남에서와 같이 구조적으로 윗사람이나 상대를 존경해야 되는 제도적 체면관계가 가장 보편적인 응답으로 나타나며, 다음으로 공식적 만남의 관계나 공식성을 함축하는 상황에서의 관계가 많이 보고되고 있다.

어떤 연령, 사회적 신분, 지위를 가진 사람이 체면을 더 지켜야 되고 덜 지켜야 되는가

먼저 체면을 지켜야 하는 연령이나 사회적 신분 및 지위에 있는 사람들의 체면지키기 필요성 정도의 평가점(5점 척도) 평균을 보면 〈표 6-12〉와 같다.

표 6-12 체면을 지켜야 할 사람에 대한 평가치

체면을 지켜야 할 사람	평 균	순 위
1) 장관	4.067	1
2) 사장	3.767	5
3) 대학교수	3.600	8
4) 국회의원	3.678	7
5) 판검사	3.833	3
6) 의사	3.256	
7) 파출소장	3.067	
8) 동네의 동장	2.511	
9) 고등학교 선생님	3.411	
10) 대학생	2.211	
11) 노동자	2.122	
12) 거지	1.267	
13) 대학의 총장	3.811	4
14) 농민	2.211	
15) 목사, 신부 또는 스님	3.844	2
16) 교회의 집사	3.156	
17) 신문기자	2.378	
18) 사회여성단체 지도자	3.322	
19) 군청의 군수	3.322	
20) 시골의 면장	2.844	
21) 범죄집단의 두목	3.433	
22) 연예인	3.256	
23) 시인 및 화가	2.356	
24) 군인 장교	3.689	6

〈표 6-12〉를 보면 매우 흥미로운 결과를 발견할 수 있다. 먼저 높은 지위에 있는 사람(예컨대, 장관, 교수, 사장, 총장)일수록 체면을 지켜야 될 필요성 평정이 높으며 낮은 신분이나 서민 (예컨대, 대학생, 노동자, 거지, 농민 등)일수록 그 필요성의 평정은 낮다. 전체적으로 보면 거의 사회적 계층 신분 순으로 체면을 지킬 필요성의 정도는 변한다.

가장 체면을 많이 지켜야 되는 신분의 사람을 순서로 보면, 장관, 목사와 신부 또는 스님, 판검사, 대학의 총장, 사장, 군인장교, 국회의원, 대학 교수 등의 순으로 나타났다. 이들 직위신분 간에 체면 상에서의 요인구조를 탐색해 보기 위해 요인분석을 실시한바 그 결과는 〈표 6-13〉과 같다.

표 6-13 체면을 지켜야 할 사람에 대한 요인분석

문장번호	제1요인	제2요인	제3요인	제4요인	제5요인	제6요인	공통성
BB1	.82063	-.05465	.07190	.05026	.12957	.19757	.73994
BB4	.78596	.16148	.04066	.09852	.19466	.13101	.71022
BB2	.74127	-.00702	.31823	.04856	.04243	-.09796	.66455
BB3	.59856	.20298	.40309	.47520	-.13283	.06934	.81023
BB5	.54153	.17548	.00753	.33755	.44223	.21187	.67850
B11	.01138	.81031	.04123	.09900	.08805	.22796	.72795
BB14	.02442	.75902	.07325	.18804	-.06323	.09601	.63065
BB10	.13406	.67514	.10845	.34424	-.00899	.28279	.68410
BB12	-.11187	.55911	.43114	-.28859	.24051	.03589	.65343
BB23	.33671	.51568	.26600	.25038	-.09795	.08407	.52941
BB7	.12626	.08665	.76238	.28198	.09593	.08296	.70027
BB8	.18103	.29938	.73132	.10824	.00003	.10427	.67982
BB20	.30766	.13562	.61643	.06141	.24285	.41233	.72580
BB19	.43209	-.00771	.53807	.06471	.04713	.49472	.72743

BB15	.12718	.20848	−.00113	.76046	.28594	.21598	.76634
BB16	−.06169	.33583	.16646	.62017	.10105	.38057	.68395
BB13	.52256	.08624	.21860	.54560	.11644	.09670	.64889
BB9	.31120	.23051	.32529	.53372	−.05507	−.18724	.57874
BB6							
BB21	.00552	.02828	−.09190	.10972	.79875	.07612	.66511
BB24	.19144	−.11417	.18505	.07429	.73625	.12129	.64623
BB22	.22005	.46231	.22331	−.00136	.55664	−.08296	.62875
BB17	.00460	.31236	.17177	.13804	.07777	.74398	.70570
BB18	.23388	.21912	.09397	.17256	.14371	.72590	.68891
고유값	8.16997	2.47695	1.85349	1.47559	1.21945	1.08128	
설명량	34.0	10.3	7.7	6.1	5.1	4.5	

먼저 5개의 요인이 추출되었는바, 제1요인이 전체변량의 34%, 제2요인이 10.3% 그리고 나머지 요인이 7.7%, 6.1%, 5.1%, 4.5% 순으로 나타났다. 이러한 결과는 제1요인과 제2요인이 가장 중요한 요인임을 시사한다.

다시 항목별로 요인부하량을 보면, 제1요인에는 장관, 국회의원, 사장, 대학교수, 판검사 등이 모두 .5 이상의 부하량을 가지고 묶이며, 제2요인은 노동자, 농민, 대학생, 거지, 예술가 (시인, 화가) 등이 .5 이상의 부하량을 가지고 묶인다. 이 두 요인을 보면 신분에 따른 구조가 명백히 대비됨을 알 수 있다. 단 시인, 화가, 예술가의 경우 제2요인에서 부하량이 높기는 하나, 제1요인에서도 .34 수준에서의 높은 부하량을 보이고 있어 이 직업의 사람들은 높은 신분과 더불어 하위신분의 사람들의 탈체면 또는 무체면 속성을 동시에 가지고 있음을 시사한다. 그 이유는 이들의 직업 특성이 창의성과 탈규범성, 탈제도성을 강조하기 때문에 이러한 결과가 나타난 것이라고 해석된다. 다시 제3요인을 보면, 높은 부하량을 보인 항목이 파출소장, 동장, 면장, 군수 등으로 지역사회 공직자가 함께 묶임을 알 수 있다.

제4요인에서는 목사, 집사, 총장, 고교선생, 의사 등이 높은 부하량을 보이고 있으며, 제5요인에서는 범죄집단의 두목, 군인장교, 연예인이 높은 요인부하량을 가지고 묶이고 있다.

이러한 결과를 가지고 해석해 보면, 제1요인에서는 사회적 권력을 가진 직업의 사람들, 제2요인에는 사회적 권력이 없는 직업을 가진 사람들, 제3요인에서는 지역사회 공직자, 제4요인에서는 종교인, 총장과 같은 사회 명예적 직업의 사람들, 제5요인에는 집단의 특성상 조직 내의 권위를 가져야 하는 사람들로 군집되어 있다. 따라서 제1요인을 사회적 권력요인, 제2요인을 사회적 무권력 요인, 제3요인은 근접적 지도력 요인, 제4요인은 인격적 영향력 요인, 제5요인은 조직 내적 권위 특성 요인으로 명명해 볼 수 있다.

이 결과를 해석해 보면, 체면의 발생근거 즉 체면거리는 사회적 권력, 리더 영향력, 인격적 영향력, 조직 내적 권위 등의 하위요인과 관련됨을 알 수 있다.

사회적 위치나 신분을 체면관계 상황에서 노출시키는 방식은 어떤 것이 있는가

사회적 위치나 신분을 체면 관계상황에서 노출시키는 방식을 묻는 자유기술식 응답에 대한 내용분석 결과는 〈표 6-14〉와 같다.

표 6-14 체면관계 상황에서 사회적 위치나 신분을 노출시키는 방식

반응범주	구체적 반응내용의 예	반응빈도
사회적으로 부와 권위의 상징이 될 수 있는 것을 현시하는 것	• 좋은 집, 고급 자동차 • 외제 사용 • 골프 • 많은 혼수	187
자신의 학력이나 인격과 같은 신분관	• 근엄한 표정	41

| 련 내적 특성을 보여 주는 것 | • 점잖은 말씨, 여유있는 태도
 • 권위적인 행동
 • 난해한 언어 사용 | |
| 고급신분자들과 내집단관계를 보여 줌 | • 동창모임
 • 사회적 신분이 높은 사람들과 교제 | 24 |

위 표에서 보면, 체면 누출방법으로 보편적으로 사용되는 방식이나 상징은 ① 고급 신분자들과의 내집단관계를 보여 줌, ② 사회적으로 부와 권위의 상징이 될 수 있는 소유물을 현시하는 것, ③ 자신의 학력이나 인격과 같은 신분관련 내적 특성을 보여 주는 것 등으로 요약해 볼 수 있다. 이러한 체면 상징은 사회와 문화에 따라 다를 것으로 추론된다.

상대의 체면을 제3자 앞에서 세워주는 행동이나 말은 어떤 것인가

상대의 체면을 제3자 앞에서 높여주는 행동 항목에 대한 효과성 평정점수를 먼저 평균점수로 환산해 보면 〈표 6-15〉와 같다.

표 6-15 상대의 체면을 높여주는 행동방식에 대한 평가치

행 동 항 목 문 항	평 균	순 위
1) 그 사람 앞에서 굽실거린다.	2.844	
2) 그 사람의 신분이나 사회적 지위를 노출시키는 말을 한다.	3.689	4
3) 그 사람이 틀린 말을 하더라도 공감하는 태도를 보인다.	2.767	
4) 그 사람의 장점을 추켜세운다.	3.667	5
5) 여러 사람 앞에서 그 사람이 말을 많이 하도록 분위기를 이끈다.	3.422	6
6) 그 사람 앞에서 깍듯이 예의를 지킨다.	3.922	2
7) 그 사람 앞에서 자기자랑을 하지 않는다.	2.700	
8) 그 사람보다 큰 집을 가졌을 경우, 남들 앞에서 노출하지 않는다.	2.556	
9) 그 사람의 단점을 말하지 않는다.	3.078	
10) 무슨 일이든지 시키면, 비록 할 수 없는 일이라도 하겠다고 한다.	3.222	

11) 그 사람보다 나은 사람을 남들 앞에서 거론하지 않는다.	2,822	
12) 그 사람과 친하더라도 여러 사람 앞에서는 친한 척을 하지 않는다.	2,456	
13) 그 사람의 실제적인 영향력을 과장하여 암시한다.	3,744	3
14) 그 사람 앞에서 송구스러운 태도를 여러 사람 앞에서 나타내 보인다.	2,878	
15) 그 사람은 자신의 권위를 겸손으로 감추는 성격의 사람으로 암시한다.	4,033	1

위의 표에서 가장 높은 평정 점수를 보인 문항은 15번(그 사람은 자신의 권위나 힘을 겸손으로 감추는 성격의 사람으로 다른 사람들 앞에서 암시한다), 6번(그 사람 앞에서 깍듯이 예의를 지킨다), 13번(그 사람의 실제적인 영향력을 과장하여 암시한다)등의 순으로 나타났다. 여기서 시사하는 것은 상대의 지위가 높다는 것을 직접 말로 나타내는 것이 아니라 암시적으로 상대의 지위를 타인 앞에서 인정한다는 것이다. 그리고 상대가 더 많은 힘이 있는데 실제 보이기는 가진 권위나 힘보다 적게 보이며 그 이유는 상대의 인격이 권위나 힘을 감추는 만큼 훌륭하다는 것을 암시하는 것이다. 이들 상대 체면 높이기 방식 간의 공통적인 요인이 있는가를 알아보기 위해 요인분석을 해본 결과는〈표 6-16〉과 같다.

표 6-16 상대의 체면을 높여주는 방식에 대한 요인분석

문장번호	제1요인	제2요인	제3요인	제4요인	공통성
CC1	.79134	.10786	−.08673	.10290	.65596
CC2	.76769	−.01247	.11364	.03334	.60353
CC14	.75531	−.20877	.21752	.03791	.66283
CC10	.53756	.30984	.21644	.17886	.46380
CC9	−.08024	.76376	−.00356	−.13006	.60670
CC7	.08359	.71635	.13365	.15918	.56335

CC8	−.09623	.60757	.22878	.30674	.52483
CC6	.27325	.55269	.26598	.29609	.53855
CC15	.09246	.10263	.77914	.08078	.63266
CC13	.45900	−.09312	.62983	.16434	.64305
CC12	.12474	.27316	.61895	−.10095	.48346
CC11	−.09074	.25310	.52859	.37120	.48949
CC4	.08008	−.11159	.22146	.79244	.69587
CC3	.38510	.25628	−.24495	.70043	.76459
CC5	.05297	.34344	.08512	.56149	.44326
고유값	4.01728	2.17279	1.44077	1.14110	
설명량	26.8	14.5	9.6	7.6	

위의 표에서 4개의 요인이 추출된바, 가장 높은 설명변량을 가진 요인은 제1요인 (26.8%)과 제2요인 (14.5%)이다. 제1요인에서 높은 요인부하량을 보인 문항은 굽신거림 (문항 1), 신분암시 (문항 2), 송구스러운 태도 (문항 14), 수용하기 어려운 명령복종 (문항 10)이며, 제2요인은 상대의 단점을 말하지 않음 (문항 9), 상대 앞에서 자랑하지 않음 (문항 7), 상대 앞에서 부자인척 안함 (문항 8), 각듯한 예의 (문항 6) 등이다.

제1요인은 그 문항의 성격상 권위에 대한 직접적 승복이며, 제2요인은 상대의 권위를 추락시키는 행위나 언사를 하지 않는 내용을 가진 문항으로 구성되어 있다. 따라서 제1요인은 정적 권위노출이라 한다면 제2요인은 부적 권위 실추회피라고 볼 수 있다. 제3요인에서 높은 요인부하량을 보인 문항은 겸손한 사람 (문항 15), 큰 힘의 암시 (문항 14), 상대와 가까운 척을 안함(문항 12)으로 그 내용을 보면, 상대가 권위가 있는데도 그 권위를 감추고 있음을 암시하는 내용이다. 제4요인에서 높은 요인부하량을 보인 문항은 문항8과 문항6으로 이 두 문항은 이미 다른 요인에 높은 부하를 나타내고 있어 여기서는 이 요인에 대한 해석을 회피하기로 한다. 따라서 3개의 요인에 대해 명명해 보면, 제1요인은 정적 권위노출, 제2요인은 부적 권위노출, 제3요인은 숨겨진 권위암시 등으로 명명해 볼 수 있다.

체면행동은 체면 상호작용의 당사자들이 자신의 행동을 의식하지 않는 자연스러운 상황에서 나타나는 것이 보통이다. 그래서 대학생들을 대상으로 이를 실험해 보았다. 피험자들이 실험이라는 것을 의식하지 못하는 상황에서 지위관계상 상위에 있는 논문 지도교수와 논문의 주제설정을 위해 교수의 연구실에서 약속된 시간에 방문해서 상의하는 자연사태 상황 속에서 이루어졌다.

그 과정에서 대화의 내용, 안면표정 및 거동을 미리 설치한 카메라를 통해 몰래 녹화하였다. 학생들이 자신이 생각한 논문주제를 이야기할 때 실험자인 교수는 학생의 의견에 가볍게 반대하는 논평을 다음과 같이 해 주었다. '그 주제는 논문의 주제로 약간 어렵지 않은가? 학생의 생각은 어떠한가?' 라는 반응을 보인 후 학생의 이야기를 경청하면서 대화의 맥락에서 교수의 반응이 필요한 경우에 '글쎄' 또는 '그럴 수 있지' 등의 간단한 응답반응만을 해 주었다.

이러한 과정을 통해 채록된 5명의 피험자 자료를 재생시키면서 실험자를 비롯한 2명의 연구조교가 체면 관련 행동을 추출해 본 결과는 다음과 같다. 첫째, 연구실을 들어오는 피험자들의 안면표정은 5명(남자 3명, 여자 2명) 중 4명이 '죄송하다' 또는 '송구스럽다' 는 표정을 나타내 보였다. 단 1명의 여자피험자만이 밝은 웃음과 더불어 '안녕하세요' 라는 인사말을 똑똑히 하였다. 논문의 주제에 대해서 이야기를 꺼낼 때 인사말을 건넨 위의 여학생을 제외한 4명의 학생은 '이 주제가 논문제목으로 적합한지 모르겠습니다만' '아직 충분히 생각해 보지는 못했습니다만' 또는 '논문주제를 아직 잡지 못했습니다' 등과 같은 자신없는 태도를 대화의 서두에서 표출하면서 '양해해 달라' 또는 '지도해 달라'는 자기비하와 교수 존경의 메시지를 언어와 행동을 통해 실험자인 교수에게 표출해 보였다.

일단 피험자가 표현한 논문주제에 대한 생각을 긍정도 부정도 아닌 '글쎄 좀 어렵지 않을까?'라는 형태로 교수가 반응했을 때 4명의 피험자가 이 제안에 수긍한다는 묵종반응이나 자신의 생각이 적합하지 않다는 것을 손쉽게 그 자리에서 시인하는 언어적 및 안면표정적 반응을 나타내 보였다. 단 1명의 여자피험자만이 자신의 생각을 고집하고 싶어하는 태도를 안면표정을 통해 나타내 보였으나, 직접 교수의 말에 반대하는 의견은 언어로 표현하지는 않았다. 다만 교수의 제안에 대한 응답을 보류한 상태에서 머뭇거리거나 주춤거리는 행동과 안면표정을 통해 자신의 생각이 교수의 생각과 같지 않음을 간접적으로 암시하는 정도에 머물렀다.

약 5내지 10분간의 대화과정에서 포착되는 피험자들의 공통적 태도는 '가르침을 주어서 고맙습니다' '제가 부족해서 죄송합니다' 등과 같은 메시지를 전달하려는 것이 역력했다. 물론 이 상황은 특정한 과제를 중심으로 이자가 상호작용하는 상황이어서 비과제적 사회상황처럼 체면차리기 또는 체면세워주기 행동이 현저히 외현화되고 다양하지는 않았다. 보통 체면은 지위관계에서 상하관계나 이해관계에서 한 사람이 상대에 대해 의존적인 이자가 상호작용을 옆에서 목격하는 제3자나 제3자 집단이 있는 상황에서 나타나게 되는 경우가 많다. 이를 도식으로 표현해 보면 다음과 같다.

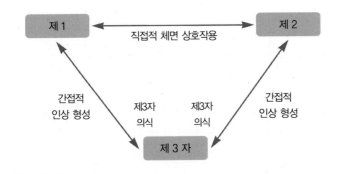

| 그림 6-1 | 체면 상호작용의 행위 당사자와 목격 제3자 간의 관계 |

체면은 위의 도식에서처럼 목격하는 제3자가 있을 때 이를 의식해서 자신의 체면을 내세우거나 상대의 체면을 내세워 줄 필요와 관계상황이 내재화되었을 때 심리적이며 동시에 언어–행동적으로 활성화된다. 이러한 점을 감안한다면 본 실험에서와 같이 이자상황이며, 과제해결 지향적인 상호작용 상황에서는 체면심리와 체면행동이 활성화되기 어렵다는 것을 연구가 끝난 후 깨달을 수 있었다. 그러나 비록 이와 같은 제한점을 갖는 상황에서도 학생의 교수 체면 세워주기 행동은 언어적 행동뿐 아니라 비언어적 행동, 안면표정 및 거동에서 직·간접적으로 누출됨을 발견할 수 있었다.

'양반은 물에 빠져도 개헤엄은 안친다' 는 속담이 체면의 본질을 이해하는 데 좋은 시사점을 준다. 이 속담의 이면에는 상놈 또는 서민은 물에 빠질 때 개헤엄을 칠 수 있다는 암시가 있다. 이와 비슷한 속담으로 '냉수 먹고 이빨 쑤신다' 는 속담이 있다. 전자의 속담은 높은 품격의 사회적 신분을 가진 사람은 아무리 어려운 처지에 있어도 자신의 품격이나 신분을 낮추거나 해치는 행동을 할 수 없다는 점을 강조하는 반면 후자의 속담은 남에게 높은 사회적 신분의 사람이 취하는 행동을 거짓으로 해 보임으로써 자신의 사회적 신분위치를 높이려는 행동양식을 말한다.

전자의 속담과 관련해서 보면 체면을 내세울 체면거리가 있는 사람, 즉 남에게 내세울 수 있는 사회적 또는 개인적 신분을 가진 사람에게 해당되는 사회적 행동양식으로, 그러한 행동에는 격식이 있으며 또한 그러한 격식은 밖으로 내보여야 한다는 점이다. 후자의 속담과 관련해서는 체면격식을 밖으로 나타내 보임으로써 자신의 신분을 높이려는 동기가 사실을 호도할 정도로 강하게 작용하고 있음을 나타낸다.

이러한 속담의 심리학적 분석과 더불어 체면 유지적 인간관계 상황에 대한 실험을 통해 밝혀진 연구결과를 요약하면 다음과 같다. 여기서 실험은 교수와 학생의 인간관계적 상호작용 상황을 조성하고 실제로 나타나는 '상대 체면세우기' 행동을 녹화하여 분석하였다.

- 체면은 문자 그대로 몸의 바깥면을 말하며, 따라서 남이 나를 어떻게 평가하느냐에 따라 체면은 높아질 수도 있고 낮아질 수도 있다. 그러나 자존심은 남이 나를 어떻게 평가하느냐의 문제보다 자기 스스로의 자기판단에 근거한 자기평가에 의해 영향을 받는다. 따라서 체면은 밖으로 비추어진 외적 자존심이라 한다면, 자존심은 안으로 비추어진 내적 체면이라고 볼 수 있다.
- 체면은 누구에게나 중요한 현상은 아니다. 내세울 체면거리가 있는, 즉 지체나 위신, 신분, 가문 등과 같은 사회적 신분을 가진 사람에게는 체면이 중요한 관심사이지만, 행동의 격식이 되나 내세울 체면거리가 별로 없는 사회적, 개인적 신분이 낮은 사람에게는 중요한 관심사가 아니다. 그러나 내세울 체면거리가 별로 없는 사람에게도 자존심은 있을 수 있다.
- 체면에는 그 지위와 신분에 맞는 행동의 격식이 현시적 또는 잠재적으로 규정되어 있다. 이러한 격식에 맞지 않는 행동을 내세울 체면거

리가 있는 사람, 즉 사회적 신분이 높은 사람이 하게 될 때 그 사람의 행동은 그 사람의 체면을 낮추는 데 기여한다. 따라서 신분이 높은 사람은 그 신분에 맞는 행동을 사회에서 요구받게 된다고 볼 수 있다.

- 체면은 스스로 차리는 체면과 남이 세워주는 체면이 있다. 보통 '체면차리지 말고 많이 먹어라.' 라는 말은 스스로 차리는 체면을 지칭하며, '내 체면 좀 세워주라.' 라는 말 속에는 본인, 상대, 제3자의 삼자관계 속에서 상대가 본인을 신분이 높은 사람으로 대우해 줌으로써 제3자에게 본인을 높은 사람으로 느끼게 만들어 주는, 즉 체면거리가 있는 사람으로 느끼게 해 주는 형태를 말한다. 이 때 체면거리를 상대가 있는 그대로 존중해서 체면을 세워주는 경우가 있는가 하면 체면거리를 별로 신통하지 않게 생각하는 상황에서 상대의 체면을 세워주는 경우가 있다. 전자를 '체면지켜주기' 라 칭한다면 후자를 '체면치레' 라고 칭할 수 있다.

- 체면을 차리는 방법은 자기의 신분을 나타내거나 암시하는 행동격식을 밖으로 스스로 해 보임으로써 상대방으로 하여금 자신의 신분을 알아차리게 만드는 것이다. 이자관계나 삼자관계에서 체면을 세워주는 방법은 상대의 사회적 신분을 암시하는 행동을 해 보이거나 신분을 나타내는 상징을 체면 당사자와 연계시킴으로써(예컨대, '대기업의 사장님으로서 적어도 BMW는 타야 되지요.' 라는 말을 당사자에게 해 줌으로써 본인은 물론 제3자에게 높은 신분의 사람이란 것을 암시하는 경우), 당사자의 체면을 지키거나 세워주는 방법을 사용한다.

- 체면은 '안면' 또는 '얼굴' 의 개념과 차이가 있다. 남에게 혜택을 받고 그 은혜 갚음으로 그에 미치지 못하는 보답을 할 때 옆에 사람이 '고양이도 낯짝이 있지 어떻게 그렇게 약소한 보답을 할 수 있나.' 라고 말하는 경우다. 여기서 '낯짝' 은 '안면' 을 말하며, 염치가 없거나

사람의 기본도리를 못하는 것을 말한다. 또한 '안면몰수'라는 말이
있다. 여기서 안면몰수는 상대와의 기존관계나 상대의 기대를 무시
하고 이에 못미치는 행동을 하는 것을 말한다.

　이러한 맥락에서의 안면이란 개념은 대인관계에서의 기본적 교환
법칙이나 에티켓을 말한다. 이렇게 보면 안면은 지위와 상관없이 대
인관계에서 누구에게나 요구되는 상호작용의 기본적 법칙으로 서양
에서의 'face'의 개념에 가깝다. 서양에서 face를 지키고 지켜주는 상
호작용 법칙은 'politeness(친절)'이며 한국에서 안면을 지키고 지켜
주는 방식은 '겸손'이다. 물론 겸손 속에 상대의 지위를 암시하는 경
우도 있다.

• 체면이 세워지면 위신이 서고 위신이 세워졌을 때 이를 남에게 과시
하게 되면 우쭐된다고 말한다. 반면에 체면이 떨어져서 체통을 잃으
면, 남에게 업신여겨지게 되고 기가 죽을 수 있다. 또한 체면을 지나
치게 차리면 위선과 형식주의가 되고 체면을 지나치게 안 차리면 체
통이 떨어진다. 따라서 체면은 적당히 차려야 한다.

• 체면은 지켜야 될 사람, 지켜야 될 상황에서 더욱 민감하게 작용한다.
그러나 서로가 아주 가까운 관계에서 체면을 지나치게 차리면 거리
감이 생긴다.

• 일상생활에서 '체면'과 '안면'의 용어는 혼용되기도 한다. 체면의 뜻
으로서 안면이 사용될 때는 '사회적 안면'을 뜻하는 것으로, 체면을
지칭하는 것이라 볼 수 있다.

• 체면은 타인의식적이고 신분지향적인 권위주의적 사회에서 중요한
현상인 반면, 자기지향적이고 평등지향적인 개인주의적 미국사회에
서는 전통적 한국사회에서보다 덜 중요하다. 미국사회에서는 체면보
다 안면이 더욱 중요한 사회적 교환 차원이다.

한 / 국 / 인 / 의 / 심 / 리 / 학   **7 장**

눈치

한국인의 성격 특성이나 의식구조에 관한 기존의 연구에서 공통적으로 한국인의 특성으로 지적되는 현상 내지 개념의 하나는 눈치다(오세철, 1979; 이규태, 1977; 차재호, 1983; 최재석, 1976 등). 눈치는 일반적으로 상호작용하는 양자 또는 상호가 서로 자신의 의중이나 기타 내적 상태(예컨대 감정, 욕구, 이해관계, 판단, 그 밖에 감추고 싶은 것 등)를 상대에게 직접 노출하지 않을 때 간접적 단서나 상황으로 미루어 상대의 내심을 추론하거나 짐작하는 상황이다.

이러한 눈치와 관련된 한국인의 특성으로 자주 지적된 것은 자아은폐(오세철, 1979; 윤태림, 1971; 이규태, 1977; 이부영, 1981 등)와 체면이다(김재은, 1987; 윤태림, 1971; 이규태, 1977 등). 눈치는 자아은폐 및 체면과 불가분의 관계를 지니는 것으로 생각해 볼 수 있는데, 자아은폐 동기가 있을 때 직접적 자기노출이 억제될 가능성이 높으며 또한 체면의식이 활성화될 때 진정한 자기가 있는 그대로 노출될 가능성이 적어지므로 눈치는 자아은폐 및 체면현상과 밀접히 관련된 현상이라고 논리적으로 생각해 볼 수 있다. 눈치, 자아은폐 그리고 체면에 대한 기존 연구에서의 논의도 이 세 가지 요소를 상호 관련지어 눈치가 발달하게 된 이유를 설명하는 경우가 많다.

눈치가 한국인에게 있어서 발달하게 된 이유에 대한 설명에서, 먼저 윤태림은 한국사람은 자신의 생각을 있는 그대로 표현하기를 꺼려 감정표현을 억제하는 면이 있다고 보고 있으며, 이부영은 한국인은 솔직한 의사전달이 결여되어 있고, 내 의도를 상대방이 스스로 알아주기를 기대하는 심리가 강하다고 보았다. 오세철은 한국인의 의사소통의 특징으로 우회적인 표현을 들고 있으며 그 이유는 남이 스스로 알아차리게 하도록 하려는 것이고, 남의 비위를 건들지 않을 뿐더러 원만한 인간관계를 유지하려는 동기에서 비롯된 것이라고 하였다. 또한 이규태는 동서 간의 의식구조 차이에 대한 논의에서 서양사회는 남에게 자기를 노출하고 있는 그대로 표현하려는 심리와 이를 뒷받침하는 제도적 장치가 발달된 반면, 동양사회는 자신을 은폐하거나 감싸는 심리와 더불어 그러한 심리를 알아내려는 노력과 메커니즘이 발달한 사회라고 하였으며, 따라서 서양인은 공적 자기층이 두꺼운 반면 동양인은 사적 자기층이 발달하여 동양인은 서양인에 비해 더욱 은폐적이라는 것이다.

따라서 동양인에게 있어서는 대화에서 오가는 정보와 사실의 포착보다 그 대화가 오가는 동안 복선으로 깔린 표현되지 않은 정보와 사실의 포착이 더 유의하다고 지적하고 있다. 최재석은 상대방 특히 상위자의 비위를 맞추기 위해 눈치가 발달한다고 보았으며, 박종삼은 상대의 기분과 체면을 중시하기 때문에 한국인에게는 눈치가 발달되어 있다고 보았으며, 차재호는 눈치의 현상을 유교의 특성으로 파악하면서 한국인은 주변사람과 어긋나는 의견을 표명하지 않으려 하며 타인의 생각에 신경쓰는 경향이 높고, 자신의 생각을 우회적으로 표현하는 경향이 많음을 지적하고 있다.

이처럼 한국인의 특성의 하나로서 눈치가 여러 연구에서 자주 지적되어 왔다. 이러한 연구들이 주로 사용한 연구방법은 역사·문화적 고찰이나 해석학적 추론에 근거하고 있다는 점에서 연구결과의 실증적 자료제시가 미흡하다는 지적도 없지 않으나, 눈치를 한국인의 성격 또는 의식구조의 특성으로 보는 데는 학자들 간에 상당한 의견의 일치를 보이는 것도 사실이다.

눈치가 한국인의 특성이라고 해서 외국인에 있어서 눈치 현상이 없다는 말은 성립하지 않는다. 문화가 있는 곳에 사람이 사는 곳에 비록 눈치라는 언어를 가지고 있지 않은 경우라도, 눈치현상은 필수적으로 존재한다고 말할 수 있다. 그렇다면 눈치는 범사회적, 범인간적 현상인 동시에 한국인의 특성적 현상이라 볼 수 있다. 따라서 눈치는 사회심리학의 주제가 될 수 있고 특히 한국인의 인간관계, 상호작용, 더 크게는 한국인의 상식심리학의 근간 개념의 하나로 발전시킬 수 있는 가능성을 시사한다.

그러나 지금까지 눈치에 대한 사회심리학적 이론구성이나 이 개념에 대한 사회심리학적 개념은 아직 이루어진 바가 없다. 이 장에서는 눈치현상이 한국인의 성격 특성의 하나이며, 따라서 눈치현상에 대한 사회심리학적 연구는 한국인의 사회적 관계나 사회심리를 이해하는 데 매우 중요하다는 가정하에, 더 나아가 인간의 사회적 행동을 이해하는 데 눈치가 범문화적, 사회심리적 개념이 될 수 있다는 전제하에 눈치를 사회심리학적 개념으로 발전시키는 데 목적이 있다.

◑ 일상생활 속에서의 눈치

눈치현상은 우리의 일상생활에서 항상 접하며 경험하고 관여되는 현상이고, 눈치란 말도 일상의 생활 대화에서 다반적으로 사용되고 있다. 그 간접적 증거는 우리가 자주 사용하는 관용어, 속담 및 경구를 일별해 볼 때 눈치와 관계된 속담과 같은 말들이 아주 많이, 쉽게 발견된다는 사실을 통해 드러난다. 이 점에서도 눈치라는 개념과 현상은 눈치와 유관된 다른 사회심리적 개념, 예컨대 귀인, 사회적 지각 등과 비교해 보다 더 일상적이며 살아있는 생활 속의 말이자 현상이라 할 수 있다.

눈치개념을 정의하는 일에 앞서, 눈치와 관계된 말들을 몇 개 고찰, 음미해 봄으로써 우리가 항상 체험하는 눈치현상과 경험에 대한 일상적 도식을 떠올려 보고자 한다.

- 절에 가서도 눈치가 있으면 젓국을 얻어 먹는다.
- 눈치로 밥 먹고 산다.
- 눈치 없어서 탈, 눈치 많아서 탈(눈치는 너무 많이 보아도 좋지 않고 너무 보지 않아도 좋지 않다).
- 눈치 빠른 사람, 눈치 없는 사람(눈치를 보는 능력이 높은 사람도 있고 낮은 사람도 있다는 말).
- 눈치채지 못하도록 하라.
- 싫은 내색하지 말아라(경우에 따라서 자신의 속마음을 밖으로 드러내지 말아야 한다).
- 눈치 잘못 짚었다(눈치를 보기는 보았는데 상대방의 본심을 잘못 읽은 경우).

- 속 뵈는 이야기하지 마라.

- 내숭 떨지 마라.

- 시치미 떼지 마라(속마음을 잘못 감추어 상대방에 의해 탐지될 때 아니 감추니만 못하는 경우를 말함).

- 남의 말을 새겨들을 줄 알아야 한다.

- 말 속에 뼈가 있다(겉으로 나타난 말과 그 말이 뜻하는 메세지는 다를 수 있으며, 그 속에 숨은 메시지를 읽을 줄 알아야 한다).

- 척 하면, 착 안다(한쪽이 일부러 눈치를 보일 때 상대가 빨리 그 눈치의 메시지를 읽는 경우).

- 속는 줄 알면서도 속는다(속과 다른 말이나 행동인 줄 알면서도 모르는 척하고 속아 주는 경우, 즉 눈치채고도 못 챈 것처럼 하는 경우).

- 사람이 눈치가 좀 있어라(눈치는 필요할 경우 보아야 한다).

- 눈치 보기 바쁘다(상대방의 뜻을 눈치로 헤아려 처신해야 하는 상황을 뜻하는 말).

- 눈치로 굴러 먹는다(일 자체보다는 남의 마음을 잘 헤아려 비위를 맞추어 살아간다는 뜻).

위에 제시한 일상적 관용어나 속담을 통해 나타난 눈치 현상의 제 측면을 추출하면 다음과 같다.

- 보는 눈치
- 보이는 눈치
- 잘못 읽은 눈치
- 올바로 재빨리 읽는 눈치
- 과도 눈치 보기

- 과소 눈치 보기
- 눈치 읽은 것 숨기기
- 눈치 보아야 할 때 안 보기
- 눈치 안 보아야 할 때 보기

◐ 눈치의 개념화

눈치에 대한 대부분의 연구들은 눈치를 개념화하는 일보다는 눈치가 왜 한국인에게 발달하여 왔는가에 대한 설명에 초점을 맞추고 있다. 때문에 눈치가 무엇이며 눈치에 관여하는 변인은 어떤 것들인가와 관련된 눈치의 개념화 연구는 거의 찾아볼 수 없다. 여기서는 이러한 기존의 연구와 관심을 달리하여, 사회심리학적 측면에서 눈치를 개념화해 보고자 한다.

이러한 개념화 작업에 선행하여 기존의 연구들에서 눈치를 어떻게 정의하거나 어떤 특성을 가진 것으로 기술하고 있는가를 검토하여 이를 다음과 같이 요약해 보았다.

첫째, 명백히 드러나지 않는 상대의 의도를 적절히 파악하여 상대의 비위를 맞추기 위해 취해진 행동양식(최재석, 1976)으로 보았으며, 둘째, 자신이 상대방과의 관계에서 타인이 요구하고 있는 것은 무엇이며 이에 따라 자신이 취할 행동방향은 어떤 것인가를 알기 위해 상대방이 외부로 표현한 언어나 태도의 이면에 숨은 진정한 메시지를 터득할 수 있는 능력(박종삼, 1985)으로 보았고, 셋째, 이밖에 윤태림(1971), 차재호(1983), 이부영(1981), 오세철(1979), 이규태(1977) 등은 한국인의 눈치를 논하는 과정에서 눈치에 대한 정의를 체계적으로 내리지는 않고 있다. 그러나 눈치가 어떤 것이라는 암시는 충분히 찾아볼 수 있다. 즉, 상대의 의도나 생각 또는 감정이 직접 노출되지 않는 상태에서 상대의 본심을 읽는 것으로 파악할 수 있다. 넷째, 눈치의 정의와 관련하여 왜 눈치를 보고, 보이며 어떤 눈치가 활성화되는가에 대한 이들 연구의 견해를 요약하면 다음과 같다.

- 자신의 의사를 직접 표현하면 상대의 기분이나 자존심을 손상시킬 우려가 있을 때 자신의 진실을 은폐하게 되고 따라서 상대는 숨은 의도를 눈치를 통해 읽을 필요가 있게 된다(박종삼, 1985).
- 한국인은 직접적인 표현을 부덕시하므로 솔직한 의사전달이 결여되어 있고 내 의도를 상대가 스스로 알아주기를 기대하는 심리가 강하다(이부영, 1981).
- 한국인의 의사소통의 특징은 우회적인 표현이며 이는 상대가 스스로 알아차리게 하려는 것이고, 우회적 표현은 상대의 비위를 건드리지 않으며 원만한 인간관계를 유지하려는 동기에서 비롯된 것이다. 한국인이 눈치가 발달한 이유는 자신의 의중을 은폐시키려는 의도 때문이다(오세철, 1979).
- 한국인은 미국인에 비해 사적인 자기층(공적인 자기층에 비해)이 두터우며 따라서 개방적인 미국인에 비해 은폐적이고 폐쇄적이며, 정보전달회로는 극소화되고 애매해진다. 사적 자기를 은폐하려는 의식 때문에 한국인의 행동은 예의라는 규제에, 대화는 형식적인 규제에 매이게 됨으로써 본심이 명백히 드러나지 않는다. 따라서 한국인은 통찰력을 통해 대화나 행동 속에 담긴 의도를 판단할 줄 알아야 한다(이규태, 1977).

이상과 같은 눈치의 속성에 대한 분석적 고찰과 직관적 추론을 통해 눈

치를 정의하는 데 필요한 명제를 추출해 보면 다음과 같다.

명제 1 (정의)   ① 눈치는 사회적 또는 사적으로 일정한 관계에서, 또는 사태적으로 의미함축된 관계에서 상호작용하는 양자 또는 다자간에, ② 어느 한쪽 또는 양방이 본심을 직접 노출하기 어렵거나 꺼리는 상황에서, ③ 불충분, 불분명 정보단서나 위장 또는 왜곡된 정보단서를 보고, ④ 상대의 내심을 읽는 일, 과정 또는 현상이나, ⑤ 그 역의 현상 즉, 눈치를 보이는 현상을 지칭한다.

명제 1-①: '사회적 또는 사적으로 일정한 관계에서 상호작용한다.' 라는 말과 관련해서 '일정한 관계' 란 말은 상호 무관한 관계가 아닌 상호 의존적, 일방의존적 관계, 기관여적 관계를 말한다. 또한 '사회적 관계' 란 사회 또는 사회 규범적으로 관계지어진 관계이며(예컨대 직장에서 상하지위, 권력관계나 친척 및 가족 간의 서열관계 등), '사적인 관계' 란 비공식적 제반관계(예컨대 애인관계, 친구관계 등)를 말한다. 또한 '사태적으로 의미 함축된' 이란 말은 상호작용하는 사람들 간의 관계에서 의미지어진 것이 아니라 사태상황에서 미묘하게 조성되는 사태적 요구(사회심리학 실험에서의 요구 특성과 같이)의 지각이나 느낌을 말한다. 예컨대, 친한 두 사람 간의 관계에서 제3자가 있을 때 제3자를 의식해서 친함을 나타내는 표현을 직접 하기 어려운 경우를 들 수 있다.

명제 1-②: '본심을 직접 노출하기 어렵거나 꺼리는 상황' 은 다양할 수 있는바, 몇 가지 두드러진 상황을 예시하면 다음과 같다.

• 본인의 본심을 직접 그대로 노출할 때
  − 자신 그리고/또는 상대의 기분, 자존심, 체면을 손상시킬 가능성이

지각된 경우

- 자신 그리고/또는 상대방에게 이해득실에서 불리한 결과가 기대
  될 경우
- 상대를 난처하게 만들거나, 욕되게 하거나, 상대가 원치 않은 심리
  적 압박감을 줄 가능성이 있다고 지각된 경우
- 상대방의 반응이 불확실하여 원치 않은, 바람직하지 않은 반응이
  나타날 수 있는 소지가 판단될 때

명제 1-③: '불충분, 불분명 정보단서'란 자신의 본심을 우회적, 암시
적, 비유적, 불투명하게 표출하거나 간접적으로 누출시키는 또는 유출
되는 경우를 말한다. 또는 '위장 또는 왜곡된 정보단서'에서 '위장'이
란 불필요한 여타의 정보단서 속에 본심의 정보단서를 끼워 넣음으로
써 초점을 흐리거나 중요성을 감축시키는 것을 말하며, '왜곡된 정보단
서'란 본심의 정보 자체를 전혀 다른 형태로 왜곡시켜 노출시키되 상황
적 맥락으로 그 본심을 알아차리게 하는 경우를 말한다.

명제 1-④: '상대의 내심을 읽는다.'함은 밖으로 노출된 행동, 말, 몸짓,
기타 정보단서로부터 숨은 뜻, 동기, 의도, 감정 및 기분, 원인, 책임성,
귀인, 도덕적 판단 등 행위자의 심리 내적 상태를 상대가 지각, 유추, 판
단, 귀인, 감정 감응하는 것 등을 총칭한다.

명제 1-⑤: '그 역의 현상'이란 말은 보는 눈치에 대응하는 보이는 눈치
를 말한다. 보이는 눈치과정은 대인지각 과정에서 타인을 지각하는 방
식으로 자신을 지각하는 것처럼, 보는 눈치의 제반 과정과 기제가 보이
는 눈치에 의도적으로 보여 주는 눈치와 의도하지는 않았지만 상대에
의해 내심이 탐지되는 정보단서가 누출(leakage)되는 경우를 말한다.

명제 2　　2자 관계 단위의 눈치상황에서 나타날 수 있는 눈치상황의 구조적 차원으로 가장 먼저 들 수 있는 것은 앞에서 논의된 바와 같이, 보는 눈치와 보이는 눈치로 구분하는 차원이다. 다음으로 생각해 볼 수 있는 차원은 보는 눈치와 보이는 눈치에서 상호작용하는 2자 중 어느 한쪽에서만 눈치를 보는 또는 보이는 일방눈치와 2자 모두 상대의 눈치를 보거나 보이는 쌍방 동일 눈치구조와, 한쪽에서는 눈치 보고 다른 한쪽에서는 눈치 보이는 쌍방 비동일 눈치구조로 구분될 수 있다.

이를 행렬로 표현하면 다음과 같다.

양자의 눈치행동 관여구조 눈치의 기본구조		보는 눈치	보이는 눈치
일방적 눈치		I	II
쌍방적 눈치	동일눈치 기본구조	III	IV
	비동일눈치 기본구조	V	

제 I 칸 : 양자 중 어느 한쪽만 눈치를 보는 경우

제 II 칸 : 양자 중 어느 한쪽만 눈치를 보이는 경우

제 III 칸 : 양자 중 양쪽 다 눈치를 보는 경우

제 IV 칸 : 양자 중 양쪽 다 눈치를 보이는 경우

제 V 칸 : 양자 중 한쪽은 눈치 보고 다른 한쪽은 눈치 보이는 경우

명제 2-①: 눈치상황은 어느 한쪽만 눈치 보거나 또는 보이거나, 또는 한쪽은 눈치 보이고 다른 한쪽은 눈치 보는 정태적 눈치구조 상황보다는, 언어적 상호작용에서와 마찬가지로 눈치를 서로 바꾸어 가면서 주고 받는 역동적 구조상황인 경우가 보편적이다.

따라서 눈치 구조상황의 분석은 언어상호작용 분석모형에서처럼 역동적 상호작용모형을 적용하는 것이 바람직할 것이다.

명제 3   눈치는 그 사회에서 간접적인 의사소통의 언어이며 따라서 사회구성원이 공유하는 의미체계, 상징체계, 상황적 문법체계를 갖는다. 그러므로 눈치의 정보단서 즉, 눈치언어는 사회에서 관습화되어 있고 눈치를 사용하는 사람이나 지각하는 사람이나 모두 그 의미를 알고 있다. 이와 같은 상징의 상호 고유성 때문에 의도적인 눈치 보여주기가 가능해진다.

명제 4   눈치 언어에서는 객관적인 신호의미(sign meaning)보다는 그 신호의미가 암시하는 상징의미(signal meaning)가 더 중요하다. 상징의미에서는 눈치신호를 보내는 또는 유출하는 사람의 의도 또는 내심이 매우 중요하며, 상대는 신호 발신자가 왜 그런 신호를 유출 또는 누출했는지를 파악해야 한다.

명제 5   눈치신호의 내용이 동일한 경우에도 상황, 사람, 맥락에 따라 그 의미와 상징이 달라질 수 있다. 따라서 눈치신호는 다양한 의미와 상징을 지니며, 눈치 보내는 자와 눈치를 읽는 자 간에 상응적 눈치소통 즉, 눈치조화(coordination)가 이루어지기 위해서는 공통의 사회심리적 상황맥락(common psychosocial ground) 즉 신호발신자가 수신자에게 어떤 것을 의미하고 상징하는가를 해석할 때 이들이 사용하는 공통의 상호작용 맥락을 가져야 한다.

명제 6   눈치는 사적인 내심을 보이고 읽는 과정이므로 객관적인 언어와 달리 사적인 주관적 동기, 의도와 같은 심리적 과정을 지각자가 공감하는 과정이 함유되므로 주관적 상호일치성(intersubjectivity)을 바탕으로 교환이 이루어진다. 따라서 눈치상호작용 분석은 감정공용, 직관적 통찰과정 등과 같은 현상학적 분석을 필요로 한다.

  명제 7   눈치단서의 의미는 눈치단서 표출자의 제반행동(예컨대 행위, 말, 표정 등) 자체와 이를 둘러싼 상호작용자 양방의 원근적 관계맥락과 상호작용 상황적 특성의 복합적 구성(configuration)에 의해 형성되고 전달되며 이해된다. 행동적 정보단서로는 제반 비언어적 단서와 언어내용, 준언어(paralanguage) 등이 포함된다.

○ 눈치 보는 상황 및 이유에 대한 탐색적 연구

  눈치를 어떤 때 보며, 어떤 때 보이는가를 알아보기 위해 개방형 질문으로 각각 네 개씩(총 8개 문항) 30명의 대학생에게 실시하였으며 여기에서 추출된 자유응답 내용을 기초로 하여 구조적 질문지를 상황적 스크립트를 이용하여 50명의 대학생에게 조사한 결과는 다음과 같다.

눈치 보는 상황(때와 이유)

- 직접적으로 드러나지는 않지만 상대방의 말, 행동의 배후에 무엇인가 내게 알리고 싶은 의도가 있다고 느껴질 때
- 상대의 내심을 알아서 읽는 것이 나의 이익, 나에 대한 호감 및 상대방과의 원만한 관계유지를 위해 필요하다고 생각될 때
- 상대방이 자신을 어떻게 평가(생각)하는지 알아야 할 때

• 상대방이 전과는 다른 행동을 할 때
• 상대방보다 낮은 위치에 있거나 자신의 행동에 자신이 없을 때
• 상대방의 마음을 헤아려 주어 편안하게 해 주기 위해

요인 분석을 하기 전의 기본가정은 지각자의 입장에서 눈치를 보는 이유를 대표한다고 생각되는 문항 12개를 230명의 피험자에게 제시하였다. 눈치 보는 이유들에 1~7점까지 점수를 주어 설문 응답을 받은 후 문항들 사이의 상관 행렬표를 만들고 이 상관 행렬을 이용하여 눈치 보는 이유들이 크게 어떤 요인으로 나뉘는지를 알아보고자 하였다. 피험자들의 반응

표 7-1 ▶ 눈치 보는 이유들의 요인구조와 부하량

문항 번호	요인 1	요인 2	요인 3	요인 4	요인 5
9	.75454	-.01955	.03873	.07900	.57745
5	.69662	.07701	-.02418	-.13806	.51085
12	.65602	.2711	-.33696	-.08324	.62436
2	.65262	-.12682	.07823	.11682	.46247
6	.48487	.12430	.43353	-.21647	.48536
10	.01057	.7162	-.12548	.00278	.54033
7	-.03354	.71495	.35016	-.02510	.63551
3	.06810	.43646	.30217	.28272	.36638
8	-.04656	.10280	.82395	.09594	.70084
11	.08479	-.16361	.02821	.79842	.67223
1	-.07073	.72104	-.33892	.54618	.59545
4	-.12841	.29152	.19511	.47173	36301
고유값	2.20632	1.86604	1.32035	1.08753	6.53424
전체 변량	18.8	15.6	11.0	9.1	54.4(%)
공통 변량	34.7	28.55	20.20	16.64	

을 요인 분석한 결과 추출된 요인들과 문항의 번호는 〈표 7-1〉에 제시되어 있다. 〈표 7-1〉은 Varimax 회전 방법으로 요인 축을 회전한 후의, 요인에 대한 각 변인의 요인 부하량을 보여 준다.

자료 분석 결과 눈치 보는 이유에 대한 문항 12개는 고유값이 1.0을 넘는 4개의 요인으로 나누어졌으며, 그것은 전체 변량의 54.5%를 설명하는 것으로 나타났다. 이 중 3번째와 4번째 요인은 요인을 구성하고 있는 변인들 간의 상관관계가 높아 같은 요인으로 해석하였다. 요인 1은 '자신의 이익과 관련된 인지적 요인' 으로써 고유값은 2.26가 나왔으며, 이는 전체 변량의 18.8%를 설명해 주고 있다. 요인 2는 '관계 중심적인 요인' 으로 원만한 대인관계와 관계의 유지를 위해서 눈치를 본다는 이유들이 포함되어 있다. 고유값은 1.87가 나왔으며, 이는 전체 변량의 15.6%를 설명해 주고 있다. 요인 3은 상대방의 기분과 입장을 배려해 주려는 이유와 자신의 인상 관리나 체면 · 자존심의 유지 때문이라는 문항이 포함된 '감정 중심적 요인' 이다(원자료에서 요인 3과 4로 나온 것을 요인을 구성하고 있는 변인들 간의 상관관계가 높아 같은 요인으로 해석하였다). 고유값은 2.41로 나왔으며, 이는 전체 변량의 20.1%를 설명해 주고 있다.

눈치 보이는 상황(때와 이유)

- 상대방의 자존심을 건드리지 않고, 기분을 상하게 하지 않으려고
- 상대방에게 압박감을 주거나 그를 난처하게 만들지 않으려고
- 상대방의 반응이 불확실할 때
- 상대가 자신을 어떻게 생각할까 걱정되기 때문에
- 체면, 자존심 때문에
- 쑥스럽기 때문에

• 관계를 원만하게 유지하기 위해
• 관계가 소원해지거나 깨지는 것을 원치 않기 때문에

　이 결과에서 공통으로 나타나는 특성들로는 상대방에 대한 배려, 자신의 체면 인상관리 평가염려 그리고 부드럽고 원만한 대인관계와 관계유지라고 볼 수 있다. 예비조사를 통해 얻어진 눈치 보이는 이유들을 7점 척도로 된 18개의 문항으로 재구성하여 100명의 피험자에게 제시하였다. 눈치를 보이는 이유들을 잘 대표한다고 생각한 18개의 문항들을 구성할 때는 크게 두 종류의 차원에 근거를 두었다. 즉, 하나는 눈치 기제가 감정 중심적인 이유들(예컨대, 자신, 상대방 또는 두 사람간의 관계와 관련된 기분, 감정들)과 보다 실제적인 인지 중심적인 이유들(예컨대, 자신이나 상대방의 이익, 상대방 반응의 불확실, 정보 불충분 등)로 분류되리라는 가정이었다. 다른 하나는 눈치를 보이게 되는 이유들이 자기 중심적인 것(자신의 감정, 기분, 이익 등)과 타인 중심적인 것(상대방의 기분, 감정의 배려, 상대방에 대한 정보 불충분 등), 그리고 관계 중심적인 것(둘 간의 관계 유지와 부드러운 인간관계 등)으로 크게 분류되리라는 가정을 한 것이었다. 이 같은 가정을 도식으로 나타내 보면 다음 [그림 7-1]과 같다.

그림 7-1　눈치를 보고/보이는 이유들의 차원

몇 개의 문항이 섞이고 명명 가능한 4개의 요인에서 3개의 문항이 제외되고 있는 것 외에는, 분석 전에 가정한 대로 크게 2 또는 3가지 차원으로 아니면, 이 두 차원이 결합하여 좀 더 세분된 요인으로 묶이리라는 가정이 어느 정도 지지되었다고 볼 수 있다. 즉, 자료 분석 결과, 눈치보이는 이유에 대한 문항 18개는 고유값이 1.0을 넘는 6개의 요인으로 나누어졌으며, 그것은 전체 변량의 62.5%를 설명하는 것으로 나타났다. 이 중 4번째와 5번째 요인은 요인을 구성하고 있는 변인들 간의 상관관계가 높아 같은 요인으로 해석하였다.

요인 1은 '관계 중심적' 인 요인으로, 부드럽고 원만한 대인관계가 계속적인 관계 유지를 위해 눈치를 보이는 항목들이 포함되었다. 이는 전체 변

표 7-2 ▶ 눈치 보는 이유들의 요인구조와 부하량

문항 번호	요인 1	요인 2	요인 3	요인 4	요인 5	요인 6	공통성
1	.80730	-.03571	-.01177	-.03312	.09887	-.01663	.6643
15	.70764	.00051	.22273	.13246	-.00517	.26559	.6385
17	.67349	.14607	.14723	.30047	-.10289	.17779	.6291
5	.61726	.09122	-.02735	-.01933	.46688	.08528	.6157
16	.14422	.70668	-.07388	.27976	-.20432	.14952	.6680
14	.09168	.65112	.28318	.18246	-.08996	.22804	.6059
8	-.08609	.64814	.09011	-.08910	.10633	.12903	.4715
9	.09909	.58852	.23702	.07721	.36497	-.30028	.6417
11	.01137	.12251	.78029	.08532	-.00928	.18686	.6663
6	.25190	.17431	.76389	-.07079	.07618	-.20831	.7316
12	.04215	-.01485	.54654	.46016	.16584	.02125	.5404
13	.19013	-.00196	-.01056	.82046	.08790	.08712	.7247
15	-.00340	.27991	.16806	.70933	.18731	-.19878	.6844
7	.22699	.12145	-.10690	.14876	.82331	.11152	.7901

3	−.07328	−.13986	.21758	.11374	.58225	.01611	.4245
10	.16150	−.03924	.04874	.27984	.34623	.68948	.7051
2	.13853	.27326	.10120	−.17996	−.01660	.67494	.5923
4	.01174	.41279	−.13324	−.07041	−.13038	.48955	.4499
고유값	3.85394	1.99568	1.75857	1.34577	1.18767	1.10233	11.2440
전체 변량	21.4	11.1	9.8	7.5	6.6	6.1	62.5(%)
공통 변량	34.28	17.75	15.64	11.97	10.56	9.8(%)	

량의 21.4%를 설명해 주며, 고유값은 3.85로 나타났다. 요인 2는 '자신의 실제적인 이익'과 관련된 요인으로 내 이익을 위해 상대방의 내부 상태를 살피는 것과 상대가 내게 영향을 미치는 중요한 사람이기 때문이라는 문항들이 포함되었다. 이는 서로의 감정이나 기분 같은 감정 중심적인 요인이기보다는 인지적이고 실제적인 요인들로서 전체 변량의 11.1%를 설명해 주고 있으며, 고유값은 1.99로 나타났다.

요인 3은 '반응의 불확실·거부의 두려움'과 관련된 요인으로 전체 변량의 9.8%를 설명해 주고 있으며, 고유값은 1.76이다. 요인 4와 5는 같은 성질의 차원을 설명해 주는 문항들로서, 요인을 구성하고 있는 변인들 간의 상관관계가 높으므로 같은 요인으로 해석하고 이를 요인 4, '상대방에 대한 배려'로 명명하였다. 여기에는 상대방에게 압박감을 주지 않고, 상대방의 기분·감정·입장 등을 고려해 준다는 문항들이 포함되었으며, 이는 전체 변량의 14.1%를 설명해 주고 있으며, 고유값은 2.5로 나타났다.

〈표 7-2〉에서 요인 6으로 분류된 문항 10과 4는 요인 분석으로 하기 전에 각각 상대방에 대한 배려(감정 중심적인 요인), 자신의 이익과 관련된 요인(인지 중심적 요인)과 함께 묶이리라 가정했던 것이고, 문항 2는 자기 중

심적이며 감정적인 이유들로 묶이리라 가정한 것이었으나 분석결과를 볼 때 이들이 하나의 독립된 요인으로 분류되었음을 알 수 있다. 여기서는 이를 서로의 자존심, 체면과 관련된 '규범적 지위관계에 대한 배려'(요인 5)로 명명하였다.

눈치 기제가 유발되는 상황에 따른 이유 분석

자신이 처해 있는 상황과 상호작용하고 있는 상대방이 누구인가에 따라 눈치를 보이고/보는 이유들이 차이가 있으리라는 생각을 확인해 보기 위해 160명의 피험자를 대상으로 자신이 경험한 눈치를 보이고/보는 상황을 구체적으로(육하원칙에 입각하여) 한 가지를 적게 하였고, 요인 분석 시 사용했던 이유들에 우선순위를 매겨 5개씩만 체크하였다(상황과 관계의 종류의 예는 〈표 7-3, 4〉 참조).

표 7-3 눈치 기제가 유발되는 상황의 예

상 황 / 눈치의 방향	눈치 보이는 행위자	눈치 보는 지각자
① 구체적인 부탁이나 요구를 하는 상황	눈치 보일 수 있음	눈치 볼 수 있음
② 상대방에게(이성 간에) 好·惡의 감정을 나타내야 하는 상황	눈치 보일 수 있음	눈치 볼 수 있음
③ 차마 직접적으로 나타낼 수 없는 내용이나, 상대가 난처해지거나 거북해 할 내용을 상대방에게 나타내고 싶을 때	눈치의 적절한 사용	눈치의 파악

| 표 7-4 | 눈치 기제가 유발되는 관계의 종류 |

관계의 종류	눈치의 방향	눈치 보이는 행위자	눈치 보는 지각자
동등한 관계	④ 이성간	가능	가능
	⑤ 친구	가능	가능
동등하지 않은 관계	⑥ 윗사람 (선배, 부모)	가능	가능
	⑦ 아랫사람 (후배, 제자)	가능	가능

눈치 보이는 경우

〈표 7-3〉과 〈표 7-4〉를 보면, ① 구체적인 부탁이나 요구를 하는 상황에서는 눈치를 보이게 되는 이유들이 주로 상대방 반응의 불확실이나 거부의 두려움, 자신의 체면이나 인상 관리 때문이었으며, ② 이성 간에 상대방에게 호·오의 감정을 나타낼 때는 쑥스럽고 난처하기 때문이라는 자신의 감정적인 차원, 상대방 반응의 불확실과 거부의 두려움, 그리고 상대방 기분이나 입장을 배려해 주려 하기 때문에 눈치를 보이는 것으로 나타났다. ③ 상대방이 거북해 하거나 당황해할 어떤 생각이나 느낌을 나타내려 할 때는 상대방의 기분이나 체면 등 상대방의 입장을 배려해 주기 위해서와 효과적인 의사전달을 위해서 눈치를 보이는 것으로 나타났다. ④ 상대가 이성일 때는 위의 ②의 경우와 같은 결과가 나왔고, ⑤ 상대가 친구일 때는 눈치 보이는 이유들이 주로 상대방의 기분이나 입장의 배려, 그리고 관계 중심적인 이유와 자신의 감정적인 측면들이었다. ⑥ 상대가 선배, 교수, 부모 등 윗사람일 때는 상대방 반응의 불확실과 거부의 두려움, 자신의 이익과 관련된 실제적인 측면, 그리고 관계 중심적인 이유들을 들었다. ⑦ 마지막으로 형제나 후배 등 상대가 아랫사람일 때는, 상대방에 대한 배

려와 관계 중심적인 이유 등을 들었다. 조사 결과를 종합해 볼 때, 상황과 상대방에 따라 눈치 보이는 데 크게 차이가 나는 이유는 다음과 같다. 즉, 이성 간에는 서로의 감정적인 차원(요인 4)이, 윗사람일 때는 내 이익과 같은 실제적인 측면(요인 2), 그리고 친구일 때는 상대에 대한 배려(요인 3)가 중요한 이유임을 알 수 있다. 한편, 이와 같은 상황에서 공통적으로 지적된 이유는 관계 중심적인 이유들(요인분석에서 나타난 요인 1)로서, 사람들이 눈치를 보이는 이유는 자신과 무관한 사람이 아닌 내 이익이나 감정이 관여되어 있는, 앞으로도 계속 접할 사람이기 때문에 상대방과의 원만한 관계유지를 위해서인 것으로 볼 수 있다.

눈치 보는경우

이성 간에 눈치를 보는 이유는 상대방이 나타내고자 하는 바를 눈치 있게 파악하여 그를 편안하게 해 주려는 '상대방의 기분과 입장의 배려' 였으며(32명의 응답자 중에 27명이 지적하였다), 상대방이 친구일 때는 주로 관계 중심적인 이유와 상대방에 대한 배려를 지적했다(19명의 응답자 중에 각각 19명, 15명이 지적하였다.). 그리고 거의 모든 경우에서 눈치 보는 이유로 공통적으로 지적된 것은 원만한 대인관계 유지였다.

눈치 보이는 경우와 비교하여 차이가 나는 점은 상대방이 윗사람일 경우(부모, 선배, 올케, 교수, 형)를 많이 지적한 것인데, 이는 자신의 실제적인 이익이 관련되어 있거나 상대방이 내게 영향을 미치는 중요한 사람들이기 때문에 항상 상대의 마음 상태를 살펴 자신의 반응이나 앞으로의 행동에 미리 대비하려는 이유에서 눈치를 보는 경우가 많기 때문이라고 할 수 있다.

눈치를 봐야 할 때 보지 않음으로써 야기된 불리한 점이나 손해에 대해 알아본 결과는 다음과 같다. 〈표 7-5〉에서 가장 높은 응답을 보인 범주는 상대에 대한 대처 및 대인관계의 실패로, 여기에는 관계의 불편, 좋지 못한 인상, 관계 악화, 감정불편 등이 중요한 반응 내용을 이루고 있다. 다음으로는 직접·간접적인 불이익으로서, 이 범주에는 대처의 실패에 따라 직접·즉각적으로 나타나는 구체적인 결과로서의 불이익을 나타내는 반응이 이에 포함된다. 구체적인 예로는 질책당함, 금전적인 불이익 등이다. 세 번째 범주로는 상황에 대한 대처 실패로서 부적절한 상황판단, 사태의 악화, 실수함 등이 이에 포함된다.

표 7-5 ▶ 눈치를 보지 않았을 때 생기는 불리점이나 손실

상황에 대한 대처 실패(22)	상황판단이 부적절(8), 사태의 악화(7), 실수함(7)
상대에 대한 대처 및 대인관계 대처 실패 (87)	관계의 불편(27), 관계의 악화(11), 다툼(6), 관계의 어색(4), 좋지 못한 인상(14), 감정이 불편(8), 기분을 못맞춤(6), 오해(6), 기분을 상하게 함(5)
직접·즉각적 불이익 (65)	질책당함(29), 금전적 불이익(13), 행동제약(7), 신뢰도가 떨어짐(5), 기분이 상함(4), 허락받지 못함(4), 불안함(3)

● 눈치 잘 보는 사람, 눈치 안 보는 사람의 성격 및 행동적 특징

우리는 일상생활에서 '눈치꾼' '눈치 빠른 사람' '눈치 없는 사람' 이라는 말을 흔히 쓴다. 이는 일상인의 관념에는 이러한 사람들에 대한 성격적 또는 행동적 특징이 있을 수 있음을 암시한다. 이를 알아보기 위해 눈치 잘 보는 사람, 눈치 없는 사람, 눈치 안보는 사람의 성격적 행동적 특성을 조사하였다.

먼저 '눈치 잘 보는 사람'의 성격 및 행동적 특징을 구분해서 물어본 결과는 〈표 7-6〉과 같다.

표 7-6　눈치 잘 보는 사람의 성격 및 행동 특징

성격적 특징			
활동적	**타인배려적**	**기회주의적**	**소심한**
활동적 : 14	원만 : 10	간사한 : 14	소심한 : 13
민첩한 : 9	이해심 있는 : 9	약삭빠른 : 11	자신감이 낮은 : 12
쾌활한 : 9	둥글둥글한 : 4	이기적 : 10	우유부단 : 10
외향적 : 8	싹싹한 : 3	사교적 : 8	예민한 : 7
적극적 : 7		아부적 : 7	세심한 : 7
		이중적 : 6	소극적 : 5
		기회주의적 : 5	불안한 : 4

〈표 7-6〉에서 성격적 특징에 관한 응답 내용을 분류하여 성격 유형 또는 성격 특성의 일반 통념에 따라 네 가지로 범주화하였다. 네 가지 범주는 '활동적 성격' '타인배려적 성격' '기회주의적 성격' '소심한 성격'이다. 이 범주에서 추론되는 한 가지 특정한 관찰은 어떤 특정한 한 가지 성격 유형에 속하는 사람만이 눈치를 잘 보는 것이 아니라 서로 상반되는 성격 소지자들이 똑같이 눈치를 잘 볼 수 있다는 점이다. 이는 흔히 기회주의적인 사람이 눈치를 잘 본다는 일반적 통념과 다르다. 예컨대, 활동적인 성격과 소심한 성격은 한 개인에게 공존하기 어려우며, 상식적으로는 상반되는 성격이다. 마찬가지로 기회주의적 성격과 타인배려적 성격은 한 개인에게 공존하기 어렵다.

성격 유형에 따라 눈치를 보는 동기도 다를 것으로 추론해 볼 수 있다. 예컨대 활동적인 사람은 자신의 목적과 관련된 일을 추진하는 과정에서 타인의 욕구와 생각을 배려해야 할 필요에 의해서 타인의 눈치를 잘 보게

된다면, 소심한 사람은 자신감이 없어 남의 눈치를 보지 않으면 안 되기 때문에 눈치를 잘 보게 된다. 한편 기회주의적인 사람은 자신의 이기적 욕구를 실현하기 위하여 남을 이용할 목적으로 남의 눈치를 잘 볼 수 있으며, 타인배려적인 사람은 남과 원만한 인간관계를 유지하기 위하여 남의 눈치에 민감할 수 있다.

다음〈표 7-7〉은 눈치 안 보는 사람의 성격 및 행동 특징에 대한 반응을 내용별로 범주화하여 제시한 것이다.

표 7-7 눈치 안 보는 사람의 성격 및 행동 특징

성격적 특징	**주관이 강한** 자신감 있는 : 29 자기 중심적 : 24 주관있는 : 26 고집 센 : 22 개성이 강한 : 4 자존심 있는 : 4 **대범한** 대범한 : 18 외향적 : 7	**독단적인** 고집 센 : 22 독단적 : 14 무례한 : 14 이기적 : 10 직선적 : 6 외골수적 : 5
행동적 특징	**주관적** 타인을 의식 않는 : 21 일에 몰두하는 : 19 자신있는 : 16 주관있는 : 15 주도적 : 14 적극적 : 9 개성적 : 8 자기주장적 : 8 **대범한** 대범한 : 16	**독단적** 자기 중심적 : 14 무례한 : 12 독단적 : 12 직선적 : 6 **느린** 느린 : 27

표에서 보면 눈치를 안 보는 사람의 특성을 성격 및 행동 면에서 종합적으로 보아 크게 네 가지로 묶었다. '주관이 강한' '독단적인' '둔한' '대범한' 의 네 가지는 눈치를 잘 보는 사람의 행동 특성과 상반되는 극에 위치하고 있다. 이를 도식화해 보면 [그림 7-2]와 같다.

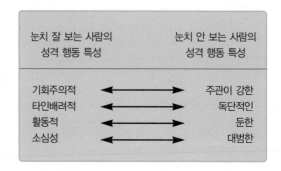

그림 7-2 눈치 잘 보는 사람과 안 보는 사람의 대조

이러한 양극적 배치는 일반인의 표상 속에 눈치 잘 보는 사람과 눈치 안 보는 사람의 성격 특성에 대한 도식이 비교적 안정된 형태로 정리되어 있음을 시사한다.

지금까지 눈치에 관한 경험적 분석을 통해 눈치란 자신의 심리 상태를 있는 그대로 솔직하게 드러내기보다는 상대가 자신의 의도를 파악해 주리라는 기대하에 간접적인, 또는 우회적인 표현을 써서, 상대로 하여금 스스로 알아차리도록 하려는 동기에서 연유된 행동이라는 것을 알 수 있었다.

눈치는 진정한 메시지를 직접적으로 전달하는 것이기보다는 오히려 조작적이고 솔직하지 않는 메시지를 전달하는 것이며, 자신을 의도적으로 표현하고 꾸며진 정보를 노출하는 것이다. 그러므로 눈치가 보인다고 할 때 행위자는 상대방에게 행동이나 말 자체보다는 그 행동이나 말을 통해 어떤 숨은 의도를 전달하려 하고 있는 것이며, 이러한 의도가 상대에게 인식되게 하는 데 목적이 있다고 볼 수 있다. 즉, 상호작용 시 사람들은 사회적인 규칙에 따라 외연적인 수준에서 자신들의 정보를 교환하고 이러한 정보의 주관적이고 함축적인 의미는 상대가 추론하도록 남겨 놓은 경우가 많으므로, 이때 직접적으로 드러나지 않는 상대의 의도를 파악해야 하는 경우 눈치기제를 이용하게 된다고 볼 수 있다.

사람들은 타인에게 긍정적인 평가를 받고, 자존심, 체면 등을 유지하고 싶은 욕구가 있으므로 상황과 역할에 맞게 자신의 생각을 표현해야 하는 때가 많다. 이 때문에 상호작용 시 사람들이 주고받는 표현은 형식이라는 틀에 매여 의례적인 성격이 강할 수 있어, 그 이면에는 진정으로 전달하고자 하는 의도가 숨어 있게 된다. 이때, 행위자의 의례적인 행동 뒤에 숨은 진정한 의도를 파악하는 역할을 눈치가 한다고 볼 수 있다.

사람들이 사용하는 말이나 행동은 그 이면에 함축적인 의미를 담고 있어 어떤 의미를 간접적으로 알리려는 기호로 사용될 수 있으므로, 그 숨은 의미를 자신이 처한 상황이나 상대방에 맞게 해석하고 받아들이는 역할은 눈치가 한다고 볼 수 있다. 이때 자신이 표현한 것을 상대가 액면 그대로 받아들이지 않기를 바라면서, 나타내고자 하는 의미를 눈치로 전달하고, 또 상대는 이것을 파악했는데도 이에 응하고 싶은 않은 경우, 그 내용을 겉으로 드러난 액면 그대로의 의미로 받아들일 수 있다는 사실이다. 즉, 추상적 눈치 단서들에 대해 눈치를 못 챈 척하면서 외연적인 의미대로 반응할 수 있다는 점이다.

이러한 눈치 상호작용이 갖는 특징은 눈치가 효과적인 간접적 의사 표현 방식이라는 점, 여기에는 표현되는 내용의 '의미'와 상호작용자들이 처한 상황의 '맥락'이 중요하다는 것, 행위자는 상대방이 자신의 행동이나 말을 어떻게 받아들이고 해석하리란 것과 상대방의 기대까지도 예측하고 행동하고 있다는 점, 그리고 서로의 감정이나 기분, 이익과 관련된 것

등도 배려하는 상호보완적인 성격이 강하다는 점이라 할 수 있다.

본 연구의 분석 결과에서도 이러한 눈치 상호작용이 갖는 특징들 중 일부를 확인할 수 있었다. 눈치를 보고/보이는 이유들에 대한 요인 분석 결과와 그 이유들을 상황에 따라 분류해 본 결과를 보면, 눈치는 앞으로도 관계가 지속될 가능성이 있어 상대방과 부드럽고 원만한 대인 관계를 유지하고자 할 때, 상호작용자가 서로의 감정이나 기분, 입장 등을 고려해야 할 때, 자신의 이익과 관련되어 있어 손해를 보지 않기 위해서 그리고 상황이나 상대방에 대한 정보가 부족하여 자신의 행동이나 반응에 자신이 없을 때 유발된 것임을 알 수 있다. 이 장에서 행한 분석은 눈치 현상이 왜 유발되는가를 알아보기 위한 첫 시도로서, 우선 눈치를 보고/보이게 되는 가능한 모든 이유들을 찾아낸 후, 크게 몇 개의 요인으로 묶어 보았으며, 또한 피험자들에게 자신이 스스로 경험한 것을 적고 그 상황에 해당하는 이유들을 표시하게 하는 것이었다.

이는 눈치 기제가 유발되는 상황과 그렇지 않은 상황을 확인해 보고, 그 이유들을 체계적으로 요약해 보기 위한 시도였으므로, 추후의 분석에서는 이 결과를 근거로 더욱 자세하고 체계적인 눈치 현상 연구가 요구될 것이다. 즉, 눈치기제가 유발될 수 있는 여러 가지 상황을 조작해 놓고(예를 들어, 서로 체면을 살려야 할 상황이나 평가 불안 상황의 조작), 이때 발생하는 눈치 상호작용을 관찰해 보는 것도 가능하겠고(종속변인으로서의 눈치), 또한 상호작용자들이 서로 눈치를 주고받는 상황에서는(독립변인으로서의 눈치), 어떠한 효과들(예를 들어, 문제 해결 상황에서 빠르고 효과적인 해결에 도움이 되거나 대인 간 갈등 해결에 미친 효과, 또는 동조 과정에 미치는 효과 등)이 있는 지를 알아볼 수도 있겠다.

또한 눈치가 상황에 따라 유발되는 것이기는 하지만, 같은 상황에서도 눈치를 보이고/보는 능력에 개인차가 있으리라는 것도 생각해 볼 수 있다. 자기 감시 척도가 공적인 자아를 창조하고 유지하는 데(자기 표현) 대한 개인차를 알아보기 위해 25개의 문항으로 구성된 척도인 것과 마찬가지로 눈치도 상황의 요구나 상대방 인물에 따라 적절하게 눈치를 주고받는 것을 잘 나타내 준다고 생각되는 문항을 선별하고 이를 통해 눈치를 보이고/보는 정도의 개인차를 알아보는 것도 흥미 있는 연구가 될 것이라 생각한다.

핑계

한국인이 핑계를 잘 댄다는 일상적 관찰(소위 과학적 방법에 따른 검증을 거치지 않은)은 여러 문헌에서 찾아볼 수 있다. 이규태(1991)는 한국사람이 '변명' 보다 '핑계' 를 잘하며, 이 후자의 변명은 사후변명식 핑계 의식구조 때문이라고 설명하였다. 한국에 오래 거주한 프랑스인 여동찬(1987)도 『이방인이 본 한국 한국인』이란 저서에서 '핑계 없는 무덤 없다' 라는 속담을 그 저서의 서두 제목으로 인용하면서, 핑계를 잘 대는 한국인의 습성을 전통사회의 구조적 입장에서 설명하고 있다. 또한 이부영(1988)은 한국인 심성의 부정적 측면으로 자신의 불행을 남의 탓(환경 탓, 부모 탓 등)으로 돌리는 투사의 기제를 지적하였다.

비록 한국인의 핑계를 직접적으로 언급하지는 않았지만, 핑계심리와 관련된 한국인의 특성으로 지적된 것으로는 책임회피가 심하다는 점(동아일보사 편, 1991), 한국인은 '항복했다' 라는 말을 하기 싫어한다는 점(가세히 히데아키, 1989), 공동체로부터 개인이 미분화되지 않은 데서 오는 개인 책임감의 결여(김재은, 1987; 최재석, 1989) 등을 들 수 있다.

　한국인에게 있어 책임회피와 핑계심리가 발달되었다는 또 다른 간접적 심증 준거로는 한국의 속담 속에 핑계와 관련된 속담이 매우 많다는 점을 들 수 있다. 속담사전이 아닌 속담해석의 단행본(김도환, 1978) 속에 수록된 핑계관련 속담의 수가 무려 26가지나 된다는 점은 핑계가 한국인의 일상생활에서 주요한 관심 영역의 하나였으며, 이에 대한 인지적 도식도 매우 발달되어 있음을 암시한다. 몇 가지 속담의 예를 보면, '여든에 죽어도 핑계에 죽는다' '문비 거꾸로 붙이고 환장이 나무란다' '처녀가 아이를 낳고도 할 말이 있다' '서투른 무당이 장고만 나무란다' 등을 찾아볼 수 있다.

　핑계를 대는 행동은 한국인에게서만 나타나는 행동은 아니며, 또한 한국인에게 있어 핑계가 다른 문화권보다 더욱 발달되었거나 또는 한국인의 핑계심리가 독특하다는 주장을 일단 유보해 놓더라도, 핑계가 한국인의 사회적 상호작용이나 사회적 적응에서 빈번하고 중요하게 관여되고 있을 것이라는 추론은 다음과 같은 점에서 가능하다. 먼저, 한국의 정상적인 성인 치고 핑계라는 말이나 그 말이 지칭하는 현상을 모르는 사람은 거의 없을 정도로 핑계는 보편적 의미와 의사소통성을 가진 분명한 개념이다.

　영어에서 핑계에 상응하는 개념으로는 account, justification, excuse 등이 있으며, 이들 영어의 동의 또는 유사어 등은 각기 서로 다른 뉘앙스와 사용맥락을 가지고 있다. 그러나 핑계의 경우는 account처럼 모든 설명을 포함하는 포괄적 개념이라기보다는 구체적 상황, 즉 실수나 잘못된 행위에 대해 꾸며서 이유를 대는 행위이며, 부정적 행위 및 행위결과에 대한 책임회피적 변명이라는 점에서 그 의미와 사용의 맥락이 보다 분명하고 좁다. 한편 영어의 justification은 핑계의 성격보다는 행위의 정당성을 주장하는 의미가 강하며, 영어의 excuse는 핑계의 뜻이 있지만 더불어 사죄 및 미안함의 뜻이 혼합된 개념이다.

둘째, 핑계라는 말은 우리의 일상생활의 대화 속에 착실히 뿌리 박힌 살아 있는 언어이며 동시에 구체적인 언어현상을 가지고 있고, 의사소통의 언어적 도구로서 보편적으로 공유된 개념이란 점에서 적어도 핑계개념에 상응하는 핑계심리가 있을 것이라는 추론이 가능하다. Harré(1984)와 Vygotsky(1962) 등을 비롯한 사회적 구성주의자(social constructionist)들은 인간의 심리가 사회-문화적으로 구성된다는 점과 아울러 특히 언어와 심리의 유기적 관계성을 주장하고 있다. 즉, 언어는 심리를 반영할 뿐만 아니라 그 언어를 사용하는 사람들의 심리를 부분적으로 창조한다는 것이다. 이러한 과정은 언어 속에 내재된 잠재적 이론이 경험을 조직하는 방식에 영향을 미치므로 일상적으로 사용되는 심리적 개념들에 대한 분석적 이해는 과학적 심리학의 출발이 되어야 한다고 Harré는 주장한다. 이러한 시각에서 보면 과학적 핑계심리학이 아직 구축되지 않은 상황에서 핑계의 심리학은 핑계현상이 핑계심리를 가지고 있는 한 핑계의 개념에 대한 일반인의 사회적 구성과 그 개념의 사용맥락을 심리학적 시각에서 분석해 보는 데서 출발할 수 있다는 명제의 성립이 가능하다.

이 장에서는 이러한 이론적 추론명제 위에서 핑계의 심리를 다음과 같은 측면에서 분석해 보기로 한다. 먼저, 핑계를 대는 언어행위는 어떤 상황에서 일어나기 쉬운가? 여기서는 핑계의 언어행위가 일어나는 선행적 조건과 더불어 이에 관여되는 동기적·심리적 특성과 요인을 살펴보기로 한다. 특히 후자와 관련해서 책임귀인 및 책임추궁의 문제, 책임추궁에 대응하는 방어적 책임 재귀인의 문제 등을 검토해 본다.

또한 화자의 핑계에 대해 핑계 청자가 그 핑계를 어떻게 인지하고 평가하고 해석하며 받아들이느냐의 문제, 즉 핑계의 적합성과 핑계의 진실성에 대한 검토와 더불어, 마지막으로 핑계판단에 관여하는 소인의 종합적

모형을 제시하였다.

◯ 핑계에 대한 메타분석

신국어대사전 (김민수, 홍웅선, 1976)에서 핑계는 ① 다른 일을 끌어 붙여 변명함, ② 다른 일을 방패로 내세움으로 정의하였다. 이 정의에 의하면, 핑계는 변명을 하거나 구실을 대는 것을 말한다. 보통 변명이나 구실은 타인으로부터의 실질적인 책임추궁이 있거나 또는 책임추궁이 예상될 때 책임의 정도를 무효화하거나 감소시키려는 의도하에서 이루어진다. 여기서 다시 실재적 책임추궁 또는 예상적 책임추궁은 자신의 실수나 잘못으로 인해 상대에게 침해와 같은 부적 결과가 일어났을 때 나타난다고 볼 수 있다. 침해(offend)는 상대에게 물질적, 기회적, 지위적 손실을 가져오는 것과 같은 실질적 침해는 물론, 상대의 감정을 해치거나, 화를 나게 하거나, 비위를 건드리거나, 불쾌감을 주는 것 등과 같은 심리적 침해를 모두 포함한다.

핑계가 나타나는 계열적 단계를 보면, ① 상대에 대한 책임추궁, ② 상대로부터의 실재적 또는 예상적 책임추궁, ③ 책임추궁에 대해 핑계 대기(즉, 변명이나 구실대기)로 구성된다고 하겠다. 여기서 핑계 대는 사람의 핑계 대기의 직접적인 동기는 책임부과의 회피나 감소라 할 수 있으며, 다시 책임회피 및 감소의 기저에 깔린 심리적 동기는 여러 측면에서 설명해 볼수 있다. 우선, 자신의 과실로 인한 책임추궁 상황에서 책임추궁에 대한 적절한 변명이 이루어지지 않을 경우 사회적, 대인관계적, 상호작용적 측면에서의 자기손실이 있거나 예상될 수 있으며, 보다 직접적으로는 양자간의 갈등유발, 상대로부터의 비난과 같은 대 상대간 손실은 물론 자존심의 훼손, 부적 자아관 등과 같은 자신에 대한 부정적 인지와 감정을 증폭시킬 수 있다는 점을 들 수 있다. 따라서 핑계는 앞에서 제시한 바와 같은 부정적 결과를 회피, 감소, 제거하려는 동기에서 나타난 자기방어적 변명 행위라고 볼 수 있다.

그러나 핑계의 효과는 항상 핑계 대는 사람이 기대하는 방향의 긍정적 효과만을 가져오지는 않는다. 핑계가 상대에 의해서 핑계로 지각될 때, 그것도 자기변명이나 책임회피를 위한 핑계로 지각될 때 그러한 핑계는 안 댄 것만 못하거나 잘해야 본전인 핑계로 전락할 수도 있다. 따라서 핑계가 기대했던 효과를 발휘하기 위해서는 화자 쪽에서 대는 핑계가 청자 쪽에서 정당한 사유나 받아들일 수 있는 이유로 수용되어야 한다. 그러나 경우에 따라서 핑계가 수용되는 형태는 다양할 수 있다.

먼저 핑계가 정당한 사유나 받아들일 수 있는 이유로 지각되는 효과성 핑계, 둘째 핑계가 핑계로 받아들여지는 비효과성 핑계와 더불어, 셋째 핑계가 아닌 정당한 사유가 핑계로 지각되는 착오성 핑계 등을 상정해 볼 수 있다. 이러한 관점에서 보면, 화자의 말이 핑계냐 핑계가 아니냐의 문제보다 화자의 핑계나 사유가 청자에 의해서 핑계로 받아들여지느냐 또한 어떻게 해석되느냐의 문제가 더 중요하다고 하겠다. 바로 이 점 때문에 예컨대, 대인지각이나 인상평가에서 실제의 객관적 특성보다 지각된 특성이 사회심리학의 연구주제로 적합한 것처럼, 핑계가 사회심리학적 연구의 주제로서 적합성과 필요성을 갖는다고 하겠다.

핑계는 약속의 불이행, 책임 불이행, 우발적 실수로 인한 상대에 대한 피해, 고의적 가해 등 다양한 형태의 실패사건(failure event) 유발상황하에서 이에 대한 책임부과에 따른 그 행동에 대한 설명을 현시적 또는 암시적으로 요구받을 때 나타난다. 핑계의 유형도 관련된 사건과 상황적 맥락에 따라 다양하다. 또한 핑계의 심각성에서 보면 사소한 실수나 경미한 약속

불이행 시의 핑계와 같은 사소한 핑계에서부터 직장에서의 실수, 학교에서의 과제물 미제출 등과 같은 상황에서의 책임 감면성 핑계를 거쳐, 이혼법정이나 심지어는 형사법정에서의 변명과 같은 무죄 변명성 핑계에 이르기까지 다양하다.

그러나 핑계의 성격을 책임감면이나 면죄라는 차원에 초점을 두어 핑계의 유형을 일차적으로 변명(excuse)과 정당화(justification)로 구분해 볼 수 있다. Montada(1986)는 인과귀인과 책임귀인의 차이점을 설명하는 과정에서, 책임귀인에서는 행위자의 변명과 정당화에 따라 책임성 귀인의 강도가 달라질 수 있음을 주장하였다. 여기서 변명은 비난의 정도를 약화시키는 것을 말하며, 정당화는 행위자의 행동이 도덕적으로 잘못되었다는 비난에 대한 거부를 말한다.

Scott와 Lyman(1968)은 핑계와 유사한 개념인 account의 보편적 유형으로 Montada의 분류에서와 같이 excuse와 justification을 들고 있다. Scott와 Lyman이 말하는 excuse는 Montada의 excuse와 마찬가지로 침해자가 침해행동이 일어났음을 시인하나 그 행동에 대한 전적인 책임은 부정하는 행위로 규정하였다. 그러나 justification에 대해서는 두 연구에서 약간 다른 의미로 규정하고 있다. 앞서 언급한 바와 같이 Montada에 있어 justification은 행위자의 행동이 도덕적으로 잘못되었다는 비난의 거부를 말하나, Scott와 Lyman의 논문에서 justification은 accounter가 가해행위 자체는 시인하나 그 행위가 궁극적으로는 상대에게 해로운 결과를 가져왔다는 것을 부정하거나 또는 부정적 결과보다 긍정적 결과가 더욱 많았다는 것을 주장하는 것으로 규정하고 있다. 이 장의 주제인 핑계와 관련해서는 justification에 대한 Montada의 규정이 더욱 적합하다고 사료된다.

Account의 유형으로 변명(excuse)과 정당화(justification)를 보다 세분해서 구분해 볼 수도 있는바, 이와 관련해서 Scott와 Lyman의 account와 관련된 분류체계는 간접적으로 핑계의 유형 세분화에 도움을 줄 수 있다. 먼저 그들은 변명을 네 가지의 하위유형으로 구분한바, 이 중 가장 대표적인 것으로는 ① 우발적인 사건에 호소하는 변명(appeal to accidents)으로 이 유형은 가장 표준적인 변명이라고 말한다. 이 밖에 ② 생물적 추동(biological drives; 예컨대 여자이기 때문에 남자의 요구를 거절할 수 없었다는 식의 생물적 숙명으로 돌리기), ③ 무효화에 호소하기(appeal to defeasibility; 예컨대 자신이 하는 행위와 그 행위의 결과에 대해 무지한 상태에서 사건이 일어났으므로, 이에 대해 책임이 없다는 변명), ④ 타인의 희생양화(scapegoating; 예컨대 어떤 서류양식이 잘못되었을 때 자신의 비서가 잘못된 양식을 주어서 그러한 결과가 나타났으므로 자신에게는 책임이 없고 비서에게 책임이 있다는 식의 변명) 등을 들고 있다.

정당화(justification)와 관련해서는 여섯 가지의 하위유형을 들고 있다. ① 상해의 부정(denial of injury, accounter가 자기 행위에 대해 책임이 있음을 시인하나 그 행위가 상대에 대해 피해는 주지 않았다고 주장), ② 비난자 희생의 부정(denial of the victim; accounter가 자기 행위에 대한 책임은 시인하나 그 피해자는 비난자가 관심을 가질 만큼의 그러한 존재가 되지 못한다고 주장), ③ 충성심에의 호소(appeal to loyalty; 집단에 대한 충성이 자신이 위반한 규칙이나 법칙보다 더 중요하다고 주장), ④ 자기-실현(self-fulfillment; 예컨대 대마초를 피운 가수가 노래를 보다 잘하기 위해 대마초를 피웠다고 정당화하는 것), ⑤ 비난자 비난(condemnation of condemner; 남들도 자기와 같이 규칙을 어겼으므로 자기 자신이 질책 받는 것은 부당하다고 주장하는 것), ⑥ 연민의 자기 이야기(sad tale; 자신의 불행한 과거가 자신의 과오적 행동을 낳게 했다고 주장). Scott와 Lyman의 이러한 변명과 정당화에 대한 하위분류는 핑계의 유형분류에 중요한 시사점을 제공한다고 볼 수 있다. 그러나 이 장에서의 주안점은 이러한 핑계의 분류 자체보다는 핑계의 심리학적 기제와 과정에 있으므로 여기서는 더 이상의 논의를 생략하기로 한다.

◎ 귀인과 핑계 대기와의 관계

핑계를 상대에 대한 자기변명이라고 할 때 자기변명의 필요성은 상대로부터의 자신에 대한 책임추궁, 즉 책망과 처벌의 가능성이 예상될 때 발생한다. 따라서 핑계 대기의 선행요건은 상대로부터의 책임추궁이며 그러한 책임추궁 과정에는 책임귀인, 즉 잘못의 소재에 대한 책임성 판단이 관여된다. 책임귀인의 과정에는 또한 행위 및 행위결과에 대한 인과귀인이 관여되므로 핑계의 과정 분석은 인과, 책임, 책망의 관계가 고려되어야 한다.

책임귀인과 관련해서 Fincham과 Jaspars(1980)는 인과귀인과 책임귀인을 개념적으로 구분한바, 인과귀인은 행위자의 내적 특성과 행동과의 관계성에 관심을 두나, 책임귀인은 행위와 행위의 결과 간의 관계성에 초점을 두는 것이라 하였다. 또한 그들은 인과, 책임, 책망 간의 관계성을 다음과 같이 설정하였다. 책임귀인은 인과귀인을 선행요건으로 하며, 책망은 책임귀인에 후행한다는 것이다. 마찬가지로 Shaver와 Drown(1986)은 행위의 원인을 효과발생의 충분조건으로 보고, 효과의 선행요소 체계를 원인으로 규정하였다. 책임은 행위의 결과를 지칭하며, Heider(1958)는 다음과 같은 책임귀인의 단계모형을 설정하였다.

첫째는 단순한 연합성 책임귀인(association; 행위자와 효과가 연합된 단위로 지각될 때), 둘째는 인과성 책임귀인(causality; 행위의 효과가 행위자 자신에 의해 인과되었을 때), 셋째로 예견성 책임귀인(foreseeability; 행위자가 어떤 결과를 산출할 의도로 행위하지는 않았더라도 행위자가 그 결과를 미리 예견했

다고 판단될 때), 넷째로 의도성 책임귀인(intentionality; 행위자가 행위의 결과
를 의도적으로 산출했을 때), 다섯째로 정당성 책임귀인(justifiability; 행위의
결과에 대한 행위자의 정당화 정도에 따라 책임의 정도가 달라질 때)의 순이다.

　　Fishbein과 Ajzen(1973)은 책임성 판단성숙의 발달 정도가 위의 순서를
따르는 것으로 보았으며, 다시 지각된 책임성의 강도는 연합, 인과, 예견,
정당화, 의도성의 순으로 증가된다고 하였다. 책임성의 강도에서 Heider
의 강도에 비해 의도성이 정당화보다 더 높은 것으로 서열화한 것은 정당
화가 이루어질 때 책임성의 강도가 약화될 수 있다고 보았기 때문이다. 그
들은 더 나아가 책임귀인에 있어서는 인과귀인에서와는 달리 책임성의 정
도가 동일 차원에서 변화되며, Guttman식 척도를 구성할 수 있다고 주장
하였다.

　　책임귀인과 관련해서 지금까지 이루어진 연구결과를 보면, 부적결과를
행위자의 내적 원인으로 귀인할 때 책임귀인의 정도와 처벌의 강도는 커진
다(Carroll & Payne, 1977)는 것을 알 수 있다. 이러한 결과는 Brickman 등
(1975)의 연구결과 및 Heider의 책임귀인 단계모형과 합치하는 것이다. 그러
나 사람들은 행위자 내적 원인성과 행위 의도성을 혼돈하는 경향이 있으며
(Anderson, 1983), 내적 원인성 여부의 판단은 의도성 판단과 높은 상관관계
를 보여 주었다. 이러한 결과는 내적 원인이 이루어지면, 의도성 귀인으로
연결될 가능성이 커지고 결과적으로 책망이 뒤따를 수 있음을 시사한다.

　　지금까지 책임귀인이 핑계의 선행과정이라는 전제하에서 책임귀인에
대한 개념과 연구결과를 일별하였다. 그러나 핑계와 책임귀인의 관계는
보다 더 면밀히 검토해 볼 필요가 있다. 먼저 책임귀인은 행위자의 행위와
행위결과에 대한 책임성 판단이다. 그 판단은 행위자가 아닌 지각자 쪽에
서 이루어진다. 그러나 핑계는 지각자의 책임귀인에 대해 행위자가 역으
로 책임을 모면 내지 감소시키려는 의도나 동기하에서 이루어지는 책임해

소 또는 책임귀인 무효화를 위한 언어적 방어행위다. 이때 핑계를 대는 행위는 상대방이 실제로 책임추궁을 해오는 상황뿐만 아니라 책임추궁이 예상되거나 기대되는 상황에서도 일어날 수 있다. 또한 핑계행위는 상대방의 책임귀인 과정에 대한 정보를 실제로 접한 상태에서뿐만 아니라 접하지 않은 상태에서 상대방의 책임귀인을 짐작, 추정하여 그에 대응하는 핑계내용을 구성하기도 한다. 전자의 상황이 재판의 변론과정에서 실제하는 상황이라면 후자는 동료 간의 가벼운 약속 불이행에서 나타나기 쉽다. 따라서 후자의 경우에는 잘못된 책임귀인을 전제로 부적합한 책임해소 귀인식 핑계가 나타날 수도 있다.

자신의 과오행위에 대한 상대의 책임귀인을 전제로 자신의 행위에 대한 핑계를 제시할 때 상대방, 즉 책임귀인자가 그 핑계를 판단하게 되는 바, 그 판단의 결과는 진정하고도 적합한 사유로 판단되어 핑계자의 기대효과에 부응할 수도 있으며, 기대와는 달리 핑계가 거짓구실 또는 부적합한 구실로 지각될 수도 있다. 따라서 핑계에 대한 연구는 핑계 대는 사람의 핑계행위에 초점을 맞출 수도 있고, 그 핑계를 어떻게 해석하고 받아들이느냐의 문제, 즉 핑계 청자의 핑계판단에 초점을 둘 수도 있다. 전자의 경우에는 책임귀인의 문제와 더불어 핑계의 내용 및 형태 등이 연구의 관심이 될 수 있으며, 후자의 경우에는 핑계 대는 사람의 책임귀인 또는 책임 해소성 핑계에 대한 핑계 청자의 핑계 진실성 판단과 핑계 적합성 판단이 중요한 연구 과제로 부상할 수 있다.

◐ 핑계에 대한 심리학적 개념화

본 연구에서는 핑계 화자의 핑계에 대한 핑계 청자의 지각 및 판단에 초점을 두었는데, 그 이유는 전자의 주제에서와 같이 핑계의 구성도 중요하지만 더욱 중요한 것은 핑계냐 또는 핑계가 아니냐를 판단하는 판단 자체가 사회심리학적 측면의 핑계현상과 더욱 밀접히 관련되기 때문이다. 핑계를 본질적으로 규정하는 일은 철학이나 인식론의 문제라 한다면, 핑계를 핑계로 지각하느냐 또는 않느냐의 문제는 개인적, 사회적 지각의 문제이므로 사회심리학의 주제에 더욱 가깝기 때문이다.

핑계에 대한 지각 및 판단: 핑계냐 핑계가 아니냐의 문제

핑계가 그 소기의 성과를 갖기 위해서는 핑계 청자가 핑계를 정당한 사유로 받아들여야 한다. 이를 비유해서 설명해 보면, 이혼법정에서 이혼의 사유가 정당하다고 판사에 의해 판단될 때, 이혼이 성립하고 반대로 정당한 사유로 받아들여지지 않을 때 이혼청구가 기각되는 것과 같이, 핑계도 정당한 사유로 또는 부적합한 사유로, 즉 핑계로 받아들여질 수 있다. 이혼법정에서 이혼의 사유가 정당한 사유로 받아들여지기 위해서는 이혼의 사유로 제시된 내용이 우선 사실성이나 진실성을 가져야 하며, 일단 그 이유가 사실 또는 진실로 받아들여지고 나면 다음으로 그 사유의 내용이 이혼의 이유로 적합해야 한다. 예컨대, 이혼청구의 사유가 잠잘 때 남편이 코를 고는 것이라 할 때 비록 남편이 코를 고는 것이 사실이라 하더라도 그것은 적합한 이혼의 사유가 될 수 없는 것과 같다.

핑계에서도 마찬가지로 핑계가 정당한 사유로 받아들여지기 위해서는 핑계의 내용이 진실성(trustworthiness)과 적합성(appropriateness)을 가져야 한다. 핑계의 구어적 사용에서도 이 두 요인은 이미 암시되고 있다. '이 핑계 저 핑계 대지 말라.' '핑계대지 말라.'는 표현은 핑계의 진실성을 의심한다는 말이며, '그것도 핑계가 되느냐.'라는 표현은 핑계의 적합성을 부정하는 말이다.

여기서는 논의의 편의상 핑계의 적합성 문제를 먼저 다루고 다음에 핑계의 진실성 문제를 다루기로 한다.

핑계의 적합성

앞서 언급한 바와 같이 핑계는 책임귀인 해소지향적인 행동이라는 점에서 책임귀인의 구성요인적 정보를 바꾸거나 비책임 귀인적 정보를 보강하는 행위라고 볼 수 있다. 책임귀인의 구성정보 요소로는 개인 외적 요인보다는 개인 내적 요인으로서의 귀인이 일차적 관심의 대상이 된다. 개인 내적 요인 중에서도 지금까지 밝혀진 중요한 요인은 의도성(intentionality), 행위 및 행위결과에 대한 예견성(foreseeability) 등을 들 수 있다. 이 밖에 성격이나 기질, 무의식적 동기, 무의식적 습관과 같은 스스로 인식되지 않은 내적 특성 요인도 책임귀인에 기여하는 요인이 될 수 있으나, 그 기여의 정도는 전자의 두 요인에 비해 약하다고 볼 수 있다.

또한 책임귀인 해소상황에서 가장 중요한 요인은 책임귀인 상황에서와 마찬가지로 의도성과 예견성의 이슈다. 따라서 책임을 귀속시키는 책임귀인 상황에서는 특정행위와 행위의 결과가 의도적이며 미리 예견된 것을 직·간접적으로 내포하는 정보가 우세한 반면, 개인 외적 요인이 행위와 행위결과에 작용했다는 정보는 미약하거나 부정되는 상황이다. 반면, 책임귀속이나 책임귀인을 부정하는, 즉 책임해소적 귀인상황에서는 정보의 우세가 앞과는 역관계인 상황을 말한다. 책임해소에 기여하는 외적 요인 정보의 특성은 행위와 행위의 결과에 결정적 영향을 미치는 외적 사건의 불가피성 정보다. 단순히 인과귀인에서는 외적 요인이 행위 및 행위의 결과에 영향을 미치는 한 외적 귀인이 이루어진다.

그러나 책임귀인에서 이러한 관계는 항상 성립하지는 않는다. 만일 수업에 늦게 들어 온 학생이 교통이 막혀서 늦게 왔다고 말하며, 동시에 교수는 서울의 교통이 항상 막히므로, 그 학생이 그것을 미리 알고 이를 감안해서 보다 일찍 집을 떠날 수 있다고 믿을 때 그 학생에 대한 책임귀인은 외적이 아닌 내적 귀인으로 이루어진다. 이는 곧 예견성의 범주에서 통제 가능한 것으로 해석되며, 불가피성의 상황에 해당되지 않는 것으로 지각됨을 말한다. 따라서 책임귀인의 해소 즉 핑계의 지각에서는 지각자가 행위에 작용한 외적 요인에 대해 불가피성을 인정할 때에만 비로소 그 핑계는 정당한 사유로서의 적합성을 갖게 된다. 여기서 불가피성의 개념은 통제불능성(uncontrollability)이나 안정성(unstability)의 개념과 동일한 개념이 아님을 알 수 있다. 만일 통제불능성이나 불안정성이 사건의 발생 전에 예기되었거나 예기할 수 있었던 것이라면, 즉 예측성 범주에 속하는 사건이었을 때는 그 핑계사건을 통제 가능한 사건으로, 또는 더 나아가 의도된 사건으로 해석할 수도 있다.

이런 관점에서 보면, Weiner 등(1987; Weiner, 1989)이 제시한 좋은 변명의 이유가 갖추어야 할 네 가지 요인, 즉 외적 원인, 불안정성 원인, 통제 불가 원인, 비의도성 원인 등의 평면적 나열은 '좋은 핑계'를 설명하는 데 결함이 있음을 알 수 있다. 실제로 핑계의 상황맥락을 보면, 핑계 대는 사람이 사전에 자신의 과오행동에 대한 작용 가능한 외적 원인을 미리 알고 있었느냐가 결정적인 핑계성패의 관건이 된다는 것을 알 수 있다.

핑계의 적합성 판단에 관여하는 요인으로 위에서 논의된 불가피성, 비의도성, 미기대성과 같은 책임요인 소재판단 이외에 핑계거리의 성격 자체가 핑계로서 적정하느냐의 문제인 핑계거리의 적정성이 또 하나의 요인으로 고려될 수 있다. 예컨대, 수업에 늦은 학생이 등굣길에 친구가 붙잡아서 수업에 늦게 들어왔다는 핑계는 위의 불가피성, 비의도성, 미기대성의 준거를 충족시키나 교수는 그것을 적합한 핑계로 받아들이지 않는다. 그 이유는 친구가 붙잡아서 늦었다는 구실은 수업에 늦은 이유를 정당화하는 데 미흡한, 즉 중요도에서 못 미친다는 점에서 부정적 핑계거리라고 볼 수 있다. 흔히, '그것도 핑계가 되느냐' 는 말은 부정적 핑계를 두고 하는 일상적 언어표현이다.

지금까지 위에서 논한 핑계의 적합성 문제는 해명성 핑계에 초점을 두고 있다. 그러나 일상생활에서 통용되고 있는 핑계는 모두 해명성 핑계만은 아니다. 특히, 한국에서는 대인관계나 상호작용 상황을 윤활히 하는 데 기여하는 의례적 핑계가 종종 사용되고 있다. 예컨대, 수업에 늦은 학생이 교수님께 '교수님이 사서 보라는 책을 서점에서 찾다가 늦었다.' 라고 말할 때, 이 말을 듣는 교수는 이 핑계의 진위성이나 적합성보다는 이 핑계대는 학생의 교수에 대한 암시적 높은 평가(implied positive evaluation)에 현혹되거나 그러한 말 자체에서 암시되는 교수에 대한 호의적 행위의도 자체에 호감을 느껴 그 핑계를 자연스럽게 별 생각 없이 받아들이는 경우가 있다. 이러한 핑계는 앞서의 자기 해명성 변명과 그 성격을 달리하며, 그 일차적 목적이나 기능이 손상된 상대의 자존심 회복이나 지위고양에 있다는 점에서 이러한 핑계를 상대자아 고양성 핑계 또는 상대체면 유지성 핑계라고 명명해 볼 수 있다. 상대자아 고양성 핑계와 유사한 또 하나의 의례적 핑계는 동정소구성 핑계를 들 수 있다. 동정소구성 핑계에서는 상대가 받은 피해보다 더 큰 피해를 받았거나 받고 있음을 말함으로써 상대로부터 용서와 이해를 얻어내는 핑계유형이다. 예컨대, 남에게 진 빚을 갚지 갚지 못하는 채무자가 자신은 남으로부터 더 큰 빚을 받지 못해 엄청난 고통을 겪고 있음을 말해 줌으로써, 상대로부터 동정을 이끌어 내어 자신의 책임불이행에 대한 상대의 이해와 용서를 얻어내는 경우가 이에 해당된다.

한국인이 핑계를 잘 댄다는 말은 우선 해명성 핑계보다 의례성 핑계가 많은 데서 비롯되었다는 추론을 해 볼 수 있다. 지위 및 관계지향성이 한국인에게 높다는 점을 전제로 할 때 상대자아 고양성 핑계가 효과를 나타낼 가능성이 크며, 한국인이 상대의 감정에 민감하고 정이 많다는 특성을 가지고 있다고 전제할 때 동정소구성 핑계가 기능성을 갖게 될 가능성은 높으며, 따라서 이 두 가지 유형의 의례성 핑계가 다른 문화권에 비해 많다고 가정해 볼 수 있다.

다시 해명성 핑계에 있어서도 한국인이 핑계를 다른 문화권의 사람들에 비해 많이 댄다고 전제할 때, 그 이유를 다음과 같은 점에서 설명할 수 있을 것 같다. 통상적 관찰이기는 해도 사회적 문제를 대중매체에서 논하는 형태를 보면, 그러한 문제를 유발하는 원인적 분석, 즉 귀인적 측면의 분석이나 주장보다는 누가, 또는 어디에 책임이 있느냐의 책임추궁 지향적인 내용의 설명이 더욱 우세하게 나타나는 경향을 보인다. 이는 한국의 사회, 문화적 지향성이 인과귀인보다는 사회적 해명(social accountability)이 더욱 강하며, 따라서 자신의 행위의 사회적 명분을 보호하려는 동기가 강한 데서 과오행위에 대한 변명이 불가피하게 상황적으로 요구되고 결과적으로 발달되었다고 추론된다.

핑계의 진실성

기실, 핑계가 소기의 효과를 나타내기 위해서는 핑계내용의 적합성보다 핑계내용의 진실성이 핑계 청자에게 지각되어야 한다. 아무리 좋은 핑계도 그 내용을 거짓으로 믿는 한 평계는 효과가 없다. 그러나 평계와 관련된 유사개념이나 현상, 예컨대 account나 excuse에 대한 연구를 일별해 보면, account나 excuse에 대한 진실성 지각의 문제는 단순히 믿느냐 또는 안 믿느냐의 현상적 관심에 머물러 있으며, 어떤 과정과 도식이 진실성 지각에 관여되느냐의 문제와 같은 진실성 판단의 심리적 기제에 대해서는 전혀 연구가 이루어지지 않고 있다. 설상가상으로 대부분의 연구나 이론은 진실성의 문제조차 거의 다루지 않거나 진실성과 적합성의 문제를 구분하지 않고, 주어진 account나 excuse에 대한 수용/비수용의 결과적 측면만을 다루는 것이 보통이다. 그러나 여기에서는 이미 언급된 바와 같이 평계의 적합성과 진실성의 차원을 구분하고 평계의 진실성 판단의 문제를 중점적으로 고찰해 보기로 한다.

평계가 평계로 지각되느냐 아니면 진실한 이유로 지각되느냐의 문제는 평계가 진실로 들리느냐 아니면 거짓말로 들리느냐의 문제다. 또한 여기서 진실성을 보장하는 확실한 객관적 준거가 없는 상황에서는 진실성의 여부보다 허위성의 여부를 파악하는 전략이 더욱 적합한 전략일 것이라고 볼 수 있으며, 또한 이러한 상황에서 평계 청자는 이 전략에 의존할 가능성이 높다고 추론해 볼 수 있다.

평계를 대고 듣는 상황을 검토해 보면, 평계 대는 당사자는 자신의 평계 내용에 대한 사실여부 정보를 스스로 갖고 있으나, 평계의 청자, 즉 평계의 진위 판단자는 평계내용의 진실성에 대한 객관적 정보준거가 거의 전무하거나, 있어도 제한된 간접적 추론준거밖에 갖고 있지 못한 상태에서 평계의 진위성을 판단해야 하는 입장에 있다고 볼 수 있다. 한마디로 상대가 어떤 사람, 예컨대 믿을 만한 사람인지 아닌지에 대한 사전 도식이 없는 한 평계내용만 가지고는 진위를 판단하는 것이 거의 불가능하다는 것이다. 따라서 평계 청자는 진실성 여부 판단보다 허위성 여부 판단이 보다 우세한 판단의 모드(mode), 즉 거짓말 판단이 우세한 것으로 볼 수 있다.

　지금까지 심리학이나 사회심리학에서 거짓말 판단에 대한 연구는 매우 빈약하였고 그것도 안면표정이나 생리적 단서와 같은 기계적 접근이 고작이었다. 그러나 일상생활에서의 핑계 판단자들은 생리적 준거에 대한 정보에 접할 수 없으며 단순히 얼굴표정과 같은 안면단서에만 의존하지 않는다. 그들은 안면단서 이외에도 ① 핑계의 내용에 기초한 허위여부 추론, ② 부언어적 및 비언어적 통념단서 활용, ③ 상대와의 과거접촉 경험에 기초한 선입견, 자신의 경험 및 당면문제와 관련된 상대에 대한 사전 도식 등을 복합적으로 활용하여 허위성 여부를 판단하게 된다고 볼 수 있다. 여기서는 이러한 단서 출처의 요인별로 허위성 판단의 문제를 검토해 보기로 한다.

핑계의 내용에 기초한 거짓말 판단

　핑계의 내용은 관련된 경우에 따라 무수하며 다양하다. 그러면 이렇게 복합한 핑계내용 각각에 대해 허위성 여부를 판단하는 도식이 구성되어 있다고는 보기 어렵다. 핑계의 내용은 다양하지만 이의 거짓말 여부를 판단하는 원형(prototype) 도식이 있다고 가정할 때 우리는 다양한 핑계에 대해 거짓말 여부를 판단할 수 있다고 가정할 수 있다. 따라서 여기서는 거짓말 여부의 판단 도식을 다음과 같이 제한적으로 설정해 볼 수 있다.

　명제 1　핑계에 포함된 사건의 발생확률과 인과연계확률에 의해 허위성 여부를 판단한다; 사건발생확률과 사건결과 연계확률이 낮을수록 허위로 판단되고 높을수록 진실로 판단될 가능성이 높아진다.

예컨대, 교통이 막혀서 수업에 늦었다고 학생이 핑계 댈 때, 이 말만을 가지고 교수가 허위성 여부를 추론하는 한 가지 방식은 아침 등교시간에 얼마나 빈번히 교통이 막히느냐의 확률과 동시에 차가 막힐 때 수업에 늦는 결과로 연계될 가능성의 정도를 가지고 그 말의 허위성 여부를 판단하는 것이다. 여기서 인과연계와 관련하여 다음과 같은 후속명제를 추가할 수 있다.

명제 2   사건-결과 연계와 관련하여, 그 결과가 사건 이외의 다른 사건과 연계될 가능성이 클수록 그 핑계가 허위로 지각될 가능성이 높아지며, 동시에 그 사건이 나타난 결과와 상반되는 상이한 결과와 연계될 가능성이 높을수록 그 말의 허위성은 높아진다.

명제 3   흔히 사회에서 나타나는 핑계의 대상이 되는 행위에 대한 보편성 핑계 도식은 사회적 통념의 형태로 개인의 인지 도식 속에 잠재적으로 형성되어 있으며, 그러한 상황에 직면할 때 핑계 청자는 사회적 핑계 도식을 핑계의 허위성 여부를 판단하는 데 적용할 것이다.

명제 4   핑계의 내용이 적정한 수준의 논리성과 인과연계의 자연스러운 계열성을 가질 때 그 핑계는 진실로 수용될 가능성이 크다. 그러나 인과논리의 연계가 지나치게 길고 추론의 소지가 많이 개입되고 자연스러운 논리연계성을 결할 때 허위로 지각될 가능성은 커진다.

부언어적 및 비언어적 통념단서 활용: 부언어적 측면에서는 목소리의 고저, 강약, 말의 속도 등이 허위성 여부 판단에 기여하며, 비언어적 측면의 준거로는 안면표정, 손발의 움직임, 제스처, 몸 자세 등이 핑계 허위성 판단에 관여될 수 있다.

상대의 일반적 특성과 당면핑계이유와 관련해서 상대에 대해 가지고 있는 도식, 예를 들면 우리 속담에 '팥으로 메주를 쑨다고 해도 곧이 듣는 다' 는 말이 암시하듯이 상대의 핑계에 대한 허위여부 판단은 당사자가 핑계 화자와의 직 · 간접적 경험을 통해 구성한 선입견과 특히 당면 핑계문제와 관련해서 핑계 청자가 핑계 화자에 대한 과거의 경험이 현재의 핑계 허위성 판단에 영향을 미친다고 볼 수 있다.

핑계판단에 관여되는 소인의 종합모형

앞에서 이미 언급한 바와 같이 핑계가 정당한 사유로 수용되느냐 아니면 그저 핑계로 수용되느냐의 문제는 핑계의 적합성 여부 판단과 핑계의 허위성 여부 판단의 종합으로 구성된다고 하겠다.

핑계의 적합성 여부 판단에는 그 행위자의 의도성, 기대성과 같은 개인 내적 요인과 행위에 영향을 미친 외적 사상의 불가피성이 중요하게 관여된다. 불가피성의 판단은 사상에 대한 통제성과 그 사상의 안정성이 중요한 구성변수로 되며, 그것도 예측된 경우보다 예측되지 않았을 때 불가피성의 강도는 커진다. 끝으로 핑계대상 행위의 내외통제 소재와는 다른 차원에서 핑계거리 자체의 핑계로서의 적정성 여부에 영향을 미치는 요인들을 제시하였다.

핑계의 진실성 여부 판단은 핑계의 허위성 여부 판단이 기준이 되며, 핑계의 허위성 판단에는 다음의 세 가지 측면, 즉 ① 핑계의 내용에 기초한 거짓말 판단, ② 부언어적 및 비언어적 통념단서 활용, ③ 상대의 일반적 특성과 당면핑계 이슈와 관련해서 상대에 대해 가지고 있는 도식 등이다. 특히 이 장에서는 첫 번째 준거, 즉 핑계의 내용에 기초한 거짓말 판단과

관련해서 네 가지 명제를 가설적으로 제시하였다.

지금까지의 핑계판단 관련과정과 준거체계를 도식화하면 다음과 같다.

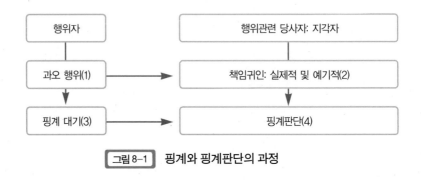

그림 8-1 핑계와 핑계판단의 과정

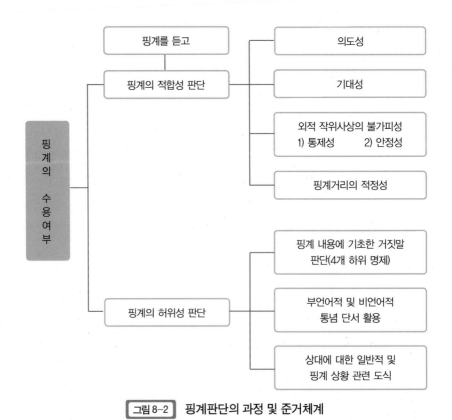

그림 8-2 핑계판단의 과정 및 준거체계

지금까지 핑계의 동기, 과정 및 판단과 관련해서 구성적 의미의 개념화를 시도하였다. 이 과정에서 필요에 따라 핑계와 병치하는 기존의 현상 및 개념을 선택적으로 소개하였다. 핑계의 현상이 실제의 사회관계에서는 매우 중요한 현상이며, 특히 대인갈등과 인간관계, 대인지각, 인상현성 등의 측면과 관련해서 매우 중요한 현상이며, 따라서 사회심리학적 개념화를 비록 heuristics의 수준에서라도 시도하였다.

한 / 국 / 인 / 의 / 심 / 리 / 학 **9 장**

의례성(儀禮性)

한국에 살고 있는 어느 프랑스인이 자신의 입장에서는 이해하기 어려운 한국인의 행동 중 하나를 에피소드 형태로 신문에 소개한 적이 있다. 그 내용인즉, 한국인들이 회식석상에서 노래를 시킬 때 윗사람 또는 상사를 빼지 않고 반드시 지명한다는 것이다. 그런데 이 글의 초점은 막상 지명된 상사가 노래를 부르는 동안 노래를 그렇게 간청했던 참석자들은 그 노래를 경청하지 않고 오히려 자신들끼리 잡담을 하고 있으며 이 점이 이해할 수 없다는 것이다. 이러한 현상은 내국인의 한 사람인 필자의 입장에서도 공통적으로 목격된 것이며 공감할 수 있는 현상이다.

그동안 우리 사회에서 거의 공인되다시피 한 한국인의 의식구조적 특성론의 시각에서 보면 이러한 현상을 형식주의, 체면중시, 표리부동 등의 한국인 특성 개념들을 원용해 이해하고 설명할 수 있을 것이다. 그러나 이 외국인은 이미 한국인의 의식구조에 대한 선문가로서 체면이나 형식주의 표리부동 등의 개념에 대해 익히 잘 알고 있는 사람이다. 그가 의문을 제기한 것은 부하직원들이 상사의 체면을 중시한다면 어떻게 노래를 부르는 동안 옆 사람과 잡담을 할 수 있으며, 노래를 부르는 상사의 입장에서는 어떻게 그러한 부하직원들의 불경스러운(?) 행동을 보고도 불쾌해하거나 화를 내지 않느냐에 있다. 상사의 체면을 중시한다거나 형식주의를 강조하는 한국인이라면 마땅히 상사가 노래를 부를 때 부하직원들은 이를 경청할 것이라는 논리적 귀결이 나온다.

이 현상을 학문적 차원을 떠나 상식적 일상대화의 맥락에서 조명해 보면, 부하직원들은 '의례적'으로 노래를 시켰고 상사 자신도 이를 '의례적' 요청으로 받아들였으며, '의례적'으로 노래를 불렀다고 볼 수 있다. 여기서 사용된 의미로서의 '의례적'은 의식과 예절을 갖추는 뜻에서의 의례성(儀禮性)을 함유하며, 따라서 의례(儀禮) 자체는 아니다. 좀 극단화시켜 표현하면, 사이비 의례이며 따라서 의례의 형식만을 띤 것이다.

다시 본래의 에피소드 상황으로 되돌아가 보자. 부하직원들이 노래를 시키는 본뜻은 상사의 노래 자체를 듣는 일보다 "당신은 우리들의 윗사람으로 우리는 당신을 존경하고 좋아합니다."라는 이면 메시지가 노래를 시키는 행동 뒤에 담겨 있으며, 상사도 그 이면 메시지를 이미 읽고 그 메시지에 대한 화답으로 못 부르는 노래를 부른다. 그 상사의 노래 이면에도 똑같이 "나는 당신들을 사랑하고 좋아합니다."라는 메시지가 담겨 있다. 이러한 맥락에서 의례성은 사회적 관계나 사회적 상호작용에서 의례라는 형식을 빌려 그 의례 자체와는 동떨어진 이면 메시지를 주고받는 의례화된(ritualized) 언행과 의사소통의 한 형태라고 볼 수 있다.

조선일보(1994. 9. 26)의 한 칼럼에서 독일의 대한(對韓) 비즈니스 안내서에 나타난 한국인의 특성 중 하나로 '한국인은 영어를 몰라도 아는 척한다.'라는 항목을 소개하고 있다. 독일인의 입장에서는 이를 위선적 행동, 자기 과시적 행동, 또는 체면 지향적 행동 등으로 받아들일지 모르나, 오히려 이러한 행동은 의례적 행동 또는 의례성을 띤 한국인의 사회적 행동으로 해석하는 것이 보다 타당할지 모른다.

서양인의 경우에는 외국인의 말을 이해하지 못할 때 다시 묻는 것이 어렵지 않다. 그러나 한국인의 심리적 도식에서 보면 별로 중요하지 않은 사안에 대해 구태여 다시 묻는 일 자체가 상대에 대한 배려를 하지 않는다는 숨은 메시지를 함유하기 때문에, 모르는 말도 이해하는 척하고, 한국인의 사회에서는 상대도 이러한 행동의 이면 메시지를 이해하고 긍정적으로 받아들인다. 여기서 하나 첨부할 말은 의례적 언행에는 상대의 심정에 대한 배려가 전제 또는 관여된다는 점이다.

동아일보사(1991)에서 '한국인 진단' 이라는 주제하에 취재기사의 형태로 연재된 글을 모은 『한국인 진단: 자기성찰을 통해 본 우리의 자화상』의 책에 한 주제로 실린 "'겉' 과 '속' 이 다르다"에서 의례성과 심정과의 관계를 적절히 묘사하는 일상 사례를 다음과 같이 소개하고 있다.

> 한국인들은 식사 때에 남의 집을 방문했을 때는 으레 "밥을 먹었다."고 거짓말을 하지만 이를 곧이 듣는 사람은 별로 없다. 학생들이 수업하는 교실에서 교사가 설명 끝에 "알겠습니까?" 하면 학생들은 이해여부를 떠나 "예." 하고 큰 소리로 대답하는 것이 예의다(p. 194).

위의 사례에서 밥을 먹지 않았는데도 '먹었다' 고 말하고, 선생님의 설명을 알아듣지 못했는데도 선생님이 이해여부를 물을 때 '예' 라고 답하는 것은 상대의 입장과 심정을 배려한 의례성 응답이다. 그러나 이 책에서 이러한 현상을 표리부동의 예로 들고 있는 것은 그 현상을 표면적 언행의 진위에만 초점을 둔 서구식 단순해석이란 점에서 실례로서 적합하지 않다고 사료된다. 이 문제는 다음에서 논하기로 하고 여기서는 의례성

이라는 현상을 보다 풍부하게 이해할 수 있는 사례나 일화를 발췌 소개하
고자 한다.

　역시 동아일보사(1991)의 책 동일 주제를 설명하는 과정에서 소개된 또
하나의 사례를 아래에 인용해 보기로 한다.

　　회사원 남상철 씨(34)는 크게 후회할 뻔한 경험을 갖고 있다. 89년 회갑을 맞
　은 어머니에게 회갑잔치를 벌이겠다고 했으나 "아직 이렇게 젊은 데 쑥스럽게
　무슨 잔치냐. 칠순 때나 보자." 며 사양하는 바람에 다른 해보다 생일상을 크게
　마련하는 정도로 지나갔다. 그러나 그 후 남씨는 집안어른과 어머니의 친구분들
　로부터 "말이야 그렇게 하시지만 속마음이야 그렇겠느냐." 는 질책성 조언을 받
　고는 '아차' 싶어 부랴부랴 회갑잔치를 열어드렸더니 어머니도 좋아하시는 눈
　치를 보이더라는 것이었다(p. 194).

　위의 일화에서 남상철 씨의 어머니는 아들이 부담을 느낄 것을 미리 예
기하고 이를 피하기 위해 자신의 욕구나 기대와는 상충되는 언행 즉 '아직
이렇게 젊은데 쑥스럽게 무슨 잔치냐, 칠순 때나 보자.' 라는 말을 했다고
볼 수 있다. 물론 이 말은 나중에 실제로 자식으로부터 회갑잔치를 받았을
때 즐거워했다는 행동을 통해 본심이 아닌 말임이 입증된 셈이며 의례적
으로 한 말로 판명되었다. 여기서 전자와는 다르며 한 단계 더 복잡한 의
례성의 형태를 찾아낼 수 있다.

　전자의 경우에는 단순히 상대의 욕구나 기대에 부응하는 의례적 언행
에 초점이 맞추어진 반면, 후자의 경우에는 이러한 상대심정 배려적 조건
에 부가하여 언행자가 자신의 욕구나 기대에 상반되는 언행을 해 보인다
는 점이다. 여기서 문제를 한층 더 복잡하게 만드는 것은 그러한 언행자의
마음속에 상대가 자신의 심정이 실제의 언행과 다르다는 것을 감지해 줄

것을 기대하면서 그 언행을 한다는 점이다. 이러한 의례성에 대한 감지를 기대하면서 한 어머니의 언행에서 남상철 씨는 의례성을 감지하지 못한 반면 집안어른과 어머니 친구들은 이를 의례적 언행으로 감지하고 있었다는 점을 알 수 있다.

결국 의례적 언행을 의례적인 것으로 받아들임으로써 어머니는 자식의 심정을 건드리지 않고 의례적인 말에 대한 효과를 성취할 수 있었다고 볼 수 있다. 아들의 입장에서도 어머니의 의례성을 올바로 파악했기 때문에 어머니를 만족시킬 수 있었으며 자신의 마음도 즐거울 수 있었다. 이 예를 통해 의례성의 사회적 기능을 포착할 수 있다. 즉, 의례성은 상대의 비위를 건드리지 않으면서 동시에 상호의 욕구를 충족시킴으로써 양자 간의 사회적 관계를 증진시키는 기능을 할 수 있다는 것이다.

앞의 사례에서 나타난 의례성보다 더욱 복잡한 형태의 의례성은 상호작용하는 양방이 서로가 상호적으로 의례적 행동을 주고받는 양방향성 의례성이다. 예컨대, 전통혼례식에서 신랑을 거꾸로 매달고 발바닥을 때릴 때 신부 측 사람들은 짐짓 몹시 때리는 시늉을 하고 가볍게 때리며, 신랑은 가벼운 매를 맞으면서 짐짓 큰 고통을 느끼는 표정과 언행을 한다. 즉, 양쪽이 서로 시늉을 교환하면서 부드럽게 상황을 이끌어가며, 동시에 양방의 욕구를 충족시키는 것이 이 경우에서의 양방향성 의례성이다.

또 하나의 예로 기말시험을 잘못 치른 학생이 걱정이 되어 담당 교수의 연구실에 찾아가서 "교수님의 강의를 통해 학문에 눈을 뜨게 되었습니다."라는 말을 의례적으로 교수에게 했다고 하자. 실제로 이런 일은 흔히 나타난다. 이때 교수는 그 말이 학생이 믿는 바대로의 신념이 아님을 익히 짐작하고 있고, 학생 자신도 실제로 그러한 신념은 가지고 있지 않다고 볼 수 있다. 다만 신념을 가장해서 표현했을 뿐이다. 이 상황에서 교수는 신념이 아님을 알면서도 신념으로 받아들이는 것을 가장해 학생의 신념에 대한 교수의 가장된 신념을 다음과 같은 응답의 형태로 표현한다. "그래, 다음 학기에도 내 강의를 수강하거라." 이 말은 물론 의례적으로 한 말이다. 여기서 학생과 교수는 서로 의례적인 대화를 주고받았으며 서로가 상대의 의례성을 감지하고 있다는 점에서 양방향성 의례성의 사례라고 할 수 있다.

그런데 여기서 한 가지 주목할 점은 서로가 거짓을 주고받았음에도 불쾌감을 갖기는커녕 만족스러움을 넘어 고마움을 느낄 수 있다는 점이다. 여기서 신념과 본심을 구분할 필요가 있다. 비록 이들은 신념과는 무관한 거짓을 말했지만 거짓의 이면에 있는 본심, 즉 서로 상대의 욕구와 기대를 충족시키려는 마음과 의도에 대해서는 서로 긍정적으로 받아들이고 있다는 점이다. 의례성에서는 이처럼 그 말 자체보다 그 말을 하는 언행자 자신의 동기가 어떠하며, 또한 어떠하게 지각되느냐에 따라 의례적 언행이 될 수도 있고 거짓말이 될 수도 있다.

이 사례에서 학생의 동기가 교수의 욕구를 충족시킬 의도가 있었다고 가정할 때 그 학생은 의례적 언행을 한 것이 되며, 그 의례성 언행에 대해 교수 자신이 의례적 언행으로 감지했음에도 불구하고 불쾌감을 느끼지 않은 것은 그 의례성의 이면에 있는 학생의 동기를 긍정적으로 받아들였기 때문이다. 이와 같은 분석은 양방에 모두 해당된다. 물론 의례적 언행이 그 언행자의 신념에 기초한 진실성 언행으로 상대, 즉 수용자에 의해 받아들여질 때 의례성의 상대만족 효과는 배가된다. 실제의 생활장면에서 의례성이 진실로 받아들여지는 경우가 허다하며, 진실이 의례성으로 받아들여지는 경우도 적지 않다.

앞의 사례나 일화에서 한 가지 공통점은 의례적 언행이 상황적 적합성과 관계적 예의성의 틀 속에서 이루어지고 있다는 것이다. 상대의 욕구나 지위 등과 같은 상대의 입장과 심정을 배려하는 행위는 예절의 기본이란 점에서 예의성 기준에 적합하며, 선생님의 말을 이해하지 못하면서 질문에 "예"라고 답하거나 아들의 회갑잔치 제안을 '칠순잔치'로 돌리자는 어머니의 대답은 양자 간의 관계나 사태적 맥락으로 보아 상황적 적합성을 갖는 언행이라고 할 수 있다. 바로 이 점이 거짓말과 의례성이 구분되는 하나의 기준이 되며, 상대의 심정을 배려한다는 점에서 의례성이 빈말과 구분된다고 볼 수 있다.

○ 의례성의 전례성

의례성을 띤 언행과 유사한 언행양식으로 아첨(flattery)과 예절(etiquette)을 들 수 있다. 아첨은 상대의 욕구와 기대를 맞추어 이루어지는 언행이란 점에서 의례적 언행과 유사성을 갖는다. 그러나 아첨에서는 비록 아첨자가 의례적 언행을 했다 할지라도 그 언행이 의례성이 아닌 본심에서 우러나온 것임을 또는 의례성이 아님을 상대에게 느끼도록 해 주는 것이 그 아첨의 의도에 적합한 반면, 의례적 언행에서는 경우에 따라 의례성을 유출(leakage)하는 것이 그 의례성의 주 기능일 수 있다. 이것이 아첨과 의례성의 첫 번째 차이점이다. 예컨대, 앞서 남상철 씨의 어머니 예에서 그 어머니가 회갑잔치를 진심으로 원할 때 '의례적 형식'을 빌려 회갑잔치를 거절한다면, 그 아들도 의례적 거절로 이를 받아들여 그 거절과는 정반대의 대응, 즉 회갑잔치를 해 드리는 행동을 하게 될 것이다. 여기서의 의례적 언행은 오히려 의례성을 유출시킨다.

아첨과 의례성의 두 번째 차이점은 언행자의 동기와 관련이 된다. 아첨에서는 상대욕구의 충족을 통해 자신의 욕구를 실현시키려는 직접적이며 구체적인 의도가 강하게 작용하는 반면, 의례성에서는 상대에 대한 배려와 상황에 적합한 행동을 통해 대인관계를 원활히 하는 데 주 기능이 있다는 점에서 직접적이며 구체적인 이기적 의도가 약하다고 볼 수 있다.

　세 번째 차이점은 의례적 언행의 속성 중 하나인 전례성이다. 여기서 전
례라 함은 전형과 예의를 뜻한다. 전형은 구체적 대인관계 상황맥락에서
보편적으로 이루어지는 언행의 형식으로 일종의 상황적 언행 스크립트라
고 볼 수 있다. 길가에서 우연히 친구를 만났을 때 "너 어디 가니?"라고 묻
는 것은 그 상황에서의 전형적 스크립트 언행이며 의례적 언행이다. 따라
서 이 질문에는 구체적 대답을 요구하지 않으며, 이 질문은 다만 상대에
대한 관심을 표명하는 기능으로 족하다. 여기서 상대에 대한 관심을 표명
하는 데 그 본뜻을 두고 있다는 것은 곧 의례적 언행 속에는 예의성이 담
겨 있음을 암시한다. 분명히 이 질문은 예절 그 자체는 아니다. 그러나 예
절의 본질인 상대에 대한 관심과 배려를 담고 있다는 점에서, 예절 '성',
예의 '성'을 띠고 있다. 바로 위에서 언급된 전형성과 예의성이 합쳐진 언
행의 형식으로 이루어진 것이 의례성이다. 그러나 아첨에서는 이러한 형
식을 반드시 요구하지는 않는다. 즉, 전형성을 벗어난 아첨도 있을 수 있
으며, 상황적 예의성과 무관한 아첨도 가능하다.

　의례성이 예의나 예절과 구분되는 점은 이미 앞에서 부분적으로 논급
된 바와 같이 의례성은 예의의 성격을 띤 전형적 언행의 한 유형이라는 점
이다. 경우에 따라서는 저속한 속어나 비어가 섞인 인사성 언행도 상대에
대한 관심과 애정을 띠고 있고 또 이를 긍정적으로 상대가 받아들인다면,
그것도 의례적인 언행이 될 수 있다. 예컨대, 오랜만에 만난 친구에게 "너
이 XX, 죽은 줄 알았다. 왜 또 나타나서 내 속을 썩히니!"라고 의례적인 말
을 할 때 그것은 분명히 예의에 벗어나는 말이다. 그러나 그 말의 이면에
상대에 대한 관심과 애정이 깃들어 있다면 이 말은 의례성을 띤 인사성 언
행이라고 볼 수 있다.

◯ 의례성의 허식성

　어떠한 언행이 의례적 언행이 되기 위해서는 앞서 언급된 전형성과 예의성 이외에 허식성이 전제되거나 관여되어야 한다. 여기서 허식성이라 함은 외현화된 언행과 그 언행자의 마음이 어떤 형태로든 합치되지 않은 것으로, ① 마음에 없는, ② 마음과 다른 언행으로 규정된다. 일상 대인 상호작용 상황에서 마음이 없는 또는 마음과 다른 언행을 할 때 '의례적' 이라는 표현을 사용할 수 있으며, 따라서 진실성이 없는 언행으로 규정되기도 한다. 일반인 심리학(folk psychology)의 입장에서 볼 때 사람의 언행은 마음에서 유발되며 마음과 직결된다고 가정한다. 따라서 일반인들은 상대가 어떤 언행을 했을 때 그 언행을 유발한 마음을 읽으려 하고, 그 마음에 대응하여 자신의 언행을 조정한다. 이때 언행자의 마음과 언행이 일치할 때는 허식성의 문제가 개입되지 않으나, 불일치할 때는 허식성의 문제가 개입될 소지가 생긴다. 언행 당사자의 입장에서 볼 때 상대방의 의례적 언행의 이면에 있는 심리를 읽어내는 방식으로 자신의 의례적 언행을 자기 스스로 해석하고 연출한다고 볼 수 있다. 이러한 연출에서 허식성 언행을 유발하는 마음은 다양할 수 있다.

　그 하나는 일상적 언어에서 ① '마음에 없는' 언행으로 그 언행에 상응하는 상념이나 그 언행을 유발하는 동기로서의 특정한 의도성이나 목적이 직접적으로 관여되지 않은 상황에서 이루어지는 전례성 언행이다. 예컨대, 별 뜻 없이 상대에게 호의적 평가나 예의적 언행을 해 주는 것이 이에 해당된다. 위에서 상념이라 함은 그 언행이 뜻하는 것 자체에 대한 생각 또는 신념을 말한다. 만일 "당신은 아름답다."라는 말을 했을 때, 그 말에 직접 연계되는 상념은 당신이 '아름답다고 믿는 것' 이 되며, 이러한 상념이 있을 때 그 언행은 이러한 상념의 표현으로 간주된다. 그러나 이러한 상념이 없는 사람이 그런 말을 할 때는 의례적인 말이 된다.

또한 의도성이나 목적이 관여되지 않는 허식성 언행은 그 언행이 지칭하는 언어적 의미 그 자체보다는 그 언행을 유발하는 심리적 동기와 관여된다. 우리가 언어를 사용하고 해석하는 맥락을 보면 한쪽은 언어 그 자체의 언어적 의미측면(syntax)이며, 다른 하나는 언어의 뒷면에 있는 의도성 및 동기와 같은 심리적 측면(pragmatics)이다. 심리적 동기와 관련해서 의례적 언행이라 함은 특정한 동기관여적 언행에서 그 언행에 상응하는 동기가 결핍된 경우를 말한다. 예컨대, 상대의 체면을 추켜세우기 위한 의례성 언행에서 상대를 높이려는 동기가 없을 때 마음에 없는 칭찬이 되고 허식성 언행으로 규정되고 상대에 의해 의례적 언행으로 해석될 수 있다.

다음에는 ② '마음과 다른' 언행으로, 여기서 '다르다'는 것은 상념과 언행이 다르거나, 동기와 언행이 다른 경우가 이에 해당된다. 상념과 언행이 다른 경우의 예로는 추하게 생겼다고 생각이 드는 상대에게 아름답다고 표현하는 경우로, 이는 어떤 의미에서 명백한 거짓말에 해당된다. 그러나 의례적 거짓말에서는 그 말이 의례성이라는 맥락에서 예의성과 전형성을 갖추고 있어 거짓말과는 구분되는 의미와 기능을 발휘하게 된다.

또한 동기와 언행이 다른 경우는 앞서의 예에서 상사에게 노래를 시키는 사례와 남상철 씨 어머니가 회갑잔치를 의례성을 띠면서 거절하는 사례가 이에 해당된다. 상사에게 노래를 시키는 경우, 언어적 의미로는 상사의 노래 듣기였으나, 동기적으로는 상사를 배려하는 메시지를 전달하는 데 있었다. 다른 한편, 남상철 씨의 어머니의 경우 언어적 의미로는 거절이었으나, 동기적 의미로는 자식에 대한 배려와 회갑잔치를 바라는 기대의 복합이었다.

의례적 언행의 동기와 관련해서 앞에서 상대배려의 측면에 대해 주로 언급했다. 그러나 이러한 동기적 의례성은 반드시 상대를 위한 상대 지향적 방향으로만 작용한 것은 아니다. 자신의 욕구와 동기를 충족시키기 위한 의례적 언행도 있다. 즉, 자신의 표현하기 어려운 동기를 의례적 언행에 실어 연출하고, 상대가 그 언행의 의례성을 파악하도록 하며, 자신의 본 의도와 동기를 감지하게 하는 의례성도 있다. 예컨대, 회사에서 잔업에 밀려 야근을 해야 할 경우, 상사가 "나는 집에 가도 할 일이 별로 없어. 내가 야근할 테니 자네들은 퇴근하시오."라고 짐짓 말할 때 부하직원들은 그 말에 상반되는 상사의 동기를 감지하고 "저희들이 야근하겠습니다."라고 야근을 자청하는 경우가 이에 해당된다. 기실, 상사가 이 말을 하지 않았을 경우 부하직원들은 퇴근시간에 평상시처럼 퇴근했을 것이다.

　지금까지 의례성의 형태와 의례성의 필수적 구성요소인 허식성의 문제를 심리학적으로 분석해 보았다. 이 과정에서 의례적 언행과 의례성을 구분하지 않고 호환적으로 사용하였는데 이제는 이 두 개념에 대해 좀 더 세분된 논의를 하고자 한다. 이 두 개념의 관계는 사회심리학에서 공격적 행동과 공격성의 관계와 같은 맥락에서 파악할 수 있다. 공격성이 뜻하는 바는 공격적 행동을 유발하는 심리로서의 공격성과 공격적 행동을 추상화시킨 의미로서의 공격성을 포괄한다. 마찬가지로 의례성은 의례적 언행을 유발하고 사용하는 심리와 더불어 의례적 언행의 추상화된 의미의 의례성을 모두 포함한다. 더구나 의례성이란 말을 구태여 정의하지 않고 그대로 사용한 것은 의례성이란 말 자체가 공격성과 같이 한국인의 일상적 언어생활에서 쉽고 올바르게 사용되어 온 개념이기 때문이다.

◐ 의례성에 대한 메타분석

　　문헌고찰에 앞서 필자가 여러 연구자들과 함께 의례성이라는 연구 주제를 선택한 배경에 대해 설명하는 것이 후속되는 문헌고찰에 대한 시각을 설정하는 데 도움이 될 것으로 판단되어 그 배경을 소개하고자 한다. 우리 연구자들은 그 동안 한국인의 심리 및 사회심리에 관한 일상적 개념들(눈치: 최상진, 최연희, 1989; 최연희, 최상진, 1990; Choi & Choi, 1990b; Choi & Choi, 1992; 우리성: Choi & Choi, 1990a; 정: 최상진, 최수향, 1990; 한: 최상진, 1991, 1993a: 평계: 최상진, 임영식, 유승엽, 1991; 체면: 최상진, 유승엽, 1992; Choi & Kim, 1992; 심정: 최상진, 1993; Choi, 1994 등)을 정리해 보는 과정에서 다음과 같은 두 가지 의문에 봉착하였다.

　　하나는 한국계 미국인 K 박사가 한국에 살면서 다양한 친소(親疎)관계의 사람들과의 비공식적 상호작용 과정에서 사람과 상황, 또는 때에 따라 동일한 언행을 서로 다르게 해석하고 이에 상황적으로 대응하는 데 있어서의 어려움과 혼돈을 겪으면서, 필자에게 설명과 가르침을 요청한 데서 출발하였다. K 박사가 가장 큰 어려움을 겪으며, 순발력 있는 사회적 대응에 실패하는 상황은 한국식 의례성이 대인 상호작용에 관여되는 경우였다. 이러한 상황에서 필자는 그를 돕기 위해 의례적 언행이 오고 갈 때마다 이를 의례성의 개념을 빌려 설명해 주었으나 필자가 말하는 의례성은 경우마다 다른 의례성이었고, 필자 자신도 경우마다 의례성이 서로 다른 이유와 그 연계성을 올바로 파악하지 못해 K 박사의 혼란을 더욱 가중시키고 있음을 알게 되었다.

　　의례성이 한국인에게 독특한 사회적 상호작용 문법의 하나인지 아닌지는 차치하고라도, 적어도 서양인에게 있어 한국인의 의례성 문법은 이해하기 어렵고, 습득하는 일은 더더욱 어렵다고 하겠다. 여기서 연구자들은 한국인의 의례성 연구에 대한 필요성을 자각하게 되었다.

두 번째로 갖게 된 문제점은 한국인 연구의 과정에서 발생하였다. 필자 나름의 시각으로는 한국인에게 있어 눈치, 체면, 핑계, 겸손 등은 한국인의 사회적 상호작용에서 흔히 개입되는 중추적 사회심리 개념이라고 판단되었다. 그렇다면 이들 개념들은 서로 어떤 형태로든 관계성을 가질 가능성이 크며, 이들 개념들을 연계시키거나 또는 상위 차원에서 포괄하는 공통분모가 되는 개념은 무엇인가에 대한 관심은 자연스럽게 발생할 수 있다. 이러한 관심에서 찾아낸 한 가지 개념이 의례성이다. 의례성의 한 요소가 마음에 없는 또는 마음과 다른 언행이라면, 의례성이 작동되는 상황에 눈치는 관여 당사자 양쪽에서 필수적으로 선행되고 요구되는 심리적 기제다(최상진, 최연희, 1989; 최연희, 최상진, 1990; Choi & Choi, 1990b; Choi & Choi, 1992).

또한 한국인의 체면이 치레의 성격이 강하며 따라서 실질보다 형식성을 강조하는 것이라는 점에서, 의례성의 필수조건인 허식성을 내포하고 있음을 알 수 있다(최상진, 유승엽, 1992; Choi & Choi, 1991; Choi & Kim, 1992). 다음으로 한국인의 핑계가 해명성 핑계보다 의례성 핑계의 성격이 강하며, 또한 의례성 핑계에서 전례성이 핑계의 적합성과 직접 연계된다는 점에서 핑계는 그 자체로 의례성의 성격을 띤다고 할 수 있다(최상진, 임영식, 유승엽, 1991). 한국인의 겸손은 상대와 자신과의 지위관계를 그 저변에 깔고 있다는 점에서, 그리고 상대 체면 존중 및 예의성과 밀접히 관련된다는 점에서 의례성의 요소를 함유한다고 볼 수 있다(이영주, 1989).

이러한 연구의 맥락과 실제적 경험상황에서 당면한 연구문제로 부각된 것이 한국인의 사회적 관계나 대인 상호작용에서 나타나는 의례성 문제였다.

의례성 관련 문헌고찰

의례성과 관계될 수 있는 현상 또는 개념들은 형식주의, 표리부동, 자아은폐, 명분과 당위성 중시, 서열의식, 우회적 표현 등과 같이 다양하며, 이러한 현상 또는 개념들은 의례성을 이해하는 데 도움이 되고 관계되는 것들이다. 그러나 동시에 이러한 개념들이 독립적으로는 의례성을 설명하는 데 부적합하다. 예컨대, 의례성을 형식주의로만 파악하거나, 설명할 수 없으며, 표리부동이 곧 의례성은 아니다. 설명의 편의상 '형식주의적 문화와 사고가 의례적 언행과 의례적 상호작용을 조장, 유발시킬 때 결과적으로 본심과 언행이 불일치하는 표리부동이 나타나게 된다.' 라고 가정해 볼 때, 형식주의는 의례적 언행의 원인 또는 선행요인으로, 표리부동은 의례적 언행이 이루어진 후의 결과적 현상으로 해석될 수 있다.

이 도식에서 보면 형식주의와 표리부동은 이 양자 간의 관계성을 매개하는 의례적 언행이라는 사회심리적 과정을 통해 연계되며 의례성과 관계가 있지만, 의례성 자체는 아니다. 이러한 문제는 자아은폐, 명분과 당위성 중시, 서열의식, 우회적 표현 등의 제 의례성 관련 개념에 그대로 적용된다. 따라서 이들 개념에 대한 고찰이 곧 의례성에 대한 연구관찰로 잘못 인식될 것을 우려하여 고찰에 앞서 이 점을 지적하고자 한다. 이와 관련하여 이러한 개념들을 어떤 순서로 고찰 소개하느냐의 문제와 관련하여 우리 연구자들은 준거 판단이나 기준을 잡기 어려웠다는 점도 밝히고자 한다. 왜냐하면 이들 개념들은 모두 똑같이 관련 방계개념일 뿐만 아니라, 이들 개념 간에 추론적 관련성, 암시적 연계성 등이 있어 어떤 것이 보다 중요한 원 개념이며 어떤 것이 의례성과 보다 밀접히 관계되는가를 판단하기 어렵기 때문이었다.

따라서 연구자들은 편의상 형식주의에 관계된 개념을 먼저 고찰하고,

다음에 표리부동과 관계된 개념을, 그리고 끝으로 이 두 범주와 상호관련 되지만 어느 범주에도 독립적으로 분류하기 어려운 개념들을 고찰하는 순 서를 채택하였다. 한국인의 심성과 관련하여 형식주의를 지적한 사람들은 많다. 그러나 이들이 형식성을 지적하는 데 사용한 표현은 다소 뉘앙스의 차이가 있기에 이를 소개해 보면 다음과 같다.

유교에서 말하는 이상적인 인간상은 군자이다. 군자로서 갖추어야 할 도덕은 내면적인 것보다 외면적인 것에 치중한다.

의식적 의례적인 예의를 지키고 권위를 갖추고 행동을 진중히 하고 말을 적 게 하고 보행이나 언어를 조심하고 모든 것을 억제하고 억압하고 외면 형식을 갖추는 것에 치중하였다. 내심은 어떻든 형식은 정중하고 남 보기에 예에 어긋 나지 않는 것을 요구한다. 위의 관념은 우리나라 사회의 기본적인 도덕으로 예 를 중시하는 경향은 행위에 관하여 형식주의에 빠지게 하였다(윤태림, 1986, p. 149).

동양에 있어서 대화채널의 의식적 성격은 말하는 사람과 듣는 사람의 차이를 증가시키는 데 신경을 쓰게 하였으며 동시에 자연적인 개인적 특성을 제거시켜 서 일반적으로 옳다고 믿어지는 정형화된 방법으로 변화시켜 놓았다(오세철, 1988, p. 166).

만사에 있어 본심은 가슴속에 숨겨 두고는 명분과 당위성으로 본심을 짓누르 고 참고 인내한다(이규태, 1991, p. 263).

신분관계를 중심으로 한 계층의식에서 나온 유교의 권위주의는 군자를 이상 적인 인간형으로 삼게 되었다. 내실을 기하는 서양의 군자도와는 달리 군자가 갖추어야 할 일은 내면적인 것보다 형식적이고 외면적인 것에 더 치중하는 것이었다. 이 외면적 존엄의 윤리는 말을 적게 하고, 의례적인 예를 잘 지킨다(박명석, 1993, p. 56).

한국인은 명분을 중시한다. 여기서 명분의 범주에 속하는 내용은 형식주의적 사고 방식, 체면중시적 행동을 포함하는 것으로 이러한 행동은 당위성과 명분을 강조하는 유교의 윤리관과 상관이 있다(차재호, 1983, p. 322).

우리 한국 사회에 영향을 지대하게 끼친 유교는 그것이 담고 있었던 정신보다는 현실적으로 형식의 경직성을 사회구조적으로 지속시켜 왔다. 이러한 경직성은 개인성을 억압적으로 구속하는 특성이 강했다(오세철, 1988, p. 40).

이들 이외에 기존의 연구물에 대한 고찰의 형식을 빌려 형식주의를 지적한 것으로 김재은(1987)과 정한택(1979), 이부영(1988) 등이 있다.
다음으로 한국인의 심리적 특성으로 표리부동을 지적한 글들을 소개해 보면 다음과 같다.

한국인은 흔히 마음에 없는 소리를 하게 되는 경우가 적지 않다. 예를 들면, 찾아온 방문객과 대담이 싫으면서 '더 이야기하고 가라.', 시간적 여유가 없으면서도 '자기 집을 찾아달라.'고 한다. 언제나 자기의 의식에서가 아니라 윗사람이나 옆 사람의 의사에 따라 이것을 기준으로 행동을 하게 된다(최재석, 1989, p. 122).

한국인은 의사소통에서 우회적 표현을 쓰는데 이것은 남더러 알아차리게 하려는 것이고 남의 비위를 건드리지 않을 뿐더러 원만한 인간관계를 유지하려는 심리에서 비롯된 것이다(김재은, 1987, p. 103).

한국인은 대체로 본심을 숨기는 은폐의식이 강하며, 적절한 은폐를 해야만이 인간관계를 모나지 않고 원활하게 유지할 수가 있었다. 한국인의 은폐의식과 한국인의 예의감각의 발달과는 밀접한 관계가 있다. 예의란 본심을 가장 효과적으로 억제하는 문화적인 미디어이기 때문이다. 예의를 열심히 지키면 본심은 결코 노출되는 법이 없다. 따라서 예의를 지키면 은폐의식이 충족되고 또 남에게 좋은 인상도 주고 도덕적으로 평가받는 일석이조이기에 한국인은 열심히 예의를 지키게 되고 그래서 동방예의지국이 됐음직도 하다. 한국인의 마음의 특성을 이해하는 데 이 표리의 이중구조는 중요한 기본 공식이랄 수 있다. 외부와 내부의 완벽한 차단은 외부(표), 내부(이)의 이중구조를 뜻하며 이 표리의 이중구조는 한국인의 사색구조의 기본패턴이랄 수가 있다(이규태, 1991, p. 68).

한국인에게 있어 거짓말이란 오히려 미덕이다. 있어도 없는 척하고 아파도 아프지 않다 하고, 좋아도 좋지 않은 척하고, 싫어도 좋은 척하는 것은 모두 상대방의 비위를 건드리지 않기 위해서이다. 이때 한국인은 상대방의 감정 속에 숨은 악을 조심스럽게 피하고 그것이 자극되는 것을 회피하는 것이다. 어느 나라의 에티켓이든 모두 이런 심리가 없지 않겠으나 동양인에게 있어 이런 경향은 특히 두드러진다. 한국인은 이런 거짓말을 거짓말이라 여기지 않는다. 그러나 이것이 극단화되면 병폐가 된다(이부영, 1988, p. 44).

'말은 그렇게 하면서 속마음이야 그렇겠는가', 한국인들은 식사 때 남의 집을 방문했을 때 으레 '밥을 먹었다'고 거짓말을 하지만 이를 곧이 듣는 사람은 별로 없다. 학생들이 수업하는 교실에서 교사가 설명 끝에 '알겠습니까' 하면 학생들은 이해여부를 떠나 '예' 하고 대답하는 것이 예의다. 민속학자들은 표현과 속마음이 다른 한국인 기질이 유교문화에 뿌리를 두고 있다고 지적하였다. 또한 한상진 교수는 이에 대한 논평에서, 한국인이 자신을 정직하게 드러내기보다는 눈치를 살피고 체면을 중시하여 외적으로 명분에 집착하는 전통이 뿌리깊다고 하였다(동아일보사, 1991, p. 194).

이 밖에 이 두 가지 범주와 상호관련되어 한국인의 특성으로 지적되고 있는 것들로는 '신분서열중시'(김재은, 1987; 이부영, 1988; 차재호, 1988; 한상복, 1988; 박명석, 1993 등), '체면치레'(정한택, 1979; 윤태림, 1986; 이규태, 1991; 최상진, 유승엽, 1992; 최상진, 김기범, 2000), '은폐의식'(이규태, 1991), '눈치'(오세철, 1979; 최상진, 최연희, 1989; 최재석, 1989; 이규태, 1991 등), '의례성 핑계'(최상진, 임영식, 유승엽, 1991) 등을 찾아볼 수 있다.

위의 의례성 관련 개념에 대한 고찰을 통해 알 수 있듯이, 서로 다른 필자들이 위에 발췌된 개념들 중 비록 어느 특정한 한 가지 또는 두세 가지 개념을 선택적으로 다룬다는 점에서 외형적으로는 서로 다른 이야기를 하고 있는 것처럼 보이지만, 글의 맥락이나 그 이면의 의미를 살펴보면 이들 저자들의 견해가 공통적인 전제 위에서 출발한다는 점이다. 즉, 첫째 이들 개념들이 한국인의 의식구조적 특징이라는 점, 둘째 이러한 의식구조는 유교문화전통에서 기인했다는 점, 셋째 유교문화에서 예의중시, 신분서열 강조, 권위주의, 당위와 명분중시 의식이 강조되었다는 점, 넷째 여기서 한국인의 의식 속에 형식주의가 발달하게 되었으며 이러한 형식주의의 속성으로 본심, 실질과 괴리된 허식, 허례, 체면, 자기억제 및 은폐, 치레 등의 현상이 보편화되었으며, 다섯째 그 결과로 나타나는 것들이 표리부동, 이중성, 거짓말 등이라는 것이다.

한국인의 의례성 현상은 교호작용에 관여되는 한국인의 사회심리적 문법 또는 규칙이며, 이러한 현상을 사회심리학적 차원에서 규명하고 설명하는 데는 이들 기존 개념은 부적절하다. 다음에서는 그것이 왜, 어떻게 부적합한지를 논하고자 한다. 이를 위해 먼저 의례성에 대한 현상적 분석에 기초하여, 초벌형태의 개념화를 요약·제시하고 이를 준거로 이 문제를 거론하도록 하겠다.

먼저 의례성의 속성으로 전례성(전형성과 의례성)과 허식성을 들었으며, 의례적 언행의 형태로 전형적 의례성, 상대배려 의례성, 양방향성 이중심리 의례성을 제시하였다. 그리고 마음에 없는, 마음과 다른 언심불일치(言心不一致)의 허식성의 두 가지 형태를 들고, 다시 마음의 문제를 상념과 의도성의 두 차원에서 파악하였다. 즉, 상념이 없는(또는 다른) 언행과 의도성이 없는(또는 다른) 언행을 구분하여 마음의 문제를 두 차원에서 다루었다. 그리고 의도적(또는 동기적) 의례성을 상대 지향적 의례성과 자기 지향적 의례성으로 분류하여 조명해 보았다.

이러한 개념적 틀을 참조의 대상으로 하여 의례성 관련문헌에서 다룬 유관 개념들을 검토해 보자. 먼저 형식주의나 표리부동은 모두 외현화된 언행과 그 언행에 합치되는 상념 여부에만 중심 초점을 맞추어 언행에 일치하는 상념이 없을 때 이를 형식주의에서 나타난 표리부동으로 파악하고 있다. 그러나 이 글에서는 마음의 측면을 상념과 의도성(또는 동기)으로 구분하여 이 두 측면을 일반인심관(마음을 보는 관점)으로 파악하고 마음과 언행의 불일치 문제를 변별시켜 개념화하였다. 그리고 의례성이 유발되거나 의례적 행동을 하게 되는 동인은 기본적으로 상념보다는 의도성으로 파악하고, 그 의도성의 궁극적 목표는 상대의 욕구, 기대 및 심정을 충족시키는 상대 지향적 이타동기와 자신의 욕구를 의례성이라는 사회적으로 용인된 형식을 빌려 충족시키려는 자기 지향적 이기동기의 두 가지 형태로 파악하였다. 이러한 개념적 분석 틀에서 볼 때 형식주의와 표리부동은 모두 의례성의 동기-의도성 측면을 간과하고 있다는 점에서 의례성의 본

질과는 거리가 멀다.

또한 의례적 언행을 하는 당사자의 입장에서 그 의례적 언행을 동기적 측면과 결부시켜 볼 때, 그 언행은 다만 상대의 입장에서 그 의례적 언행을 자체에 대응하는 상념에 비추어 그 언행을 판단할 때 형식성 언행, 표리부동 언행 또는 거짓말이라는 해석이 가능하고, 기존의 연구자들은 바로 여기에 시각을 집중시키고 있다고 볼 수 있다. 일상생활에서 언어가 단순히 언어학적 의미전달의 차원을 넘어 화자의 의도성, 동기성 등이 중요하게 작용하며, 인간의 사회심리적 상호작용에서 의도성과 동기의 측면이 대화나 사회적 인지의 과정에 막강한 중요성과 불가피성을 갖는다는 것은 이미 부언이 불필요한 상식임을 감안한다면, 형식주의와 표리부동이라는 명명은 지극히 비사회심리적이며, 비언어심리적인 것이라고 해석된다. 이러한 논의가 시사하는 바를 확대시켜 보면, 형식주의와 표리부동이 부정적인 한국인의 특성으로 지적되고 있는 현실에서 이 문제는 재고를 요한다.

의례성과 관련된 형식주의와 표리부동은 의례성의 사회심리적 본질에 무지하거나 의례성 문법을 모르는 외국인과 한국의 일부 학자들이 상념과 언행만을 단순 비교하여 규정한 오류적 시각과 더불어, 한국인을 연구해 온 일부 일본인 학자들의 식민지 사관에서 발생한 한국인 비하심리에서 연유된 것이라고 볼 수 있다. 실제로 최근에 발간된 한국인 관련 문헌을 보면 상당수의 일본 학자들이 본 한국인의 특성은 표리부동과는 정반대의 특성인 솔직성을 들고 있다.

또한, 김용운(1986)은 표리가 다른 것은 오히려 한국인보다 일본인에게 더 높게 나타난다고 주장하고 있다. 즉, 일본인들은 혼네(本音, 본심)와 다테마에(建前, 남에게 듣기 좋은 말을 하는 것)를 철저히 구별하여 사용하며, 따라서 일본인은 겉 다르고 속 다른 면을 보인다고 지적하고 있다. 의례성의 문화권에 사는 한국인에게 의례성은 의례성이지 거짓이나 표리부동은 아니다.

다음으로는 형식주의나 표리부동이 의례성을 이해하는 데 관련은 되나 이 두 개념 또는 현상은 의례성 이외의 다른 여러 현상들, 예컨대 체면, 눈치, 핑계, 신분서열, 겸손, 양보 등과 같은 현상을 이해하고 설명하는 데 똑같이 관련된다고 하겠다. 따라서 의례성을 이 두 가지 개념으로 분석하게 되면 위에서 열거한 다른 개념들과의 혼돈을 유발하게 되고, 결과적으로 의례성의 개념화에 포괄성으로 인한 모호성을 증대시킬 수 있다는 점을 지적하고자 한다.

끝으로, 의례성은 성격이나 의식구조에 해당되는 개념이라기보다는 사회적 상호작용 상황에서 관여되고 기능하는 사회심리적 현상이며 사회적 상호작용 문법으로 간주한다면, 기존의 의식구조적 시각은 의례성을 파악하는 데 부적합한 접근이며 불충분한 이해라고 볼 수 있다. 따라서 의례성은 상호작용적 맥락에서의 의례성으로 개념화하여 연구할 필요성이 있으며 기존의 관련된 개념들은 의례성의 부연적 이해나 근원적 설명과 관련지어 원용하는 것이 타당하다고 사료된다.

◑ 의례성의 사회심리적 개념화

의례성의 정의

의례적 언행 또는 의례성이 어떤 성격을 띤 언행이며, 그것이 갖는 사회심리적 속성을 들추어내기 위해서는 그것이 어떤 상황에서 활성화 또는 작동되는가를 살펴보는 일이 필요하다. 앞에 실례로 제시된 의례적 언행들이 이루어지는 상황의 특징적 공통점을 하나 찾아본다면 사회−상황의 요구(social−situational requiredness)와 개인의 욕구(pesonal needs)가 불일치 된다는 점이다. 남상철 씨 어머니의 경우, 개인의 욕구는 회갑잔치를 받는 것이었다. 그러나 상황의 요구 측면에서 보면 회갑잔치를 할 때 자식인 남상철 씨에게 부담을 준다는 점과 회갑잔치를 부모 스스로가 자식에게 차려달라는 일은 사회적 예의규범에서 벗어난다는 점 등과 관련해서 회갑잔치를 거절하는 것이라고 볼 수 있다. 이러한 상황에서 남상철 씨 어머니는 갈등을 경험하였을 것이며, 이때 상황의 요구와 자신의 욕구를 불충분하지만 차선적으로 충족시키는 방법의 하나가 상황에 적합성을 갖는 의례적 언행이다.

여기서 상황에 적합성을 갖는다 함은 의례적 언행이 최소한의 의식성과 예의성을 갖추고 있을 뿐만 아니라, 상대의 욕구를 배려하고 이루어지는 언행이며, 의례성은 한국에서 어느 정도 문화적으로 용인된 상호작용 문법이기 때문이다. 한국의 전통적 문화관행에서는 의례적 언행을 비록 장려는 하지 않을지 모르나, 최소한 갈등상황에서 상황의 요구와 개인의 욕구를 동시에 충족시킬 수 있는 다른 대안이 없는 궁색한 상황에서 의례성은 용인된 문화관행의 하나로 수용되어 왔다. 이러한 의례성 유발의 상황을 전제로 의례성을 정의해 보기로 한다.

- 의례성이란:
  - 표면화된 언행에 상응하는 상념이나 신념이 모호, 결여, 또는 언행과 상치되는 상태에서,
  - 언행자가 상대방의 사태적 욕구, 기대, 또는 심정을 충족시키거나 이와는 반대로 언행자 자신의 욕구를 충족시키려는 동기상태 또는 의도성 발현 상황에서,

- 상대방과의 우호적 관계를 유지 또는 증진시키기 위한 수단으로,
- 전형성과 예의성을 띤 상념-언행 불합치 모호(결여, 또는 상치), 언행을 언행자가 작위하거나 상호작용 양방이 교호적으로 작위, 반작위하는 현상과 이에 관련되는 사회심리 상태를 지칭한다.

위의 정의는 의례성 언행의 작위자를 중심으로 한 의례성 정의라고 볼 수 있다. 그러나 의례성에는 항상 상대, 즉 수용자가 있어야 한다. 수용자의 입장에서 의례적 언행자가 기대하는 상대의 욕구 및 기대의 충족이 이루어지느냐의 문제는 또 다른 문제이기도 하다. 즉, 성공적 의례성이 있는가 하면 실패적 의례성도 있을 수 있다. 동일한 의례적 언행이 상대에 따라, 상황에 따라, 또는 동일한 상대에 있어서도 때에 따라 그 실효성이 달라질 수 있다. 똑같은 의례성 말도 가깝지 않은 상대에게는 긍정적으로 수용되는가 하면, 가까운 사람에게 의례성이 노출될 때 섭섭함을 유발할 수도 있다. 이러한 관계성과 개인차, 상황의 특수성 등을 고려한 의례성 수용의 문제는 앞으로 후속될 연구에 미루고, 다음에서는 작위된 의례성의 유형에 따른 수용자의 수용형태를 평면적 안내지도의 형태로 분석·제시해 보기로 한다.

의례적 언행자와 수용자의 의례성 관여 심리도식

여기서는 상호작용하는 양자관계에서 의례성에 관여되는 의례성 언행자의 상념, 동기, 언행의 형태에 따른 수용자의 대응적(corresponding) 수용태 및 이에 따른 의례성의 효과성과 더불어 수용자 쪽에서의 의례적 언행에 대한 의례성 인식문제를 의례성의 세 가지 유형에 따라 도식화해 보았다.

먼저, 앞에서 설명적 형태로 제시한 의례성의 유형을 정리된 개념화의 형태로 아래에 규정해 보기로 한다.

전형적 의례성

전형적 의례성은 '인사말 의례성'의 형태로 ① 사적인 관계에 있는 사람들이 조우된 장면에서, ② 특별히 발현된 상념이 모호 또는 결여된 상태에서, ③ 상황에 적합한 상대배려적 전례성 언행을 함으로써, ④ 상대에 대한 관심과 애정을 표현하고 상대와의 사적인 관계를 언행자가 인식하고 있다는 것을 상대에게 확인시켜 주는 의미에서 이루어지는 인사성 의례언행을 지칭한다.

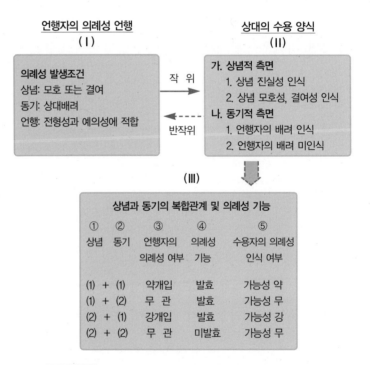

그림 9-1   전형적 의례성에서의 의례성 관여 심리도식

위의 도식에서 [III]의 의례성 여부(③)는 그 언행에 뒷받침하는 상념 여부와 관련된다. 즉, 상념이 모호하거나 결여된 상태에서 상대욕구 지향적 동기가 작용할 때 언행자 입장에서의 의례성이 성립한다. 한편 수용자 쪽에서의 의례성 기능(④)의 발효는 언행자의 의례성이 언행자가 기대한 효과가 발현됨을 뜻한다. 수용자의 의례성 인식은 수용자 쪽에서 언행자의 상념이 언행과 불합치하고 동시에 언행자의 동기성이 감지될 때 나타날 가능성이 커진다.

〈일상적 사례 제시〉

A 교수가 점심시간에 자기 학과의 학생 3명을 교문에서 우연히 마주쳤다. 이 때에 A 교수는 "너희들 밥 먹었니?"라고 학생들에게 물었다. 이 물음에 학생들은 밥을 먹지 않았는데도 "먹었다."라고 응답했다. 여기서 A 교수나 학생들은 모두 특별한 생각 없이 질문과 응답을 주고받았다.

상대배려 의례성

① 사적인 관계에 있는 사람들이 관계적 기대와 개인적 욕구 및 심정적 관여가 개입된 상황에서, ② 상대의 욕구와 상황적 요구에 상응하는 언행자의 상념이 모호, 결여 또는 상치되는 상태에서, ③ 상대의 욕구와 심정 및 상황적 요구를 충족시키려는 동기가 작용하여, ④ 상대의 욕구에 부응하는 전례성 언행을 의도적으로 해 보이는 것을 지칭한다.

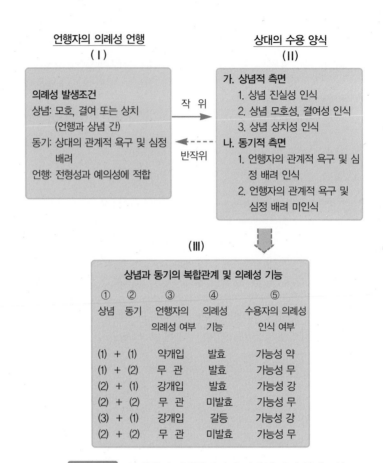

<table>
언행자의 의례성 언행 (Ⅰ)

의례성 발생조건
상념: 모호, 결여 또는 상치
　　　(언행과 상념 간)
동기: 상대의 관계적 욕구 및 심정
　　　배려
언행: 전형성과 예의성에 적합

작위 →
← 반작위 (점선)

상대의 수용 양식 (Ⅱ)

가. 상념적 측면
　1. 상념 진실성 인식
　2. 상념 모호성, 결여성 인식
　3. 상념 상치성 인식
나. 동기적 측면
　1. 언행자의 관계적 욕구 및 심
　　 정 배려 인식
　2. 언행자의 관계적 욕구 및
　　 심정 배려 미인식
</table>

(Ⅲ)

상념과 동기의 복합관계 및 의례성 기능

① 상념	② 동기	③ 언행자의 의례성 여부	④ 의례성 기능	⑤ 수용자의 의례성 인식 여부
(1) + (1)	약개입	발효	가능성 약
(1) + (2)	무 관	발효	가능성 무
(2) + (1)	강개입	발효	가능성 강
(2) + (2)	무 관	미발효	가능성 무
(3) + (1)	강개입	갈등	가능성 강
(2) + (2)	무 관	미발효	가능성 무

그림 9-2　상대배려 의례성에서의 의례성 관여 심리도식

〈일상적 사례 제시〉

대학입시를 치른 A 학생이 시험답안지에 답을 옮겨 적을 때 문항 번호를 하나씩 밀려 작성하였다고 말하면서 친구들 앞에서 크게 걱정하고 있다. 그는 한 문제씩 밀려 작성했다는 증거로 마지막 답을 기입할 난이 없다는 말까지 덧붙였다. 이 말을 들은 친구들은 A 학생에게 "절대로 잘못 옮겨 적지 않았을 것이다."라는 확신에 찬 말을 건넸다.

위의 도식에서 [II]의 가-3의 상치성 인식은 언행자의 언행이 언행자가 가지고 있는 상념과 상치되는 것으로 수용자가 인식하는 것을 말한다. [III]의 (3)+(1)은 앞의 전형적 의례성의 경우에 포함되지 않는 것으로 수용자 입장에서 미묘한 갈등을 유발시킬 수 있다. 한편으로 자신을 배려해 준다는 점에서 고맙고 다른 한편은 마음에도 없는 말을 한다는 점에서 가증스럽기도 하다.

양방향성 이중심리 의례성

① 사적인 관계에 있는 사람들이 관계적 기대와 개인적 욕구 및 심정적 관여가 개입된 상황에서, ② 상대의 욕구와 상황적 요구에 상응하는 언행자의 상념이 모호, 결여 또는 상치되는 상태에서, ③ 자신의 욕구를 충족시키려는 이기적 동기와 동시에 상대의 욕구와 심정 및 상황적 요구를 충족시키려는 이중적 동기가 관여된 상황에서, ④ 자신의 욕구를 억제(또는 배제)하고 상대의 요구에 부응하는 언행을 전례성의 형식을 빌려 해 보일 때 상대가 이를 예의성을 띤 의례적 언행으로 감지할 것을 기대하면서 의례적 언행을 하고, ⑤ 동시에 상대가 이를 의례성을 띤 의례적 언행으로 감지하여 똑같은 형태로 대응하는 양식의 의례성 교호작용을 양방향성 이중심리 의례성으로 규정할 수 있다.

〈일상적 사례 제시〉

전통혼례에서 혼례식이 끝난 후 신부집에 신행을 가게 된다. 이때에 신부측 사람들은 신랑을 매달아 방망이로 발바닥을 때리는 것이 풍습이었다. 여기서 신부 측 사람들이 신랑을 때릴 때 몹시 힘있게 때리는 시늉을 내면서도 실제로는 약하게 때리며, 신랑은 가볍게 맞으면서도 아픈 시늉을 한다. 신부측에서 신랑

을 때리는 이유는 신부를 데려가니 그만한 고통은 받아야 된다는 논리이고 신
랑의 고통을 크게 만들수록 가치가 그만큼 더 크다는 암시가 내포되어 있으며,
이러한 암시적 관계에 대해 신랑과 신부 측 사람들은 모두 잘 알고 있다.

[그림 9-3]에서 [II-1]의 심리-언어적 매개과정은 언행자의 의례적 언
행을 수용자가 의례성을 띤 언행으로 수용하도록 하는 언어-심리의 전례
적 방식으로 언행을 하는 것을 말한다. [IV]에서 [III]의 (2)+(1)과 (3)+(1)만
을 선택한 것은 그 두 가지 형태에서 수용자가 의례성을 인식하는 경우에
한해서만 이중심리의 의례성에 해당되며, 이에 대한 대응으로 똑같은 형
태의 이중심리 의례성에 해당되는 의례적 언행을 수용자가 언행자에게 되
돌려 반응할 때 양방향성 이중심리 의례성이 성립한다. 그 되돌림 반응이
[IV]와 [II]을 연계하는 화살표(→)로 표시하였다.

이 세 번째 형태의 의례성이 앞서의 첫째 및 둘째의 형태와 다른 점은
첫째, 둘째에서의 의례성은 언행의 의례적 성격을 감추는 형태의 의례적
언행이 주조를 이루나, 셋째 형태에서의 의례성은 유출시키는 것이 의례
적 행동의 본래 의도에 부합된다. 양방향성 이중심리 의례성의 단순화된
형태는 일방향성 이중심리 의례성이며, 앞서의 남상철 씨 어머니의 회갑
잔치 의례적 거부언행이 이에 해당된다. 김소월의 시 '진달래꽃'에서 "나
보기가 역겨워 가실 때에는 말없이 고이 보내 드리오리다"라는 시구는 자
신의 본 마음을 이성관계에서의 예의적 신사도에 실려 반어적으로 애인이
떠나는 데 대한 자신의 의례적 승인을 표현한 것이라 해석할 수 있다.

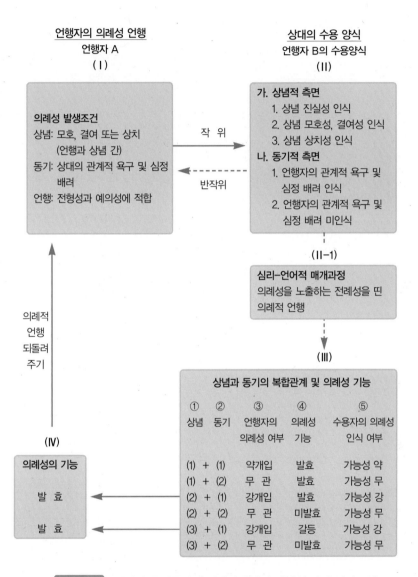

언행자의 의례성 언행
언행자 A
(Ⅰ)

의례성 발생조건
상념: 모호, 결여 또는 상치
　　　(언행과 상념 간)
동기: 상대의 관계적 욕구 및 심정
　　　배려
언행: 전형성과 예의성에 적합

작　위 →

← ⤎ 반작위

상대의 수용 양식
언행자 B의 수용양식
(Ⅱ)

가. 상념적 측면
　1. 상념 진실성 인식
　2. 상념 모호성, 결여성 인식
　3. 상념 상치성 인식
나. 동기적 측면
　1. 언행자의 관계적 욕구 및
　　심정 배려 인식
　2. 언행자의 관계적 욕구 및
　　심정 배려 미인식

(Ⅱ-1)

심리-언어적 매개과정
의례성을 노출하는 전례성을 띤
의례적 언행

(Ⅲ)

의례적
언행
되돌려
주기

(Ⅳ)

의례성의 기능

발　효

발　효

상념과 동기의 복합관계 및 의례성 기능

① 상념	② 동기	③ 언행자의 의례성 여부	④ 의례성 기능	⑤ 수용자의 의례성 인식 여부
(1) + (1)	약개입	발효	가능성 약
(1) + (2)	무 관	발효	가능성 무
(2) + (1)	강개입	발효	가능성 강
(2) + (2)	무 관	미발효	가능성 무
(3) + (1)	강개입	갈등	가능성 강
(3) + (2)	무 관	미발효	가능성 무

그림 9-3 양방향성 이중심리 의례성에서의 의례성 관여 심리도식

부자유친 성정
(父子有親性情)

근래에 들어 한국의 부모들은 물론 교육학, 심리학, 정신의학 분야의 사회과학자들은 부모의 자녀에 대한 영향력이 과거에 비해 현격히 떨어짐을 우려하고 이에 대한 대책이 수립되어야 한다며 통감하고 있다. 그러나 이 문제와 관련하여 아직 설득력 있는 대안이 제시되지 않은 상태에서 대부분의 학자나 연구자들은 자신들의 주장을 전개하는 과정에서 서구의 연구 결과를 원하든 원하지 않든 할 수 없이 전거(典據)로 활용하고 있는 것이 우리의 현실이다.

교육학, 발달심리학, 가족관계학, 상담학 등에서 발간된 아동이나 청소년관계 논문들을 일별해 보면, 거의 대부분이 이론이나 가설 또는 시각의 틀을 서구의 문헌이나 연구물에서 직접 차용하거나 또는 우회적으로 원용하고 있으며, 그 증거는 연구물의 참고문헌을 보면 쉽게 알 수 있다. 원래 학술적 논문에는 참고문헌이 있어야 하고 한국의 연구자료가 축적되지 않은 현실에서 외국문헌의 인용은 어쩔 수 없는 현실이라는 점에서 일면 수

궁이 간다. 그러나 보다 중요한 사실은 서구에서 검증된 이론이란 믿음 때문에 서구의 이론을 한국의 가정에, 한국의 부모-자녀관계에, 한국의 자녀양육방식의 문제에, 그대로 적용하는 데서 오는 출발점 오류를 범할 수 있다는 점이다.

우리는 그동안 미국의 'Father'와 한국의 '아버지'가 같지 않으며, 영어의 'Son'과 우리말의 '자식'이 갖는 의미가 문화적으로는 물론 부모 및 자식에게 전혀 다르게 상징되고, 의미화되며, 규정된다는 것을 일상생활에서 다반사처럼 말해 오면서, 실제로 연구를 하거나 논문을 작성할 때 이러한 사실은 전혀 반영되지 않은 것이 꾸밈없는 현실이다.

그동안 필자는 한국의 부모가 서양의 부모에 비해 자식에 대한 영향력이 크며, 동시에 한국의 부모-자녀관계가 서구의 그것보다 더욱 친밀하고 결속력이 강함을 주변의 일상적 관찰을 통해 느낄 수 있었다. 우리는 매스컴에서 인질범 사건을 종종 접한다. 그때마다 한 가지 공통적으로 흥미로운 관찰은 인질범을 설득시키기 위해 부모님 특히 어머니를 동원한다는 점이다. 이때 어머니는 "이 에미를 생각해서라도 자수하거라. 니 심정은 에미가 잘 안다."라고 말하며 심정에 호소한다. 여기서 어머니는 자신의 마음 아픈 심정을 무기로 사용하여 자식을 설득하려는 것인데, 이것이 서양에서 경찰의 힘에 호소하여 자수시키려는 방법과 대조를 이룬다. 정에 약하고 힘이 없는 어머니가 총을 든 경찰보다 설득력이 더 크다는 점은 필자를 비롯한 우리 연구자들의 관심을 끌기에 충분하다.

또 하나의 일관성 있게 나타나는 현상은 운동선수 특히 권투선수들이 시합에서 이겼을 때 감격의 눈물을 흘리며 어머니나 아버지를 찾는 현상이다. 이러한 행동은 외현적으로 그동안 자식을 위해 고생한 부모님에게 보답한다는 고마움의 표현이 가장 큰 동기로 나타나 보이나, 보다 심층적이며 심리적인 동기는 자신의 즐거움을 부모와 함께 나누려는 것임을 추론해 볼 수 있다. 이러한 현상은 부모의 기쁨이 곧 나의 기쁨이라는 '부모-자식 기쁨 동일체감'을 진하게 암시하고 있다.

이와 같은 맥락에서 한국 부모의 자녀 동반자살을 이해할 수 있다. 한국에서는 부모들이 자신이 자식을 돌볼 능력이 없거나, 자신의 뜻과는 무관하게 외부적 조건에 의해 자식이 불행해질 상황에 봉착할 때 자식 동반자살을 하는 경우가 외국에 비해 많다는 것은 여러 학자들의 연구에서 이미 잘 나타나 이러한 동반자살은 앞의 해석에서와 마찬가지로 '부모-자식 불행 동일체감'에서 연유된 행위현상이라고 해석해 볼 수 있다.

한국의 부모들이 자식의 성공을 자신의 성공으로 느끼는 현상을 서구의 개인주의적 시각에서 부모의 대리만족이라고 해석하는 사례를 우리는 주변에서 쉽게 목격할 수 있다. 그러나 부모-자녀 기쁨 일체감의 시각에서 보면 이는 대리만족이 아니라 자기 자신의 만족이라는 해석이 가능하다. 대리만족이라 함은 부모와 자식이 서로 독립된 개체 또는 인격체라는 가정이 전제될 때 붙여질 수 있는 해석이나, 부모와 자녀가 남이나 독립된 개체가 아닌 동일체 관계라면 이는 잘못된 해석이라고 볼 수 있다.

한국의 부모-자녀관계가 외국의 그것과 어떻게 다르며, 그 특징은 어떠한가를 보여 주는 연구결과들을 아래에 소개하고 검토해 보기로 한다. 한국갤럽조사연구소에서 발간된 국제비교 여론조사 시리즈물(한국의 아동과 어머니, 한국인의 가정생활과 자녀교육, 한국 청소년의 의식구조)에서 한국의 부모-자녀관계와 관련된 조사결과들을 발췌한 내용을 보면 다음과 같다.

첫째, 범인 부모의 자살에 대한 태도 문항에서, 세상을 놀라게 한 큰 범죄를 저지른 범인의 부모가 죄를 고민하여 자살했을 때, "부모의 죽고 싶은 심정을 이해할 수 있을 것 같다."고 응답한 한국의 청소년이 71.6%로 높게 나타났다(한국갤럽조사연구소, 1980, p. 36).

둘째, 자녀가 진 부채의 변제 문항에서, "성인이 된 자녀가 진 부채에 대하여 부모가 어느 정도까지 변제의무를 져야 하느냐?'의 질문에 대한 응답에서 "부모가 모두 갚아주어야 한다."는 응답에 한국의 부모는 가장 높은 반응률(50.8%)을 보여 영국(32.2%), 일본(30.3%), 서독(23.7%), 프랑스(15%), 그리고 미국(23.7%)의 반응률을 크게 초과하고 있다(한국갤럽조사연구소, 1983, p. 65).

셋째, 자녀를 기르는 의미를 묻는 문항에서, "자녀를 낳고 키우는 것은 어떤 뜻이 있다고 생각합니까?'라는 질문에서 "나의 소망을 추구해 줄 후계자를 갖고 싶다."는 응답항목에 한국의 부모는 가장 높은 반응률(32.1%)을 보였으며, "가문의 대를 잇게 하기 위해"의 응답항목에도 가장 높은 68.2%의 반응률을 보였다(한국갤럽조사연구소, 1983, p. 139).

넷째, 가족의 이미지를 묻는 질문항목에서, "가족이란 말을 들었을 때 무엇이 생각나십니까?'를 묻는 질문에 "같은 피로 맺어진 사람들의 모임"이라는 응답에 가장 높은 반응률(48.4%)을 보였으며, 이는 일본(34.3%), 서독(19.5%), 프랑스(15.3%), 그리고 미국(9.4%)에 비해 월등히 높은 반응률이다(한국갤럽조사연구소, p. 147).

다섯째, 한국의 어머니가 자식을 키우는 의미를 묻는 문항에서 부모 자신이나 가문의 연장이 비교 6개국(한국, 일본, 태국, 미국, 프랑스, 영국) 중 가장 높은 응답률(가문 존속-48.3%, 자기의 꿈-43.2%, 자기의 생명-34%)을 보였다(한국갤럽조사연구소, p. 136).

여섯째, 부부와 자식의 우선순위를 묻는 질문에서, "사람들은 부부가 이혼을 하고 싶어도 자녀의 장래를 생각해서는 그냥 같이 사는 것이 좋다고 합니다. 어머님께서는 이 의견에 찬성하십니까?'를 묻는 질문에서 91.6%가 이에 동의하여 가장 높은 찬성률을 보였으며, 이는 프랑스 51.3%, 미국 30.4%, 영국 21.8%에 비해 월등히 높은 찬성률이다(한국갤럽조사연구소, pp. 142-143).

일곱째, 부모와 자녀의 인간관계 형태를 묻는 질문에서, 수직적 인간관계를 뜻하는 "부모에 대한 복종" 항목에서 한국의 아동은 83.6%가 반응하여 비교 6개국 중 가장 높은 반응률을 보였다(한국갤럽조사연구소, pp. 93-94).

여덟째, 아동의 자신감의 원천을 묻는 문항에서, "부모님은 나에 대한 기대가 크다."라는 항목에서 한국의 아동은 86.5%의 반응률을 보였으며, 이는 비교 6개국 중 가장 높은 반응률이었다. 한편 미국 아동은 "마음만 먹으면 나는 어떤 일이든지 해낼 수 있다."의 항목에서 가장 높은 반응률(90%)을 보였다(한국갤럽조사연구소, pp. 58-59).

또한 청소년 대화의 광장에서 전국 표집 청소년 1621명을 대상으로 실시한 설문조사를 보면, 성적 하락 중고생들이 가장 우려하고 있는 것은 "부모의 실망이 가장 두렵다."로 나타났다(동아일보, 1994. 9. 7.). 이러한 조사결과에서 암시하는 것은 한국의 부모나 자녀는 부모-자식관계를 '부모-자식 하나'로 지각하는 경향이 두드러지며 따라서 자식이 부모의 고통을, 부모가 자식의 고통을 자신의 고통처럼 경험하는 성향이 높다는 점이다.

서양에서는 자식의 부모에 대한 호감이나 존경의 극치를 동일시(identification)로 보고 있으나 한국에서는 동일시보다 동일체(oneness)로 보는 것이 보다 적합하다고 생각된다. 필자의 동료 부인이 자식과의 언쟁 끝에 자식에게 한 말을 인용해 보면 "애야! 부모자식 간에 이기고 지는 것이 어디 있느냐." 이 말 속에는 부모자식 간은 구분되지 않는 것이라는 절절한 부모자식 간의 정과 더불어 부모자식 동일체 의식이 깃들어 있다.

재소 한국인 작가 아나톨리 김은 언젠가 한국 신문에서 한국의 할머니가 손자에게 '용하다'라는 말을 화두로 하여 글을 쓴 적이 있다. 이 '용하다'라는 말 속에는 불쌍하고 측은하고 대견스럽고 장하다는 한국인의 자식에 대한 깊은 정이 진하게 녹아 있다. 우리는 흔히 부모님에 대해 미안하고 죄송하고 측은하게 느낀다는 말을 하며, 잘못을 했을 때 또는 초라하게 되었을 때 '부모님 뵐 낯이 없다.'고 말한다. 한편 부모님들도 자식에 대해 불쌍하고 측은하고 대견스럽게 생각하며 자식이 성공했을 때 잘 해주지도 못했는데 큰 일을 해서 장하고 고맙다.'고 말한다. 이 양자가 서로에 대해 느끼는 감정은 연민의 감정이 크다는 점에서 유사하며, 서로가 상대에 대해 미안하고 고맙게 생각한다는 점이다.

이러한 감정은 서구의 'sympathy'나 'empathy'와 근본적으로 다른 한국적인 감정으로 동일체 관계에서 느낄 수 있는 독특한 한국적 감정이다. 여기에서는 이러한 감정의 심리적 특성과 구조를 밝히는 데 일차적 목적을 두었다. 특히 이러한 감정은 한국의 유교문화적 전통과 밀접히 관련되어 있거나 이에서 연유된 감정일 수 있다는 가정에서 '부자유친 성정'이라고 잠정적으로 명명해 보았다. 만일 이러한 부자유친 성정이 희로애락 일체감과 동일체 의식을 강하게 내재하고 있다면, 부자유친 성정이 부모의 자녀에 대한 영향력의 강력한 원천이 될 수 있음을 추론할 수 있다.

따라서 이러한 가정에서 이차적 연구목적은 부자유친 성정의 정도에 따라 부모의 영향력이 어떻게 달라질 수 있는가를 검토해 보는 데 두었다. 부자유친 성정은 자식이 부모에 대해서 느끼는 감정과 부모가 자식에 대해서 느끼는 감정을 자녀의 지각을 통해 알아보았으며, 부모의 영향력은 부모와 자식 간에 의견이나 욕구의 대립에서 기인할 수 있는 갈등상황을 제시하고 여기서 자신의 의견과 부모의 의견 중 어떤 의견을 따르겠는가를 질문지를 통해 측정하였다. 질문의 응답자는 서울에 거주하는 중학생 103명, 고등학생 105명, 대학생 114명의 남녀학생 총 322명이었다.

◐ 부자유친 성정에 대한 메타분석

　이 장 앞부분에서 언급된 바와 같이 본 연구는 한국의 부모-자녀관계에서 부자유친 성정이 자녀의 응종에 미치는 영향을 검증하는 데 목적을 두었다. 그동안 미국을 비롯한 서구에서 부모의 자녀에 대한 영향력은 통제(Control), 지배(Dominance), 힘(Power) 등과 관련하여 개념화하고 측정화(operationalization)해 왔으며, 이러한 개념들은 부모-자녀관계를 포함하는 일반적 대인관계 상황에서 보편적으로 사용되어 온 것들이다. 즉, 이들 서구의 연구자들은 일반적 영향력의 모델을 부모-자녀관계에 차입시켜 후자의 상황에서 활용하였다(Simon, Stierlin & Wynne, 1985).

　부모-자녀관계가 사회의 보편적 인간관계 윤리와 특별히 구별되어 있지 않고, 합리성과 평등성을 근간으로 한 서구의 개인주의가 가정에서의 부자관계 규범으로 확대된 서구에서 일반사회에서의 영향력 이론을 가족관계에 원용하는 것은 그리 큰 무리가 없을 것으로 사료된다(Simon et al., 1985).

　그러나 서양에서와는 달리 한국의 가족관계, 특히 부자관계는 사회의 일반적 인간관계 윤리와는 다르며, 차별화되는 특수성을 강하게 내포하고 있다. 한국에서의 친밀대인관계, 즉 부자, 군신, 부부와 같이 자신과 특별한 연고관계가 있는 사람들 간의 대인관계 윤리는 일반인들과의 대인관계 윤리와 질적으로 다르며, 특히 한국의 부자관계는 효(孝)와 자(慈)라는 전통적 유교규범에 의해 강하게 영향 받고 있다고 하겠다. 이러한 규범을 바탕으로 혈육지정, 보은, 인간의 도리 등을 내포적 속성으로 한 부자지간 유친관계는 서구의 개인주의적 평등윤리 인간관계와 현격한 차이를 가지고 있다고 볼 수 있다(박명석, 1993).

이처럼 부자 간의 관계가 질과 내용 면에서 다르다고 가정한다면, 부모가 자녀에게 영향력을 행사할 때 사용하거나 작용하는 영향력의 원천과 영향력을 미치는 방식이 다를 것이라는 추론이 가능하다. 서양에서는 일반적으로 부모의 영향력의 원천을 부모로부터 발하는 힘으로 보고(Haley, 1976), 상벌을 얼마나 부모가 행사하고 통제할 수 있느냐의 관점에서 힘의 일차적 원천을 파악하고 있다(French & Raven, 1959). 힘의 원천과 관련하여 가장 보편적으로 원용되는 French와 Raven(1959)의 모형에서 5개의 원천요소 중 세 가지, 즉 보상성 힘, 강요성 힘, 정보성 힘은 공히 상대의 이해관계를 통제하는 힘과 관련된 요소이며, 합법성 힘도 통제와 관련된 관계성 인식요소를 함축하고 있다는 점에서 위의 세 요소와 유사성을 갖는다. 다만 준거성 힘은 상대에 대한 존경을 내재적 속성으로 하여 준거가 이루어진다는 점에서 힘의 요소보다는 인격성에 대한 존경과 동일시를 바탕으로 한 영향력 요소라고 볼 수 있다. 이러한 French와 Raven의 모형 이외에 통제력과 관련된 기타의 이론들도 공히 힘의 행사여부를 바탕으로 영향력이나 힘을 규정하는 시각에서 출발하고 있다.

이처럼 부모의 영향력을 힘으로 규정하는 서양의 관점이 한국의 부모 영향력에 왜 적합하지 않은가는 한국의 부모−자녀관계를 검토해 보면 역으로 그 설명이 가능할 것이다. 앞서 언급된 바와 같이 한국의 자녀들은 부모에 대해 항상 미안감, 측은감, 고마움 등과 같은 측은지정을 부지불식간에 거의 무의식 또는 습관적으로 가지고 있고 또 표현하고 있으며, 부모들도 자식에게 똑같은 측은지정을 가지고 있다.

그러나 서양의 자녀나 부모들은 서로에 대해 이러한 감정을 한국처럼 진하게 느끼고 있다고 보기 어렵다. 오히려 서양의 부모들은 자식에 대해 자랑스럽게 느낄 수 있어도 불쌍하다는 생각은 별로 느끼지 않는다. 또한 서양의 자녀들은 한국의 자녀들처럼 부모에 대해 미안함이나 송구스러움을 느끼지 않는다. 또한 서론에서 이미 조사결과를 통해 지적한 바와 같이 한국의 부모-자녀관계는 서구의 개별적, 독립적 관계와는 달리 부모자식 동일체감을 바탕으로 하고 있으며, 이러한 관계에서 부모의 기쁨과 고통은 곧 자녀의 기쁨과 고통이며 그 반대방향도 똑같다.

바로 이러한 한국의 측은지정과 감정공동체 부자관계가 한국 부모의 자녀에 대한 영향력의 원천이라는 관점이 본 연구의 시각이다. 상대의 아픔이 나의 아픔으로, 상대의 기쁨이 나의 기쁨으로 경험될 때, 상대는 나의 아픔을 주는 행위를 피하거나 억제할 것이며, 나의 기쁨을 증대시키려는 행위경향성이 클 것이라는 것은 명제가 성립할 수 있다. 흔히 한국의 부모들은 자식을 손가락에 비유하여 자식이 불행이나 고통을 겪을 때 자신의 손가락이 다쳐서 느끼는 고통으로 은유한다. 이는 부모자식 동일체 의식을 암시하는 말이다.

한국의 부모가 자식을 위해 자신을 희생하고 인고를 감내한다는 일화적 사례나 일상적 관찰을 열거하는 일은 이미 여러 사람들에 의해 이루어졌으므로 여기서는 더 이상 언급을 피한다. 즉 여기서 시사하는 바는 서양의 부모가 힘을 원천으로 영향력을 발휘한다면, 한국의 부모는 자식을 위한 희생과 인고를 통해 자식을 감정동일체화시키는 자녀의 심정통제를 통해 영향력을 구사한다. 즉, 한국의 부모는 자식에 대한 정이라는 여린 마음을 통해 자식을 부모에 대해 심정적으로 여리게 만들어 결과적으로 부모에 대한 응종을 유발한다고 볼 수 있다.

먼저 부모-자녀 간의 부자유친 성정이 형성되는 심리적 과정을 도식의 형태로 모델화해 보면 [그림 10-1]과 같다.

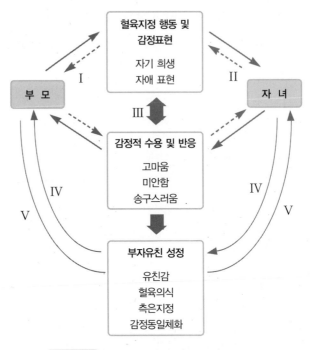

그림10-1   부자유친 성정 형성과정 심리도식

위의 그림에서 [I](→실선의 화살표 방향)은 부모가 자녀에게 표현하는 감정과 행동의 방향성을 나타내며, [II](→점선의 화살표 방향)는 자녀가 부모의 행동에 대해 느끼는 감정적 피드백의 방향성을 나타낸다. [III]은 부자 관계에서 한쪽의 행동이 상대의 감정으로 전환되거나, 다시 한쪽의 감정이 상대에 대한 행동으로 호환적으로 전환될 수 있음을 말한다. [IV]는 부자 간에 감정과 행동이 교환되고 이 과정에서 상대에 대한 감정반응이 호환될 때 결과적으로 부모와 자식의 심리 속에 부자유친 성정이 내재화됨을 말한다. [V]는 내재화된 부자유친 성정이 각각 부모와 자식에게 피드백되어 부자 간의 행동 및 감정표현과 이에 대한 감정반응을 미치는 것을 지칭한다.

지금까지 앞에서의 논의와 [그림 10-1]에 나타난 내용을 중심으로 부자유친 성정을 다음과 같이 정의해 볼 수 있겠다. 이 글에서 뜻하는 부자유친 성정은 한국의 문화권에서 부모와 자식 간의 자애(慈愛)와 효(孝)를 바탕으로 한 감정·의식 동일체적 친애관계로, 이러한 동일체적 관계는 유친, 혈육의식, 측은지정, 감정동일체화 등과 같은 부자관계 특유의 성정을 바탕으로 한 심정심리적 상호작용을 통해 존양(存養)된다고 볼 수 있다.

이러한 혈육지정의 심정적 상호작용은 초기에는 부모로부터 시발되나, 자녀성장 및 사회화의 과정에서 자녀의 부모에 대한 지향성 성정으로 내면화되고, 일정한 시기에 이르면 이러한 성정은 부자 간에 호환적으로 교환되고 증장(增長) 보강(補强)된다. 이 과정에서 자녀는 부모에 대해 단순한 친밀감의 차원을 넘어 고마움, 송구스러움, 안타까움 등을 느끼며 동시에 여기서 보은의식(報恩意識)을 갖게 되고, 부모는 자녀에 대해 측은지정(惻隱之情)과 더불어 혈육의식을 느끼게 된다.

위의 부자유친 성정이 자녀에 대한 부모의 영향력으로 전환하는 과정을 도식화해 보면 [그림 10-2]와 같다.

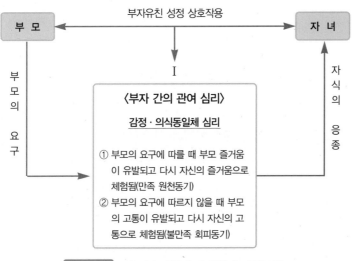

[그림 10-2] **부모의 영향력 매개심리 과정도식**

[그림 10-2]에서 [I]은 부자유친 성정 상호작용을 통해서 부모와 자식의 내재화된 심리일 뿐 아니라 상호작용에 실제적 또는 기대적으로 관여되는 감정의 식적 관여심리를 응종과 비응종의 상황에서 나타내고 있다. ①은 응종에 따른 만족을 원천으로 한 응종동기이며, ②는 비응종에 따른 불만족을 회피하기 위한 동기가 원천으로 작용한 응종동기를 나타낸다.

부모가 자식에게 응종을 요구할 경우 위에 기술된 응종동기에 직접 호소할 수도 있으며(예컨대, "애야, 네가 공부 안 하면 엄마는 불행해서 못 산다." 또는 "네가 공부 잘하면 엄마는 춤을 추겠다."), 또는 이러한 응종동기에 직접적 호소를 하지 않더라도 자녀 쪽에서 이러한 응종동기가 부모의 요구를 심리내적으로 처리하는 과정에서 관여될 수도 있다. 위에서는 그 방향을 부모로부터 자녀에게로 설정하였으나, 그 반대의 방향도 똑같은 매개과정을 통해 성립할 수도 있다.

🌑 부자유친 성정에 대한 경험적 분석

부자유친 성정의 요인구조

대학생의 경우

부모에 대한 자녀의 마음: 주요인법을 사용하여 요인을 추출해 본 결과 고유가가 1이상인 요인의 수는 6개로 나타났다. 이 6개의 요인들이 성명하는 변량은 전체적으로 65.1%이며, 각 요인별 설명변량은 제1요인 33.7%, 제2요인 9.1%, 제3요인 7.5%, 제4요인 6.0%, 제5요인 4.5%, 그리고 제6요인 4.3%이다.

이 요인들을 가지고 직교회전법(Varimax)을 이용하여 요인축을 회전해서 요인구조표(structure matrix)를 구하였다. 단순구조(simple structure)의 준거(Kim & Mueller, 1978; Crocker & Algina, 1986)를 이용하여, 요인부하량의 절대값이 0.3 이상이면서 다른 요인에 중복되어 0.3 이상의 요인부하량을 갖지 않는 문항만을 추출하였다. 그 결과 얻어진 각 요인별 문항과 요인부하량이 〈표 10-1〉에 제시되어 있다.

자녀에 대한 부모의 마음: 주요인법의 사용 결과 고유가가 1 이상인 요인의 수는 12개로 나타났으며 이들 요인이 설명하는 총 변량은 71.7%였다. 문항수에 비해 요인의 수가 너무 많다고 판단되어 스크리도표를 검토해 본 결과 제5요인만 회전하기로 결정하였다. 첫 5요인이 설명하는 전체변량은 52.7%이며, 각 요인별 설명변량은 제1요인 29.4%, 제2요인 9.1%, 제3요인 5.4%, 제4요인 4.6%, 그리고 제5요인 4.1%로 나타났다.

이 요인들을 가지고 직교회전법을 이용하여 구해진 요인구조표에서 단순구조의 준거에 따라 추출된 요인별 문항과 요인부하량이 〈표 10-2〉에 제시되어 있다.

표 10-1 '부모에 대한 자녀의 마음' 의 요인별 문항과 부하량(대학생 집단)

문 항	요인 1	요인 2	요인 3	요인 4	요인 5
나는 우리 부모님을 사랑한다.	.78				
나는 우리 부모님이 자랑스럽다.	.75				
나는 우리 부모님을 존경한다.	.74				
나는 우리 부모님에게 신뢰감을 느낀다.	.71				
나는 우리 부모님이 든든하게 여겨진다.	.67				
나는 우리 부모님께 잘 해드려야겠다고 느낀다.	.57				
나는 우리 부모님이 좋다.	.57				
나는 우리 부모님이 한심하게 여겨진다.		.80			
나는 우리 부모님이 원망스럽다.		.76			

나는 우리 부모님이 밉다.	.73			
나는 우리 부모님이 무식하다고 느낀다.	.68			
나는 우리 부모님이 이기적이라고 느낀다.	.62			
나는 우리 부모님이 가깝게 느껴진다.		.70		
나는 우리 부모님의 자상함을 느낀다.		.59		
나는 우리 부모님을 생각하면 마음이 아프다.			.82	
나는 우리 부모님을 생각하면 안타깝고 불쌍하다.			.78	
나는 우리 부모님을 생각하면 죄송하게 느낀다.			.62	
나는 우리 부모님을 생각하면 무섭다.				.84
나는 우리 부모님을 생각하면 두렵다.				.77

표 10-2 '자녀에 대한 부모의 마음'의 요인별 문항과 부하량(대학생 집단)

문 항	요인 1	요인 2	요인 3	요인 4	요인 5
나 때문에 우리 부모님은 행복하게 느끼신다.	.71				
우리 부모님은 나에게서 든든함을 느끼신다.	.70				
우리 부모님은 나를 믿는다.	.69				
우리 부모님은 나에 대해 기대가 크시다.	.58				
우리 부모님은 나에 대해 깊은 정을 느끼신다.	.51				
나 때문에 우리 부모님은 고생을 참고 견디신다.	.41				
우리 부모님은 나를 싫어하신다.		.83			
우리 부모님은 나를 원망하신다.		.80			
우리 부모님은 나를 무시하신다.		.66			
우리 부모님은 나를 미워하신다.		.66			
우리 부모님은 내가 괘씸하다고 여기신다.		.60			
우리 부모님은 나를 못마땅해 하신다.		.49			
우리 부모님은 나의 성공을 자신의 성공으로 생각하신다.		.80			
우리 부모님은 자신의 분신으로 생각하신다.			.76		
우리 부모님은 나를 위해 희생하신다.			.58		
나 때문에 우리 부모님은 하고 싶은 것을 못하신다.				.87	
나 때문에 우리 부모님은 경제적으로 쪼들리신다.				.80	
나 때문에 우리 부모님은 시간을 빼앗기신다.				.60	
우리 부모님은 내게 부담을 느끼신다.				.73	
나 때문에 우리 부모님은 괴로워하신다.					.66
우리 부모님은 내게 실망하신다.					.54

각 요인에 포함되는 문항들의 내용을 중심으로 해석하여 각 요인의 성격을 규정하고 명칭을 부여한 결과 '부모에 대한 자녀의 마음'과 '자녀에 대한 부모의 마음'의 요인들 간에 놀라울 만큼의 유사성을 발견하였다. 즉, 제1요인은 양쪽 모두 '유친(감)'으로 대표될 수 있으며, 제2요인은 양쪽 모두 '불신(감)'으로 대표될 수 있다. 나머지 세 요인들은 겉으로 보기에는 서로 다른 내용 같지만 심리내적인 구조를 보면 같은 내용의 양 측면임을 알 수 있다. 즉, 제3요인은 자녀의 마음에서는 '보호의식'으로 규정되며 부모의 마음에서는 '혈육의식'으로 해석될 수 있는바, 부모가 자식을 자기 분신으로 여기고 있다는 것을 자녀가 자각하게 되면 부모 가까이에서 안온하게 보호받고 있다는 느낌을 받을 것이기 때문이다. 제4요인은 자녀마음에서는 '측은감'으로, 부모마음에서는 '희생'으로 규정된다. 이 역시 부모의 희생을 보는 자녀의 마음은 부모에 대한 측은지심으로 우러날 것이라는 점에서 동일요인이라고 볼 수 있다. 제5요인은 자녀마음에서는 '부담감'으로, 부모마음에서는 '근심'으로 규정된다. 마찬가지로 부모의 자녀에 대한 근심 걱정은 자녀의 입장에서는 부모에 대한 부담이 될 수 있다는 점에서 같은 내용이라고 하겠다.

〈표 10-3〉에 자녀의 마음과 부모의 마음의 요인들의 명칭이 정리되어 있다.

표 10-3 ▶ **부자유친 성정의 요인별 명칭(대학생 집단)**

	요인 1	요인 2	요인 3	요인 4	요인 5
부모에 대한 자녀의 마음	유친	불신	보호의식	측은감	부담감
자녀에 대한 부모의 마음	유친	불신	혈육의식	희생	근심

고등학생의 경우

부모에 대한 자녀의 마음: 주요인법을 사용하여 추출된 고유가가 1 이상인 요인의 수는 5개로 나타났다. 이 요인들이 설명하는 전체변량은 67.0%이며, 각 요인별 설명변량은 제1요인 42.7%, 제2요인 9.4%, 제3요인 6.7%, 제4요인 4.7%, 그리고 제5요인 3.5%이다. 직교회전법과 단순구조준거에 의해 선정된 요인별 문항과 부하량이 〈표 10-4〉에 제시되어 있다.

고등학생의 경우 나타난 자녀마음의 요인들은 대학생의 경우와 상당한 유사점을 보이고 있다. 즉, 제1요인이 구체적 문항에서는 약간의 차이가 있으나 이 역시 '유친'으로 규정될 수 있으며, 제2요인은 대학생 경우의 제5요인과 동일한 문항으로 구성되어 있어 '부담감'으로 동일하게 명명하였다. 제3요인도 부담감의 일종으로 보이는데 제2요인이 무섭고 어려운 부담이라면 3요인은 서로 다르다는 인식에 대한 '거북함'으로 규정될 수 있겠다. 제4요인은 대학생의 4요인과 유사한 문항구조를 보이므로 '측은감'으로 동일하게 명명하였다. 제5요인은 오직 한 문항만 포함되었는데 대학생의 2요인(불신)에 포함된 문항이었다.

표 10-4 ▶ '부모에 대한 자녀의 마음'의 요인별 문항과 부하량(고등학생 집단)

문 항	요인 1	요인 2	요인 3	요인 4	요인 5
나는 우리 부모님이 자랑스럽다.	.82				
나는 우리 부모님에게 따뜻한 정을 느낀다.	.81				
나는 우리 부모님을 존경한다.	.78				
나는 우리 부모님이 든든하게 여겨진다.	.77				
나는 우리 부모님에게 신뢰감을 느낀다.	.65				
나는 우리 부모님이 가깝게 느껴진다.	.56				
나는 우리 부모님이 두렵다.		.78			
나는 우리 부모님이 무섭다.		.69			
나는 우리 부모님이 부담스럽다.			.82		

문 항				
나는 우리 부모님과 세대차이를 느낀다.		.70		
나는 우리 부모님이 안타깝고 불쌍하다.			.85	
나는 우리 부모님을 생각하면 마음이 아프다.			.84	
나는 우리 부모님이 측은하게 여겨진다.			.73	
나는 우리 부모님이 부도덕하다고 느낀다.				.72

자녀에 대한 부모의 마음: 주요인법에 의해 추출된 고유가가 1 이상인 요인의 수는 10개로서 전체변량 중 69.4%를 설명하였다. Scree plot에 따르면 제5요인 이후 기울기가 완만해지는바, 첫 5대 요인만 직교회전법을 사용하여 회전하였다. 첫 5개 요인이 설명하는 전체변량은 55.3%이며, 각 요인별 설명변량은 제1요인 34.0%, 제2요인 8.8%, 제3요인 4.9%, 제4요인 4.0%, 그리고 제5요인 3.6%이다.

표 10-5 '자녀에 대한 부모의 마음' 의 요인별 문항과 부하량(고등학생 집단)

문 항	요인1	요인2	요인3	요인4	요인5
우리 부모님은 나를 소중히 아끼신다.	.79				
우리 부모님은 나를 싫어하신다.	.75				
우리 부모님은 나를 위해 희생하신다.	.75				
우리 부모님은 나 때문에 희망을 느끼신다.	.74				
우리 부모님은 나를 미워하신다.	.73				
우리 부모님은 나 때문에 고생을 참고 견디신다.	.68				
우리 부모님은 나 때문에 고난을 이길수 있는 힘을 얻으신다.	.63				
우리 부모님은 나 때문에 행복하게 여기신다.		.60			
우리 부모님은 나를 가장 우선으로 생각하신다.		.60			
우리 부모님은 나를 걱정하신다.		.51			
우리 부모님은 내게 부담감을 느끼신다.			.74		
우리 부모님은 내게 세대차를 느끼신다.			.67		
우리 부모님은 나 때문에 괴로워하신다.			.60		
우리 부모님은 내게 실망하신다.			.54		

문항					
우리 부모님은 나를 안쓰럽게 여기신다.			.70		
우리 부모님은 나의 성공을 자신의 성공으로 여기신다.				.79	
우리 부모님은 나를 자랑스럽게 여기신다.					-.74

'부모의 자식에 대한 마음'에서와는 달리, '자녀에 대한 부모의 마음'에서는 고등학생 집단에 나타난 요인들은 대학생의 경우와 다른 양상을 보였다. 우선 제1요인을 살펴보면 대학생 집단의 희생, 불신, 혈육의식 등의 요인들이 복합적으로 포함되어 있으며, 제2요인은 대학생 집단의 부담감 요인과 유사하게 나타났다. 나머지 세 요인은 각기 한 문항씩만 포함되어 있으므로 해석을 유보하기로 했다.

중학생의 경우

부모에 대한 자녀의 마음: 주요인법을 사용하여 추출된 고유가가 1 이상인 요인의 수는 5개였으며 이 요인들이 설명하는 전체변량은 65.3%로 나타났다. 각 요인별 설명변량은 제1요인 45.8%, 제2요인 6.3%, 제3요인 5.1%, 제4요인 4.4%, 그리고 제5요인 3.8%였다.

직교회전법과 단순구조의 준거에 의해 선정된 요인별 문항과 부하량은 〈표 10-6〉과 같다.

표 10-6 '부모에 대한 자녀의 마음'의 요인별 문항과 부하량(중학생 집단)

문 항	요인 1	요인 2	요인 3	요인 4	요인 5
나는 우리 부모님에게서 자상함을 느낀다.	.77				
나는 우리 부모님에게서 무식하다고 느낀다.		.75			
나는 우리 부모님에게서 부도덕하다고 느낀다.		.70			
나는 우리 부모님이 불만스럽다.		.59			
나는 우리 부모님이 원망스럽다.		.55			

나는 우리 부모님이 부담스럽다.			.58	
나는 우리 부모님이 안타깝고 불쌍하다.				.79
나는 우리 부모님을 생각하면 마음이 아프다.				.78
나는 우리 부모님이 무섭다.					.76

　　대학생의 경우보다 고등학생의 경우에 감소되었던 요인별 최종 문항수는 중학생의 경우에 더욱 감소되어 제2요인을 제외하고는 한두 문항씩으로 이루어져 있다. 제2요인은 대학생의 제2요인과 유사한 것으로서 '불신' 요인이라고 역시 규정될 수 있겠다.

　　중고생의 경우 요인에 포함된 최종 문항수가 적은 까닭은 주로 단순구조의 준거 때문이다. 즉, 여러 요인에 중첩되어 높은 부하량이 걸림으로 인해 어느 한 요인에 포함될 수 없는 문항들이 많아서다. 이렇게 볼 때, 연령이 적을수록 부모에 대한 자녀의 마음은 미분화된 구조를 지니고 있다고 볼 수 있다.

　　자녀에 대한 부모의 마음: 주요인법에 의해 추출된 고유가 1 이상의 요인은 9개로서 전체변량의 71.7%를 설명하였다. Scree plot에 나타난 기울기의 완만성에 따라 첫 5개 요인만이 직교회전에 사용되었다. 이 5개 요인이 설명하는 전체변량은 61.5%이며, 각 요인별 설명변량은 제1요인 41.9%, 제2요인 7.7%, 제3요인 5.2%, 제4요인 3.4%, 그리고 제5요인 3.3%로 나타났다.

　　역시 단순구조의 준거에 의해 최종 선택된 요인별 문항의 부하량은 〈표 10-7〉과 같다.

| 표 10-7 | '자녀에 대한 부모의 마음' 의 요인별 문항과 부하량(중학생 집단) |

문 항	요인 1	요인 2	요인 3	요인 4	요인 5
우리 부모님은 나를 못마땅해 하신다.	.84				
우리 부모님은 나를 무시하신다.	.80				
우리 부모님은 나를 괘씸하다고 여기신다.	.77				
우리 부모님은 나를 귀찮고 성가시게 여기신다.	.72				
우리 부모님은 나에게 거리감을 느끼신다.	.64				
우리 부모님은 나에게 부담감을 느끼신다.	.61				
우리 부모님은 나를 착하다고 느끼신다.	.49				
우리 부모님은 나 때문에 희망을 느끼신다.		.79			
우리 부모님은 나 때문에 고생을 참고 견디신다.		.62			
우리 부모님은 나를 자랑스럽게 여기신다.			-.85		
우리 부모님은 나 때문에 경제적으로 쪼들리신다.				.84	
우리 부모님은 나 때문에 하고 싶은 것을 못하신다.				.75	
우리 부모님은 나 때문에 시간을 빼앗기신다.				.57	
우리 부모님은 나를 안쓰럽게 여기신다.					.68

중학생의 '자녀에 대한 부모의 마음' 에서 추출된 요인은 고등학생 및 대학생의 경우와 다소 다르게 나타났다. 우선 대학생의 경우 제2요인으로 나타났던 '불신' 요인과 다소 유사하나 부정적인 내용을 좀 더 담고 있는 것이 제1요인으로 나타난 점을 들 수 있겠다. 이는 세 집단 중 가장 나이 어린 층이므로 아직도 여러 가지 행동 면에서 부모의 지적이 가장 많을 법하고 따라서 '불신' 이 제1요인으로 등장한 것이 아닌가 한다. 그러나 제4요인은 대학생의 그것과 동일하게 나타났다. 전체적으로 다른 집단보다 중학생의 경우 부모 마음에 대해서 추상적으로 파악하기보다는 구체적인 시각에서 반응하는 경향이 높음을 알 수 있다.

○ 부자유친 성정이 자녀에 미치는 영향력

부자유친 성정과 자녀에 대한 부모 영향력의 관계를 파악하기 위해 부자유친 성정의 두 부분의 총점별로 상하위 30%씩을 선별하였다. 각 연령집단별로 성별에 따라 부자유친 성정에 차이가 있는 지 t-test 해본 결과 성별에 따른 유의미한 차이는 없는 것으로 나타났기 때문에 상하위 집단의 선정에서는 남녀를 고려하지 않았다. 따라서 부자유친 성정의 정도와 성별을 두 개의 독립변인으로 하고 자녀에 대한 영향력의 총점을 종속변인으로 하여 변량분석을 하였다.

자녀가 부모에 대해 어떻게 느끼고 생각하는지는 연령과 성별에 상관없이 자녀에 대한 부모의 영향력과 유의미한 관계(중($F = 8.12$, $p < .007$), 고($F = 10.82$, $p < .002$), 대($F = 4.01$, $p < .049$))를 보였다. 즉, 자녀가 부모에 대해 가깝게 여기고 고마워할수록 갈등상황에서 자녀가 자기 주장보다는 부모의 뜻에 따르겠다는 경향이 높게 나타났다. 이는 한국의 가정에서 부모가 자녀에 대해 영향을 미치는 것은 어떤 물리적 힘이나 보상 등의 자원에 의존하기보다는 자녀가 부모에 대해 가지는 사랑, 감사, 미안함, 존경 등에서 우러나오는 것임을 시사한다.

부모의 마음에 대한 자녀의 생각과 부모의 자녀에 대한 영향력은 중학생 집단과 대학생 집단에서만 유의미한 관계(중($F = 8.32$. $p < .006$), 대(($F = 7.73$. $p < .007$))를 보였다. 다시 말해 중학생과 대학생 집단의 경우 부모가 자기에 대해 가깝게 여기고 아낀다고 생각할수록 갈등상황에서 부모의 뜻에 따르겠다는 경향이 높게 나타났으나 고등학생의 경우에는 부모가 자기에 대해 어떤 마음을 가지고 있다고 자녀가 생각하는지는 갈등상황에서 부모의 뜻에 따르는 정도와 별 상관이 없다는 것이다. 이런 연령별

차이가 좀 더 큰 집단을 대상으로 할 때도 나타나는 일반화가 가능한 것인지, 또 그렇게 일반화할 수 있다면 그것이 무엇을 의미하는지는 좀 더 숙고할 필요가 있겠다.

표 10-8 ▶ 집단별 부모의 자녀에 대한 영향력 평균점수

	중	고	대
부자유친 성정이 약한 집단 (n)	3.26 (27)	3.49 (29)	3.85 (42)
부자유친 성정이 강한 집단(n)	3.82 (23)	3.99 (28)	4.19 (31)

자녀에 대한 부모의 마음과 부모에 대한 자녀의 마음의 두 부분 간에 가장 높은 유사성을 보이며 요인도 가장 잘 분화되어 나타난 대학생 집단의 요인분석 결과를 토대로 하여 각 요인별로 점수를 합산하여 요인점수를 산출한 다음 자녀에 대한 부모의 영향력과의 상관계수를 산출하였다. 부자유친 성정의 각 요인과 부모 영향력과의 상관계수는 〈표 10-9〉와 같다.

표 10-9 ▶ 부자유친 성정요인과 영향력과의 상관계수

요 인 명		상 관 계 수
부모에 대한 자녀의 부자유친 성정	유친	.14
	불신	.22
	보호의식	.06
	측은감	.27*
	부담감	.30**
자녀에 대한 부모의 부자유친 성정	유친	.10
	불신	.17
	혈육의식	.22*
	희생	.27*
	근심	.10

* $p < .01$, ** $p < .001$

〈표 10-9〉에서 보는 바와 같이 유친과 불신요인은 자녀와 부모 양쪽에서 일관성있게 자녀에 대한 부모 영향력과 의미있는 상관을 보이지 못하고 있다. 반면 자녀가 부모에 대해 측은감과 부담감을 많이 느낄수록 자녀에 대한 부모의 영향력이 의미있게 높은 것으로 나타났다. 또한 부모가 자녀에 대해 혈육의식과 희생심을 많이 느낀다고 자녀가 생각할수록 부모의 영향력이 높게 나타났다. 이 결과들을 종합적으로 해석해 보면, 자녀나 부모가 서로 좋아하고 믿으며 가깝게 여기는 마음은 자녀에 대한 부모의 영향력과 별 관계가 없다고 볼 수 있는 반면, 부모는 자녀를 자신의 혈육, 분신으로 여겨 모든 것을 다 바치고 자녀는 그러한 부모의 희생을 느껴 부모에 대해 측은해 하며 부담을 느끼는 동일체의식이 자녀에 대한 부모 영향력의 근원임을 말해 준다고 하겠다.

이 연구는 부모와 자식 간에 흔히 느끼며 서로가 상대에 대해 느끼는 심정적 감정표현의 '말' 들에 대한 관심에서 출발하였다. 우리나라 자녀들은 부모에 대해 '미안하게 느낀다.' '송구스럽게 느낀다.' '부모 볼 낯이 없다.' 등과 같은 보은부채의식을 담은 말을 흔히 하고, 우리의 부모들은 자식에 대해 '잘 해주지도 못하고……' '안쓰럽다' '용하다' 등과 같은 말을 자주하며 자녀에 대한 연민의 정과 더불어 부모의 도리 이행부실 의식을 많이 가지고 있다. 이러한 표현이나 느낌은 서양의 부모나 자녀에게서 흔하게 찾아보기 어려운 것들이다.

또한 이러한 감정은 일반 사회관계에서는 흔하지 않은 한국적 부모-자식 간의 감정으로, 이 감정은 자식의 부모심정에 대한 배려동기 및 응종동기의 원천으로 작용할 것이라는 가정에서 이 연구에 착수하게 되었다. 그러나 연구의 수행과정에서 '한국의 부모자식 관계가 무엇인가' 라는 보다 본질적인 질문이 제기되었고, 한국의 부모-자식관계가 극적으로 표현되는 사건적 실례 및 부모-자식관계에 대한 기존의 조사결과를 분석, 고찰하는 과정에서 연구자들은 한국 부자관계의 심리적 특성을 가장 적합히 수렴하는 개념으로 부자유친 성정이라는 개념을 찾아낼 수 있었다.

그러나 부자유친 성정은 아직 심리학적으로 적절히 개념화되지 않았으며, 동시에 한국의 부자관계의 심리적 구조를 한국의 문화적 틀 속에서 밝히는 연구가 없어, 여기에서는 먼저 부자유친 성정을 심리학적으로 개념화하고 더불어 그 구조를 경험적으로 분석해 보았다.

조사자료에 대한 요인분석 결과는 이 글에서 개념화한 부자유친 성정의 심리적 구조와 일치하는 방향으로 나타났다. 이 연구에서 가장 성숙된 형태의 부자유친 성정을 보이며 동시에 이 연구의 개념화와 가장 높은 상응도를 나타낸 대학생 집단의 요인분석 결과를 보면, 먼저 자녀에 대한 부모의 부자유친 성정은 유친, 불신, 혈육의식, 희생, 근심의 5개 요인으로 나타났으며, 부모에 대한 자녀의 부자유친 성정은 유친, 불신, 보호의식, 측은감 및 부담감의 5개 요인이었다. 부모와 자식의 부자유친 성정 각각에서 똑같이 명명된 제1요인인 유친과 제2요인인 불신은 일반적 사회관계에서 대인 친밀관계를 나타내는 호감성(likehood)과 유사한 성격의 요인이라고 볼 수 있다.

그러나 부모와 자식의 부자유친 성정에서 각기 나머지 세 요인, 즉 부모의 경우에서는 혈육의식, 희생, 근심, 자녀의 경우에는 보호의식, 측은감, 부담감 요인이 서로 대대관계(對待關係)에 있는 동질성 요인으로 한국적 부모-자식 관계의 특성을 적절히 함축하는 요인이라고 볼 수 있다. 즉, 부모는 자식을 위해 희생과 자애를 베풀고, 자식은 그러한 부모에게 고맙고 측은하고 미안하게 여기는 마음으로 특징지어진다.

또한 그 방향성에서는 부모가 자식에게 성정의식을 베풀 때 이를 받은 자식이 부모의 뜻과 심정을 감지하고 이에 대한 보은의 심정형태로 나타나는 부모 작위-자식 반작위의 구조를 이루고 있다.

즉, 부모 편에서 자녀에 대해 유친감과 혈육의식을 가지고 희생하며 근심할 때, 자녀 편에서는 부모에 대해 보호의식, 측은감, 부담감 등을 느끼게 된다. 이처럼 부자유친의 부자관계에서는 부모가 자녀에게 베푸는 사랑과 시혜(施惠)가 자녀의 응보(應報)적 심리로 연계된다는 점에서 부모의 부자유친 성정이 자녀의 그것보다 더욱 중요한 선행요인이라고 볼 수 있다.

부자유친 성정의 연령집단별 요인분석 결과를 비교해 보면 흥미로운 점을 발견할 수 있다. 즉, 연령이 높을수록 요인의 구조가 더욱 정교화되고 구조화된 형태의 요인구조를 나타내 보인다. 대학생의 경우에는 5개로 분명히 구별되는 요인구조가 나타났으나 중고생의 경우 대학생 집단에서 나타난 요인과 각 요인에 포함된 문항들이 서로 중복되면서 미분화된 형태의 부자유친 성정 요인구조를 나타내 보이고 있다.

또한 요인분석에서 제1요인으로 나타난 것을 대학생과 중학생 집단을 비교해 보면 관심을 끄는 대비를 보여 주고 있다. 대학생의 경우 제1요인이 '유친'이라는 긍정적 방향의 요인이 추출되었으나, 중학생의 경우 부정적 방향의 '불신' 요인으로 나타났다. 이러한 결과는 중학생의 경우 아직 성숙되지 않은 상태에 있으므로 부모의 관여 및 간섭의 정도가 대학생에 비해 크다는 점과 발달단계적으로 사춘기에 해당되므로 부모에 대한 반항심리가 높은 시기이기 때문에 이러한 부정적 방향의 요인이 나타난 것으로 해석된다.

이와 관련된 또 하나의 해석은 중학생의 경우 부모의 자녀에 대한 관여나 간섭행동의 이면에 있는 부모의 심정이나 속마음을 이해하는 도식이 아직 미발달된 단계에 있기 때문에 나타난 결과라고도 볼 수 있다.

다시, 부자유친 성정이 자식에게 미치는 영향력을 변량분석을 통해 알아 본 결과 부자유친 성정이 강할수록 자식에 대한 영향력은 커지는 것으로 나타났다. 이러한 결과는 본 연구의 배경적 가정, 즉 한국의 문화권에서 부자유친 성정은 부모의 자식에 대한 영향력의 중요한 한 가지 원천이될 수 있다는 가정을 경험적으로 지지해 주는 결과라 하겠다.

부자유친 성정 요인별 자식에 대한 영향력을 대학생 집단을 중심으로볼 때, 부모의 자식에 대한 영향력과 의미있는 상관을 보인 요인은 부모쪽에서의 혈육의식과 희생, 자녀쪽에서의 측은감과 부담감 요인인 것으로나타났다. 반면, 부모자식 간의 호감이나 친애성과 관계되는 유친요인과불신요인은 의미있는 상관을 보이지 않았다. 의미있는 상관을 보인 이들요인들은 한국적 부자관계의 특성을 반영하는 요인이라고 가정해 볼 때,한국의 부모가 자식에게 작위하는 영향력의 원천은 부모의 자식에 대한혈육의식에 뿌리를 둔 부모의 자식에 대한 희생과 이에 대한 자식의 심정공동체 의식에서 발원하는 것으로 해석해 볼 수 있다.

또한 부자유친 성정은 부모의 자식에 대한 행위 자체나, 자식의 부모에대한 행위 자체보다 이들 행위를 유발하는 심정에 대한 공감적 이해와 전이에 의해 형성되고 존양되는 것이라고 볼 수 있다. 따라서 중학생 수준의발단단계에서는 행위의 이면에 있는 혈육지정의 심정이나 부모의 희생의이면에 있는 인고의 심정을 충분히 이해할 수 있는 사회인지적 쉐마가 아직 미성숙 단계에 있다는 점에서 부자유친 성정이 아직 미발달된 상태에있다고 볼 수 있다.

이와 관련해서 부자유친 성정적 부자 상호작용은 일반 사회적 상호작용 형태와는 달리 부모와 자식이라는 특수한 관계에서 발생하는 자애(慈愛)의식을 바탕으로 한 심정적 상호작용의 성격을 강하게 띠고 있다고 볼수 있다. 여기서 부모와 자식 간에 감정·의식 동일체 심리가 형성되고,감정·의식 동일체 심리가 존양되었을 때 부모의 희로애락이 자식의 희로애락으로, 자식의 희로애락이 부모의 희로애락으로 경험된다. 따라서 부모의 기대나 요구에 불응하는 행동은 부모의 마음을 아프게 하고, 또 그 부모의 아픔이 자식의 아픔으로 경험되기 때문에, 자식은 부모의 요구나 기대에, 또는 그 반대로 부모는 자식의 요구나 기대에 부응하는 행동을 하려는 동기가 유발된다고 볼 수 있다.

같은 맥락에서 그 반대의 경우를 보면, 부모의 기대나 요구에 응종하는 행동은 부모의 마음을 기쁘게 하고, 이러한 부모의 기쁨은 자신의 기쁨으로 경험되기 때문에 부모와 자식은 서로가 상대의 요구와 기대에 부응하는 행동을 하려는 동기가 유발된다고 하겠다. 이러한 관점에서 볼 때 부모의 자식에 대한 영향력은 부모자식 간의 부자유친 성정관계에서 유발되는 감정·의식 동일체 심리상태를 매개로 한 자식의 부모심정 충족동기에서 발원된다고 해석해 볼 수 있다.

이 연구의 제한점으로는 응답자 집단의 국한성과 측정도구의 타당성 문제를 고려해 볼 수 있겠다. 임의 추출된 비교적 작은 집단으로 연구가 이루어졌으므로 본 연구 결과의 일반화에는 제한점을 갖는다. 그러나 부자유친 성정의 심리적 구조를 일차적으로 탐색해 보는 데는 표집의 수면에서 큰 문제가 없다고 사료된다. 또한 측정도구의 타당화 작업은 앞으로 후속되어야 할 작업이다. 여기에서 경험적으로 밝혀진 부모자식 관계의 심리적 개념화는 후속 연구를 통해 계속 수정·보완되어야 할 것이며, 유교문화권의 일본과 중국은 물론 서구의 피험자를 대상으로 한 비교문화적 연구도 앞으로 시도해 볼 것을 희망적으로 기대해 본다.

 **3부** 한국인 심리의 실용

　앞에서 소개된 글들은 한국 문화와 한국인의 사회적 행동에서 빈번하고
도 중요한 현상과 관련된 한국의 토착심리적 개념을 찾아내어 분석하는 데
주 관심을 둔 연구들이다.

　다른 한편 필자는 이러한 문화−사회심리적 현상이 중요하게 관여되는
사회적 관계 및 행위·활동 상황을 분석하는 연구를 수행하였다. 예를 들
어, 한국의 전통문화를 소재로 한 광고에서 소구(訴求)의 원천으로 사용하
는 문화심리적 개념들(우리성, 정, 가족성, 시골성 마음)을 추출하는 연구를 수
행하였고, DSM−IV에 한국의 문화적 신드롬으로 등재된 화병(Hwa−Byung)
의 문화심리적 기제를 밝히는 연구를 통해 화병의 원인이 되는 한국인의
'화'와 서구의 'anger'가 관여된 심리기제의 측면에서 어떻게 다른가를 밝
히고 있다.

　여기서 화의 발생과 관련된 일차적 기제는 '자기 자신이 무시당하거나,

부당하게 남으로부터 피해를 받아 생겨나는 자신에 대한 억울한 감정'에 대한 자의식인 반면, 서구의 anger는 '자신에게 부당한 피해를 유발한 가해자의 부당성에 대한 원망, 증오의 대상지향적 감정'으로 규정되었다. 3부에서는 이 두 가지 연구들을 소개해 보고자 한다.

한 / 국 / 인 / 의 / 심 / 리 / 학 11장

한국적 광고

최근 들어 한국의 문화와 전통을 소재로 한 한국 전통문화 소재 광고(이하 한국적 광고라 칭함)가 크게 증가하고 있다. 이들 광고의 특징은 제품 자체의 기능적·속성적 특성이나 이점 및 장점의 제시보다는 시청자가 가지고 있는 문화 및 전통에 대한 애착과 의식경험을 광고의 제품 또는 제품 사용 행위와 연계시키고 있다는 점이다. 예컨대, 다시다 '고향의 맛 시리즈'는 수제비, 냉이국, 아욱국 등과 같은 전통의 고향음식과 다시다를 연계시키고 있으며, 오리온 초코파이 '情 시리즈'는 정이라는 한국인의 전통적 마음을 초코파이를 나누어 먹는 행위와 연결시키고, 경동보일러의 '孝' 광고는 노부모에 대한 자식의 측은한 마음을 보일러를 놓아드리는 행위와 연결시키고 있다. 여기서 언급된 고향의 맛, 정, 효 등은 광고 제작자가 설정한 광고 콘셉트라고 볼 수 있으며, 이러한 콘셉트는 궁극적으로 광고 시청자들로 하여금 콘셉트에 대응하는 특정한 질의 광고경험을 실제로 유발시켰을 때에만 그 본래의 가치가 구현된다.

이들 광고들이 한국적 광고를 제작한다는 자의식 하에서 제작되었거나, 또는 한국적 광고의 기준이 어떠해야 한다는 개념설정 위에서 광고를 제작했는지는 정확히 파악할 수 없으나, 어쨌든 결과적으로 한국적 광고의 수가 이미 상당수에 이르고 또한 이제 한국적 광고에 대한 글이 간헐적으로라도 전문지에 발표되고 있는 현실을 감안할 때, 한국적 광고의 성격을 밝히는 일은 현 단계에서 필요한 과제라고 생각된다.

광고현상은 복합적 자극으로 이루어진 조직화된 구조로, 그것이 광고시청자의 문화−심리적 특성과 상호작용하면서, 광고경험을 만들어 내고 광고효과를 산출하게 된다. 따라서 시청자의 문화−심리적 세트가 다를 때 동일한 광고자극도 상이한 광고경험 및 광고효과를 산출한다. 여기서 시청자는 심리적 공백(vacuum) 상태의 수동적 정보처리자가 아니다. 그들은 광고를 선택하고, 자신이 장착한 기존의 경험체계, 도식체계에 의해 광고자극을 해석하며 평가한다. 즉, 시청자가 광고를 시청하면서 체험하는 심리적 경험은 광고자극에 대한 단순한 반응이 아니라 이러한 자극집합을 통해 시청자가 능동적으로 구성하는 의미체계, 평가판단, 감정형성, 의도창조 등의 구성적 세계다. 이러한 창조적 구성과정 속에는 시청자의 추론, 과거경험의 상기, 감정경험의 양식 등이 상호연계적 관계 속에서 관여된다. 이와 같이 광고자극을 단서 또는 매개로 한 시청자의 능동적 창조활동으로 광고경험을 파악할 때, 광고경험에는 불가피하게 시청자의 문화−심리적 특성이 반영될 수밖에 없다고 볼 수 있다.

이러한 시각에서 볼 때, 자극의 성격도 시청자의 경험체계와 분리시켜 생각할 수 없다. 왜냐하면 자극의 의미는 시청자에 의해 관여되며 창조되기 때문이다. 즉, 광고자극은 시청자가 보고 체험하는 그 자체로 문화−심리적 성격을 띠게 된다. 예컨대 한국의 시청자에게 보일러 광고에 나오는 할머니의 얼굴은 그 자체가 단순히 '늙은 얼굴'이라는 자극을 넘어 '한국의 할머니'로서, 한국의 할머니에게 문화−심리적으로 소여된 제반 사회심리적 표상과 연상을 동시에 구유한 문화적 자극이다. 마찬가지로 광고에서 사용되는 언어, 배경그림, 심지어는 광고에 포함된 물소리나 목소리까지도 문화적 성격을 띤 자극이다. 그럼에도 불구하고 현재까지의 광고연구나 광고실험은 광고자극을 피험자(시청자)들의 문화−심리적 특성과 무관한 독립된 자극으로 간주하여 왔으며, 따라서 광고자극을 통해 생성된 경험을 광고자극에 대한 수동적 반응이라는 자연과학적 실험모델을 연구의 과정이나 이론의 구성에서 적용해 왔다. 이러한 자연과학적 접근에서 피험자인 시청자는 자극에 대한 단순반응자 또는 정보처리자로 간주된다.

이 장에서는 이처럼 자극을 독립변수, 피험자의 반응을 종속변수로 간주하는 기존의 전통적 광고연구 패러다임을 탈피하여, 광고경험 그 자체를 있는 그대로 떠내는 현상학적 접근을 연구의 모델로 삼아 한국적 광고의 성격을 구상화해 보는 데 일차적 목적을 두고 있다. 즉, 광고자극과 피험자(시청자)를 독립된 단위로 구분하며 동시에 광고자극을 독립변수, 광고에 대한 반응을 종속변수로 간주하는 행동과학적 접근을 탈피하여, '광고를 통한 피험자의 광고경험'을 하나의 통합된 분석단위로 파악하는 현상학적 접근을 본 연구에서는 취하고 있다. 부언하면, 광고자극의 성격은 피험자가 성장, 거주하고 있는 문화−심리적 배경에 의해 규정된다는 전제하에, 한국적 광고를 접해서 나타나는 문화−심리적 광고경험의 특성을 추출해 보는 데 연구의 초점을 두었다. 연구의 내용을 구체화하면, 지금까지 한국에서 제작·방영된 한국적 광고[1]를 보고 우리나라 사람들이 갖게 되는 심리적 경험내용이 무엇이며, 어떤 특성을 갖는지를 밝히는 데 연구의 목적을 두고 있다. 이처럼 한국적 광고에 대한 시청자들의 경험이 어떤 것인가를 밝히는 일이 중요하며 필요하다고 느끼게 된 배경은 다음과 같다.

첫째는 한국적 광고를 통해 시청자들은 어떤 심리경험을 갖게 되며, 과연 그러한 경험이 한국적이라면, 어떤 면에서 한국적인 광고경험이라고 지칭될 수 있을까를 밝히는 연구를 찾아보기 힘들다. 한국적 광고 콘셉트의 설정 위에서 이들 광고가 제작되었다면, 이들 광고는 어떤 특정한 한국적 심리경험을 유발시킬 것이라는 가정하에서 제작되었을 것이다. 만일 '정'이라는 한국인의 문화심리를 유발시키는 것이 목적이었다면, '그러한 정이 얼마나 강하게 경험되었는가? 또는 정과 동반하여 나타나는 다른 감정이나 의식경험은 없었는가? 있었다면 무엇인가?' 등에 대한 경험적 확인연구가 있어야 할 것이다. 그럼에도 불구하고 지금까지 이러한 실증적 분석연구는 거의 찾아보기 어렵다는 데서 본 연구의 필요성이 부각되었다.

본 연구가 발단된 두 번째 동기는, 지금까지 한국적 광고에 대한 몇 편의 논문을 고찰해 본 결과, 한국적 광고경험 자체에 초점을 둔 논문은 찾아보기 어렵다는 데 있었다. 만일 광고가 시청자의 특정한 경험을 유발하는데 목적이 있다면(본래의 광고의 목적이 그러한 것처럼), 경험의 발생 여부, 경험의 내용, 더 나아가서는 그것이 어떻게 구매동기와 연결되는가에 논문의 궁극적 초점이 맞추어졌어야 할 것이다. 한국의 남대문이나 독도를 광고소재로 썼다는 사실만으로 한국적 광고라고 말할 수 있을까? 그동안 발표된 한국적 광고에 대한 글들(강명구, 1989; 김광옥, 1990; 김염제, 1984; 신용삼, 1996; 오영민, 1997; 이규완, 1996; 이영희, 1991, 1996; 한영

1) 여기서 한국적 광고란 한국인의 특수한 생활양식, 한국의 문화적·의식 구조적 특성, 한국의 역사·민속적 사실 등을 광고의 소재로 사용한 광고를 포함하는 의미의 '세칭' 한국적 광고를 말한다. 한국적 광고의 구체적 성격은 이 장의 본론에서 자료화되고 논의될 것이다.

은, 1993)을 보면 한국적 광고의 특성을 광고체험의 차원에서 논하기보다
는 기존에 제시된 한국의 문화나 한국인의 의식구조 특성을 그대로 도입
하여, 연구자가 설명을 위해 선택한 한국적 광고의 해석에 적용하는 해
석학적 접근을 취하고 있다. 다시 말하면, 한쪽에는 한국문화를, 다른 한
쪽에는 한국적 광고를 놓고 이를 논리적으로 연계시켜 광고를 해석하는
방식이다. 이러한 접근의 문제점은 추상화된 한국문화 특성 개념과 실제
로 일어난 광고경험 간의 아이소모피즘(isomorphism)이 성립한다는 준거
나 실증이 없다는 점을 들 수 있다. 따라서 해석은 자의적일 수밖에 없
다. 한국적 광고에 대한 이들 글에서 발견되는 또 하나의 기본적 문제는
한국의 전통 문화적 풍물, 생활양식, 전통, 역사문화유산 등을 소재로 한
광고이면 모두 한국적 광고의 범주에 포함시키고 있는 점이다. 한국문화
소재광고가 '한국적' 광고가 되기 위해서는 한국의 시청자에게 한국인
고유의 문화-심리적 경험을 유발시켜야 한다. 한국문화 소재광고라는
조건이 반드시 한국적 문화-심리 경험을 수반하지는 않는다. 한국의 고
려자기를 보고 일반인이, 한국의 농민이 얼마나 고려자기 본유의 예술
심리적 경험을 할지는 누구도 모른다. 독도가 나온 광고를 볼 때 독도가
한국 땅이라는 사실은 알지만, 그것이 시청자에게 무슨 심리적 경험을
유발시켰는지는 경험적으로 밝혀져야 될 문제이지, 이미 알고 있는 사항
은 아니다.

　한국적 광고에 대한 기존의 글과 관련하여 제기된 위의 두 가지 문제점
으로부터 다음의 명제가 도출될 수 있다. 한국적 광고의 정의는 한국전통
문화 소재 광고를 통해 실제로 일어나는 광고경험을 준거로 설정되어야
하며, 더불어 한국적 광고의 성격은 한국문화로부터 추론하는 우회, 연역
적 방식보다는 한국적 광고경험 그 자체를 측정하고 분석하는 직접적·귀
납적 접근을 통해 규명되어야 할 성격의 과제라고 볼 수 있다. 따라서 이

글에서는 소위 한국적 광고라고 말하는 광고에 접하는 시청자들의 광고경
험 그 자체를 가능한 한 있는 그대로 담아서 그 경험내용을 분석하고 분석
된 경험요소가 과연 한국적인 경험인가를 검토하는 방식으로 한국적 광고
의 특성을 추출해 보려 한다.

한국적 광고의 본질

소위 한국적 광고라고 말하는 광고에 접하는 시청자들의 광고경험 그
자체를 그대로 떠내어서 그 경험내용을 분석하고, 분석된 경험요소가 과
연 한국적인 경험인가를 검토하는 방식으로 한국적 광고의 특성을 추출해
보았다. 그 내용이 다음 〈표 11-1〉에 제시되어 있다.

표를 자세히 살펴보면, 가장 높은 반응빈도를 보인 범주는 자아관여
적 반성적 사고와 감정경험이며, 그다음이 에피소드적 경험으로 나타났
다. 위의 두 가지 범주에 비해 지적인 사고과정이 깊이 관여되는 해석적
의식경험은 그 반응 빈도 면에서 약간 떨어지는 것으로 나타났다. 여기
서 제1범주(자아관여적 반성적 사고와 감정경험)와 제2범주(에피소드적 경험)
는 모두 자기 또는 자아가 직접/간접적으로 관여된 범주임을 고려할 때
한국적 광고경험은 남이 아닌 '자기와 관련된 자아관여적 의식과 감정경
험의 소지가 큰 성격의 경험질'임을 시사한다. 또한 제3범주인 해석적 의
식경험에서도 자신이 직접 관여되어 있지는 않아도 자신이 속한 한국의
문화적 정체성 및 특징, 또는 이와 밀접히 관계되는 한국적 농촌의 사상
(事象, things and events)과 관련된 의식체험이란 점에서 '우리 것 경험'의
성격을 띠고 있다. 이러한 점으로 미루어, 한국적 이야기식 광고경험은
나와 한국이라는 맥락 속에서의 생활-문화 배경적 경험소가 주축이 됨을

알 수 있다.

이와 관련하여 앞의 3개 범주 전반에 나타나는 감정은 옛것에 대한 그리움, 옛것이 사라져 가는 것에 대한 아쉬움으로 특징되며 이는 옛것에 대한 애착의 정서와 심정을 함유한다. 애착은 자기 자신이든 우리이든 또는 한국이든, 또는 한국문화이든 대상에 대해 갖는 자아관여적 경험이란 점에서 한국적인 광고경험은 제3자적 경험보다는 당사자적 경험의 질을 강하게 띤다는 것을 시사한다. 또한 에피소드적 경험은 주로 어렸을 때 자신이 농촌에서 체험 또는 목격한 경험내용이 반응의 주류를 이루는바, 이는 농촌과 과거(어렸을 때)가 한국적 경험의 공간적 및 시간적 배경이 됨을 시사한다. 즉 옛것, 농촌의 것이 우리 것이며 한국적인 것임을 뜻한다.

표 11-1 광고체험 범주에 따른 하위내용

경 험 형 태	광 고 체 험
자아관여적/ 반성적 사고와 감정경험	• 옛것이 현대적인 것으로 이어져 안도감을 느꼈다. • 이제는 사라져 가는구나 하는 데서 안타까움이나 쓸쓸함이 느껴진다. • 어머니 산소에 가봐야겠다는 생각이 들었다. • 김치 담그는 분주함이 풍요로움, 여유를 느끼게 한다. • 작은 관심이나 사랑이 큰 기쁨을 준다. • 효도를 못했다는 생각 때문에 자책적 감정이 든다. • 부모님에 대해 후회스럽고 미안한 생각이 든다. • 고향에 가보고 싶다는 생각이 든다. • 옛날이 좋았다는 생각이 든다. • 할머니와 온 가족이 함께 김장하는 장면에서 단란함과 세대 간의 정을 느낀다. • 할머니, 할아버지의 사랑을 받았다는 생각이 난다. • 시골의 장터모습이 그립다는 생각이 난다.
에피소드적 경험	• 수박서리하다 들켜서 맞은 기억이 난다. • 장모님이 주시던 참기름 생각이 난다. • 느티나무에 올라가 놀다 떨어진 기억이 난다.

에피소드적 경험	• 농촌에서 새참을 먹을 때 지나가던 우체부 아저씨와 함께 먹던 일이 생각난다. • 김치 담그고 나서 김치 속을 맛보던 생각이 난다. • 개울가에서 고기 잡던 생각이 난다. • 콩서리하던 생각이 난다. • 여름밤 모깃불이 생각이 난다. • 시골 할머니 댁에서 옥수수 먹던 생각이 난다.
해석적 경험	• 광고에 담겨 있는 소리가 시골분위기를 느끼게 한다. • 아이들의 웃음소리가 자연스럽고 순수해 보인다. • 참기름병, 요강 등과 한국적인 문화와의 관계를 느꼈다. • 자연풍경, 어머니 모습, 동심, 표정, 목소리에서 정신적인 것을 느끼게 한다. • 카피의 내용("아버님 댁에 보일러 놓아 드려야겠어요.")이 한국적인 것으로 다가온다. • 소리(새소리, 물소리, 소울음소리 등)가 오히려 고향이라는 말보다 고향적이다.

한국적 광고에 대한 경험분석

PCA(princial component analysis) 방식을 사용하여 고유값 1을 기준으로 요인수를 결정하고, 직교회전(varimax) 방식을 통해 묶여진 요인은 11개였다. 요인명은 〈표 11-2〉와 같다.

표 11-2 ▶ 한국적 광고경험에 대한 요인명

요인	1.	인간적인 정
요인	2.	시골에 대한 향수성 영상표상
요인	3.	시골지향성 한국인의 유년성장기 회상표상
요인	4.	한국인의 우리 것 의식의 경험적 속성
요인	5.	부모에 대한 표상 및 관여감정체계
요인	6.	고향애착
요인	7.	옛것의 상실에 대한 아쉬움
요인	8.	시골 어른들의 어린 사람에 대한 연민의 정
요인	9.	한국적 전통문화에 대한 심미적 의식경험
요인	10.	시골성 인간관계
요인	11.	한의 한국인 표상

요인 1: 인간적인 정

표 11-3 요인 1의 내용에 관한 성격분석

범주1. 정의 감정표현/기술에 관한 것	범주2. 정감을 내재/매개하는 시골성 마음경험
문항 74. 따뜻한 마음	문항 95. 한가롭고 풍성함
77. 인간미	97. 가식 없이 진실함
69. 착한 마음	70. 인심
68. 격의 없는 친밀감	98. 안정감
73. 긴장이 풀어짐	66. 마음의 풍요로움
96. 막걸리 같은 인간미	86. 순박한 심성
76. 한솥밥 정겨움	65. 순박한 정취
90. 함께 살고 있음	71. 고향에 온 것 같은 안도감
87. 고마움	52. 농촌의 평화로움
19. 정감	42. 편안함
	22. 여유감
	94. 고향에 대한 향수

〈표 11-3〉에서 범주1의 문항내용은 정의 마음이나 정의 속성을 직접 표현하는 내용이며, 범주2는 정의 마음 자체라기보다는 정의 마음이 가장 풍성하며 정 마음의 원조격인 시골사람의 마음이다. 즉, 범주1은 시골이라는 배경 틀을 머릿속에 두고 경험되는 시골성 마음경험을 기술하는 내용으로 이를 도식으로 표현하면 [그림 11-1]과 같다.

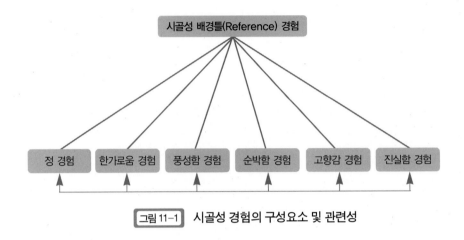

그림 11-1 시골성 경험의 구성요소 및 관련성

[그림 11-1]에서 시골성 배경틀 경험은 곧 시골에 대한 상적(iconic)·상징적(symbolic) 표상과 이와 더불어 나타나는 감정경험을 총칭한다. 이들 시골성 배경틀 경험 속에는 정을 포함한 다양한 시골관련 하위표상 및 하위감정이 포함되며 이들 하위표상 간, 하위감정 간, 또는 표상-감정 상호간에는 심리적 연관망이 형성되어 있다고 볼 수 있다. 따라서 어느 하위표상이 활성화되면 연관망 속의 여타 하위표상과 하위감정이 활성화될 가능성이 높다. 제1요인에서 정의 감정범주와 시골성 마음경험범주의 문항이 하나의 요인으로 묶이게 된 것은 바로 시골성 배경틀 경험의 포괄성과 이들 간의 상호연관망 체계에서 비롯된 것으로 해석된다.

요인 2: 시골에 대한 향수성 영상표상

〈표 11-4〉의 문항내용을 보면 그림성이 뚜렷한(iconic) 시골의 인상적 영상표상으로 특징된다. 그러나 이러한 영상표상들은 단순히 그림으로서의 동양화나 산수화가 아니라 자신이 과거에 체험한 사건회상이나 에피소

드가 관여된 상징성 의미를 갖는 시골경험 영상표상이다. 이러한 시골경험 영상표상은 자신의 실제경험에 기초하여 재생된 것일 수도 있으나 자신의 생활사 속에서 자연발생적으로 구성된 허구성 실경험일 수도 있다. 가수 조영남의 '화개장터' 노래를 듣고 있는 한국사람은 실제로 가보지도 않은 화개장터를 어떤 형태로든 영상화한 심상을 머릿속에 떠올리면서 이와 연계된 감흥화 감정을 마치 화개장터에 가서 느끼는 것처럼 가체험한다. 한국인에게 시골은 고향의 표상으로 향수와 그리움의 감정을 유발시키며 따라서 이 요인을 '시골에 대한 향수성 영상표상'으로 명명하였다.

표 11-4 요인 2에 포함된 문항내용

문 항 내 용
시골의 장터생각이 난다.
느티나무 밑에서 장기를 두고 있는 시골 어른들 생각이 난다.
잠자리가 날아다니는 텃밭이나 산천이 머릿속에 떠오른다.
푸짐한 시골의 장터생각이 난다.
개천이나 우물가에서 빨래하는 시골의 아낙네들이 머리에 떠오른다.
마음씨 좋은 시골 아저씨나 시골 아주머니 생각이 난다.
털털거리며 타고 가던 시골버스 생각이 난다.
옹기종기 산자락에 모여 있는 시골 마을 생각이 난다.
명절 때 음식을 만드느라 북적거리는 시골의 가정이 생각난다.
자연과 더불어 뛰어 노는 아이들이 생각난다.
인자하신 할아버님, 아버님이 생각난다.

요인 3: 시골 지향성 한국인의 유년성장기 회상표상

〈표 11-5〉에서 보면 자신이 어렸을 때 경험했던 인상적 사건, 정면 및 에피소드가 주제적 테마로 잡힐 수 있다. 또한 그러한 경험의 배경은 역시

시골이며, 그 감정적 질은 '어렸을 적에 아름다웠던 추억(memories of good old days)'으로 박상규의 노래 '친구야 친구'가 이에 해당되는 감정경험이다. 따라서 이 요인을 '시골지향성 한국인의 유년성장기 회상표상'으로 명명하였다.

표 11-5 요인 3에 포함된 문항내용

문 항 내 용
어렸을 적에 개천에서 고기 잡고 콩서리하던 친구 생각이 난다.
어렸을 때의 생각이 떠오른다.
어렸을 때의 친구들이 생각난다.
여름밤에 모깃불을 지피던 생각이 난다.
논두렁에서 새참을 드는 농부 생각이 난다.
조용하고 한가한 시골의 학교운동장이 머릿속에 떠오른다.
시골의 선생님이 생각난다.
고향에서 고생하시던 부모님이 생각난다.
고향에 돌아가고 싶은 향수가 느껴진다.
내가 어렸을 때 늘 가까이서 보아온 것 같은 느낌을 준다.
시골길을 달리는 기차와 기적소리가 머릿속에 떠오른다.

요인 4: 한국인의 우리 것 의식의 경험적 속성

〈표 11-6〉의 문항의 키워드를 뽑으면, '질박' '향토적' '전통적' '우리 것' '우리 땅' '조상' 등으로 우리 것, 한국적인 것의 경험적 속성을 표현하는 내용이다. 이러한 우리 것 의식경험은 한국의 문화, 역사라는 상위적 인지틀 속에서 이루어지는 해석적, 반성적 사고가 관여된 인지적 경험이다. 즉, ① 우리의 시골이 '질박·소박'하며, '전통적·향토적'이라는 의식, ② 우리나라 사람은 '정이 많고 인심이 좋다'는 의식, ③ 우리 가족은 '따뜻하다'는 의식, ④ 우리의 '땅 냄새가 우리 것'이라는 의식 등이

주축을 이루고 있으며, '독도는 우리 땅' 이라는 노래를 들을 때 경험되는
'우리 것 의식' 이 이 요인에 해당되는 경험의 특성이다. 따라서 이 요인을
'한국인의 우리 것 의식의 경험질 속성' 이라고 명명하였다.

표 11-6 ▶ 요인 4에 포함된 문항내용

문 항 내 용	
소박하고 질박스러운 감을 준다.	인간미가 넘치는 것을 느낀다.
향토적인 느낌을 준다.	우리 땅 냄새가 난다.
전통적이라는 인상을 준다.	가족의 따뜻함을 느낀다.
우리 것이라는 느낌을 준다.	우리 조상의 채취를 느낀다.
인간적이라는 느낌을 준다.	

요인 5: 부모에 대한 표상 및 관여감정체계

표 11-7 ▶ 요인 5에 포함된 문항내용

문 항 내 용
자식을 위해 희생하는 부모님 생각이 떠오른다.
자식 때문에 근심 걱정하는 어머니 생각이 난다.
무언지 한 많은 부모님의 마음을 알 것 같은 느낌이 든다.
무언지 부모님께 도리를 다하지 못한다는 느낌이 든다.
무언지 부모님의 자녀에 대한 끝없는 사랑 같은 것을 느낀다.
무언지 자식을 그리워하는 부모님의 마음을 느낄 것 같은 감상이 든다.
부모님에 대한 애틋한 정을 느낀다.
엄마의 손 같은 애처로움을 느낀다.

〈표 11-7〉에서 보면, 자식을 끔찍이 사랑하는 부모의 마음과, 이에 대한 보답 못하는 자식의 죄책감, 그리고 이러한 부모에 대한 연민의 심정으로 이 요인의 내용은 규정될 수 있다. 우리 나라 유행가 가사 중에 '어머니'나 '부모님'이라는 내용이 매우 많으며, 또 우리는 이러한 노래를 들을 때마다, 위에서 규정한 인지-감정경험을 하게 된다. 이는 한국인의 마음속에 어머니(부모)에 대한 표상과 이에 관련된 감정체계가 매우 발달되었음을 시사한다. 따라서 이 요인을 '부모에 대한 표상 및 관여감정체계'로 명명하였다.

이러한 요인분석 결과와 실험 1과 2의 내용분석 결과를 기초로 한국적 광고경험의 구성인자와 이들 인자 간의 관계성을 한국의 역사 문화적 생활공간이라는 구조적 틀 속에서 해석해 보면 [그림 11-3]과 같다.

[그림 11-3]에서 외곽에 있는 역사 문화적 생활공간은 오늘의 한국인이 살아가고 있는 원접 생활공간을 말한다. 이러한 원접 생활공간은 한국인의 삶과 의식에 전반적으로 관여되는 한국인의 삶 장르를 뜻한다. 이러한 역사 문화적 맥락 속에서 한국인은 한국적인 광고를 제작하고, 보고, 경험하게 된다. 따라서 이 공간을 자석으로 상징하기 위해 사선으로 표현하였다. 이 속에서 이루어지는 광고경험은 광고시청자의 자아관여적, 에피소드적, 해석적 질의 현상적 삶 경험이 핵심이 되며, 구체적 경험내용은 크게 정 경험, 시골성 경험, 가족성 경험이다. 이들 세 범주의 현상적 삶 경험은 경험의 체계 속에서 서로 부분적으로 중복되고([그림 11-2] 참조) 상호 영향을 미치는 연계관계에 있다.

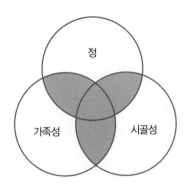

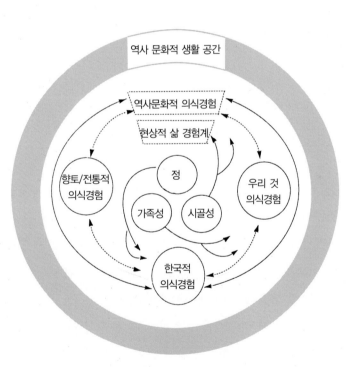

그림 11-2　정, 시골성, 가족성 간의 관계

그림 11-3　한국적 광고경험의 구성인자와 토폴로지

[그림 11-3]에서 이러한 연계관계를 세 경험내용 범주 간의 화살표(↔)로 표시하였다. 다시 이러한 현상적 삶 경험이 한국의 역사문화라는 의식체계와 인지·경험적으로 연계될 때 역사 문화적 의식경험계로 체험된다. 즉, 역사 문화적 의식경험계는 현상적 삶 경험이 역사문화 의식체계 속에서 해석될 때 나타나는 의식경험계에 해당된다. 이를 전동기로 은유하기 위해 정, 시골성, 가족성 경험은 모터의 코일에 비유하였으며 이러한 현상적 삶 경험이 역사문화라는 자장(磁場)의 영향을 받아 한국적인 것, 우리 것, 전통적인 것이라는 의식자성(意識磁性)을 얻게 될 때 한국적인 역사 문화적 의식경험계로 확장된다. 이를 회전형의 원심적 운동방향으로 나타내기 위해 외곽의 역사 문화적 생활공간을 지향한 화살표(↷ ↶)로 표현하였다.

◯ 한국적 광고경험의 구상화

지금까지 한국적 광고경험에 대한 분석을 시도하였다. 그러나 이러한 분석 자체는 환원적 해부(還元的 解剖)에 해당되므로 그것 자체로 한국적 광고의 형상을 알아보기는 힘들다. 따라서 여기에서는 환원을 통해 얻은 원소적 분석내용을 한국인의 삶과 연계시키며 동시에 우리가 일상 사용하는 자연언어(natural language)로 구상화하는 이차적 작업을 통해 한국적 광고경험의 성격을 다음과 같이 재구성하였다.

한국적인 광고경험에서 제일 중요한 것은 한국사람이 광고를 볼 때 정을 느끼냐 못 느끼냐의 문제다. 정을 느끼면 일단 한국적인 광고경험이 된다. 정 경험을 유발하는 가장 대표적인 광고장면은 시골과 가족이다. 특히 어머니는 정 경험을 가슴 뭉클하게 실감시키는 사람이다. 또한 시골의 진한 삶의 장면도 정 경험을 피부적으로 느끼게 만드는 자극이 된다. 한국적

인 광고경험에서 다음으로 중요한 것은 시골로 돌아가려는 도연명의 '귀
거래사' 식 귀소본능 경험이다. 시골은 한국인에게 마음의 고향이며, 풍요
와 여유의 마음을 가져다준다. 한국적인 광고경험에서 세 번째로 중요한
것은 어렸을 적에 시골에서 자라면서 겪었던 추억에 남는 사건경험이다.
이 어렸을 적 경험은 시청자에게 즐거움과 그리움의 자화상이 된다. 이 자
화상은 반드시 사실일 필요는 없다. 우리 한국 사람들은 이러한 어렸을 적
의 시골생활 경험을 그럴듯하게 꾸며서 자기 것인 것처럼 생각하는 버릇
이 있다. 한국적인 광고경험에서 네 번째로 중요한 것은 향토적, 전통적이
라든가 우리 것이라는 인상을 강하게 주는 것들이다. 독도와 같이 우리 땅
의식을 주는 것, 조상의 냄새가 물씬 나는 장면, 향토적인 풍취가 그득한
시골의 농기구, 마구간, 가족의 단란함을 나타내는 장면 등은 바로 우리를
상징하는 장면이 된다. 한국적인 광고경험에서 다섯 번째로 중요한 것은
애처로운 부모, 걱정하고 희생하는 부모를 보는 것이다. 부모는 그 자체가
미안함, 죄송함, 보고싶음 등의 감정을 이끌어 내는 걱정과 눈물의 주머니
다. 한국적인 광고경험에서 여섯 번째로 중요한 것은 고향을 연상시키는
자극이다. 한국인은 고향에 대한 병적일 수 있을 정도의 애착이 있다. 고
향을 연상시키는 자극은 얼마든지 있다. 어머니의 주름 패인 얼굴에서부
터, 기차의 기적소리, 냇가, 시골의 역 등 얼마든지 찾아낼 수 있다. 한국
인에게 고향은 마음에 있는 추억의 그림이다. 한국적 광고경험에서 일곱
번째로 중요한 것은 옛것의 상실에 대한 아쉬움과 감정이다. 한국인에게
과거가 없어지는 것은 곧 자아의 상실, 마음의 상실을 말하며, 허탈감과
아쉬움을 자아낸다. 여덟 번째는 시골 사람들의 투박한 사투리도 한국적
광고경험을 자아낸다. 요즈음 코미디나 연속극이 사투리의 경연장처럼 사
투리 자랑일색인 것은 한국의 시청자들이 이를 통해 우리 것 경험을 즐기
기 때문이다. 한국 사람은 사투리 쓰는 사람에게 편하게 느끼고 정을 경험

한다. 반대로 도시 말은 긴장을 준다. 이 밖에 중요한 경험은 한국인의 멋을 나타내는 것, 예컨대 한복, 붓글씨, 향토음식 등은 한국적 멋을 경험하게 만드는 것들이라 할 수 있다. 또한 시골 사람들의 세련되지 않은 촌스러운 행동도 한국인에게 한국적 경험을 유발시킨다. 끝으로 한은 고급수준의 한국인 자화상 경험으로, 영화 '서편제'는 실제로 한의 주인공인 시골 사람보다는 도시인, 지식인에게 오히려 더 인기가 있었다.

◯ 한국적 광고경험의 심리적 성격규정

한국적 광고경험이 어떤 것인가에 대해서는 이미 앞에서 한국적 광고경험 모형과 요인분석을 통해 구체적으로 제시되고 논의되었다. 이를 기초로 한국적 광고경험의 심리적 특성을 추출해 보면 〈표 11-8〉과 같다. 여기서 보여 주는 한국적 광고의 성격 준거 항목에서, ① 얼마나 많은 항목에, ② 얼마나 강하게 경험되느냐에 따라 한국적 광고경험이 얼마나 강하게 체험되느냐가 결정된다고 볼 수 있다.

이러한 기준에서 볼 때, 우리의 역사, 문화재, 우리의 과학적 발명품은 사실상 한국적 광고경험을 체험시키는 데 효과적이 아닐 가능성이 매우

표 11-8 한국적 광고경험의 심리적 특성

1) 우리 것이라는 의식경험을 갖는 것
2) 사라져 가거나, 사라진 옛것 또는 오래된 것이라고 느끼는 것
3) 영상성이 있는 회상거리가 되는 것
4) 우리의 삶이나 우리 '사람'의 숨소리, 찌든 때가 배어 있다는 것
5) 우리의 향수와 정취감, 연민의 정을 불러일으키는 것
6) 그것에 대한 애착이나 정이 있는 것
7) 보는 이로 하여금 인간적인 정을 경험케 하는 것

8) 시골성 표상이 있으며, 시골성 경험 및 에피소드가 있는 것

9) '고향감'을 불러일으키는 것

10) 우리 부모의 마음이나, 우리 조상의 채취가 배어 있으며, 이와 연계된 자아관여적 감정이나 정서를 불러일으키는 것

11) '그것'이 곧 '나' 또는 '우리'의 삶, 인생 또는 뿌리라는 동일시(identification) 감정이 일어나며, 동시에 감개무량의 느낌이나, 과거로 돌아간 '그때를 아십니까'적 정서를 일으키는 것

높다. 예컨대, 남대문, 불국사, 김종서, 삼국사기, 비원, 부여의 고란사, 측우기 등은 분명 우리의 중요한 역사적 사실을 담고 있다. 그러나 이러한 역사유물들은 우리의 일상적 삶 자체와는 멀리 떨어져 있으며, 또한 일반인들은 이러한 역사유물들을 보면서 그 당시의 삶이나 역사적 현상 그 자체를 몸으로 실감할 수 있는 인지적 도식이 발달되어 있지 않아, 실감은 물론 가감(假感)도 어려울 경우가 많다. 만약 불국사가 한국적 광고체험을 불러일으켰다면, 과거에 수학여행 갔을 때 일어났던 에피소드적 경험 때문이라고 볼 수 있다. 여기서 '한국적 광고'와 '한국적 광고경험'은 구분되는 것임을 알 수 있다. 우선 한국적 광고라 할 때는 그 광고 속에 있는 소재가 '한국적인 것이냐, 아니냐'의 객관적, 사실적 기준이 판단의 준거가 된다. 이 기준에서 보면 불국사, 남대문과 같은 역사 문화적 유물은 가장 한국적인 광고소재가 된다. 여기서 한국적인 것이냐 아니냐의 판단기준은 위의 역사적 사물에서처럼 명백할 수도 있으나 문화적, 가치적, 정신적 광고소재의 경우 그것이 진실로 한국적인 것이냐 아니면 동양적인 것이냐 또는 세계적인 것이냐의 판단이나, 또는 일시적인 것이냐 아니면 과거로부터 있어 왔던 것이 지금에도 있는 것이냐, 또는 현재에 있는 것이 과거의 것과 다른 것처럼 보이나 그 원형은 과거의 것에서 비롯된 것이냐 또는 아니냐의 문제에 대한 판단이 애매모호한 경우가 있다.

예를 들어 한국인의 정이 일본인에게도 또는 중국인에게도 있는 것이냐의 객관적 판단준거는 어느 학자도 가지고 있지 않다. 또한 한국인의 부지런함이 최근에 나타난 한국인의 심성인가 아니면 과거에도 가지고 있었던 심성인가, 또는 명절 때 고향의 부모와 친척을 찾는 것이 요즈음 민족대이동이라고 하는 귀향전쟁을 통해 두드러지게 나타나고 있는바, 이것이 과연 과거에서부터 있어 왔던 대가족 제도의 변형이냐, 즉 육체적으로는 핵가족 형태를 띠지만 정신적으로는 대가족 관계를 유지하고 있는 것으로 보아야 할 것인가, 아니면 대가족 제도와 무관한 고향방문 그 자체인가의 문제는 객관적인 판단준거를 찾기 어렵다. 따라서 '한국적 광고'에서 한국적인 것의 기준은 일견 명백할 것 같으나 그렇지 않은 경우도 많다. 어쨌든 한국적인 광고는 한국적인 것을 소재로 한 광고를 말한다.

그러나 한국적 광고경험은 광고의 소재가 객관적으로 한국적이냐 아니냐의 문제보다는 경험하는 사람이 광고의 소재를 어떻게 경험했느냐가 판단의 기준이 된다. 한국적 광고경험의 형태는 크게 [그림 11-2]에서 제시된 바와 같이 광고의 소재를 보고 한국적 의식경험이나 향토적 · 전통적 의식경험, 우리 것 의식경험 등과 같은 역사 문화적 의식경험계와 정 경험, 시골성 경험, 가족성 경험 등과 같은 현상적 삶 경험계로 구성된다. 전자의 역사 문화적 의식경험계는 한국인의 따뜻한 인간관계나 한국의 가족, 시골사람과 풍물 등을 보았을 때 이것에 대응하는 정이나 가족성, 시골성 경험과 같은 현상적 삶 경험과 더불어 이러한 경험에 대한 상위인지적 과정을 통해 '한국적인 것' 또는 '우리 것' 또는 '향토적 · 전통적인 것'으로 '의식' 하는 의식수준의 한국적 광고체험 형태를 말한다.

보통 일반인의 역사 문화적 의식경험에서는 한국적인 것이라는 의식보다는 우리 것 의식 또는 전통적 · 향토적인 것으로 의식되는 것이 일반적이다. 여기서 '한국적인 것' 이라는 의식경험은 곧 '우리 것' 이라는 의식경험과 동일한 것일 수도 있으며, 또한 '한국적인 것' 이라는 생각에서 '우리의 것' 이라는 의식으로 연계되기도 한다. 그러나 '우리 것' 의식경험은 그대로 '한국적인 것' 이라는 의식경험으로 반드시 연계되거나 전환되는 것은 아니다. 예컨대 주름살이 패인 어느 한국 어머니를 보고 '우리의 어머니' 경험은 하지만 이것이 곧 한국적인 것의 경험이라는 의식은 생기지 않을 수도 있다. 일반인들의 역사 문화적 의식경험은 보통 전통적이라든가, 향토적이라든가, 또는 우리 것이라는 형태로 이루어지는 것이 보통이며 한국적인 것이라는 생각은 별로 갖지 않게 되는 것이 보통이다.

지금까지 위에서 이루어진 분석과 구상화를 중심으로 한국적 광고제작에서의 전략적 시사점을 도출해 보면 다음과 같다.

한국적 광고는 한국인의 일상생활 속에서 그 소재를 찾아야 한다. 그 소재는 앞에서 제시된 한국인의 심리적 삶 경험을 광고를 통해 재경험시키며 동시에 한국인의 삶 오르가즘을 불러일으키고, 잊혀진 자기 자신에 대한 재발견을 가능케 하는 '일상 속의 놀라움' 의 성격을 지닌 것이어야 한다. 광고소재의 구성은 단순한 콘셉트의 전달보다는 자신의 에피소드적 과거의 사건경험이 광고소재를 통해 풍부하게 재생되도록 단막극의 성격을 지녀야 한다. 따라서 언어적 메시지보다는 현장성이 강한 영상성 그림을 핵심적 광고소재로 구성해야 한다. 영상성 그림의 소재는 잊혀진, 잃어버렸던 나의 경험을 '아! 그렇지' 라는 마음속의 놀라움을 불러일으키며, 사라져가는 옛것, 자기 것에 대한 향수와 아쉬움, 그리움의 감회와 정서를 가슴 뭉클하게 체험시킬 수 있는 '자기동일시' 의 영상그림이 되어야 한다.

그러나 영상그림을 통한 광고 경험내용이 의미 있는 경험 패키지로 단위화되기 어려운 경우에는 언어적 도움을 받아야 한다. 이때 언어적 소재는 또렷한 경험으로 묶이지 않는 영상적 광고체험을 의미 있는 결정적 경험단위로 실체화, 구체화, 게슈탈트화시키는 기능을 수행하는 역할을 해야 한다. 동시에 광고소재에 포함되는 청각적 음향자극들은 영상자극의 실물성을 제고시키며 널려 있는 다양한 영상자극들을 게슈탈트적 경험으로 통합시키고 광고경험의 체감성을 높이는 기능을 수행해야 한다.

끝으로 본 연구의 제한점은 한국적 광고경험의 성격규정이 지난 5년간 제작된 한국적 광고에 대한 광고경험을 중심으로 이루어졌다는 점이다. 앞으로 본 실험에 사용한 한국적 광고와는 전혀 다른 광고가 새롭게 제작된다고 가정할 때, 한국적 광고경험의 성격은 계속 변하고 달라져야 할 것이다. 광고가 무한의 가능성을 계속적으로 찾아가는 무경계의 창조작업(그래서 creative라는 말을 쓰는 것처럼)인 것처럼 한국적 광고경험도 광고제작자가 새롭게 창조하는 한국적 광고의 크리에이티브에 따라 끊임없이 확장되어야 할 것이다.

화병

그동안 한국의 정신의학회에서 화병에 대한 많은 논문이 발표, 논의되어 왔다. 정신의학자들이 화병에 관심을 갖게 된 일차적 배경은 정신과를 찾는 환자 중에서 스스로를 화병 환자라고 칭하고 그 증상을 호소하는 사례가 적지 않으며, 동시에 정신과적 진단체계에서 이들의 증상을 적절히 포괄하는 진단명을 찾기 어려운 데서 화병에 대한 연구의 필요성이 부각되었던 것이다. 화병에 대한 연구와 관심을 자극하는 이차적 배경은 문화 비교 정신의학의 세 확장과 더불어 한국의 정신의학자들의 한국적 정신병에 대한 관심이 급격히 증가하고 있는 것과 관계된다.

'화병' 이란 말은 그 어휘가 나타내는 바대로 민간의학적 용어로서 서구 정신의학에서는 나타나지 않는, 한국적 진단명이다. 기존의 정신의학적 연구와 치료는 서구에서 체계화된 정신의학의 이론적 틀에서도 서구의 이론적 틀 속에서 정신과적 문제의 표현형과 발생기제가 문화 간에 어떻게 다른가를 알려고 했다는 점에서 '서구이론의 문화비교적 검토' 의 수준에 머무르고 있다고 볼 수 있다. 그러나 화병과 관련해서 우리나라 정신의학자들이 보이고 있는 접근의 방식은 상기한 기존의 접근방식과 다르다. 첫째는 정신의학자들이 '화병'이라는 일상적 용어를 그대로 사용하고 있다는 점이다. 둘째로 화병을 연구하는 방식을 보면 문화비교적 접근의 차원을 넘어 토착 정신의학적 접근(indigenous approach)을 하고 있다는 점이다. 구체적으로 보면, 종래의 정신의학적 틀을 가지고 들어가 화병을 해석하고 조망하는 것이 아니라, 화병 환자라고 자처하는 사람들이 호소하는 내용과 방식을 그대로 받아들이고 이를 기초로 하여 화병에 대한 정신의학적 이론화와 치료를 모색하고 있다는 점이다(예컨대, 민성길, 이시형 외).

이와 같은 토착 정신의학적 접근은 문화 및 문화 심리적 요소를 이론의 구성과 치료과정에 반영하며, 특히 한국적 정신병의 특수성을 주체적으로 확인한다는 점에서 높이 평가된다. 그러나 한국인의 정신·심리적 특이성에 대한 충분한 검토를 거치지 않은 상태에서 화병이라는 새로운 진단명을 찾는 데는 어려움과 혼돈이 수반될 수 있다. 예컨대, 화병을 정신의학적으로 논하기 위해서는 한국인의 화가 어떤 정신·심리적 현상인가를 먼저 이론적으로 구성하고 검증하는 일이 선행되고, 다음 단계로 화가 어떤 정신·심리적 과정과 기제(기전)를 통해 화병으로 발전하는가를 밝히는 것이 연구의 순서라고 생각할 수 있다.

이 글의 목적은 '화'의 심리적 구성과 과정에 대한 문화심리학적 개념화를 통해 화가 어떤 현상인가를 정리해 보고 그것이 화병과 어떻게 연계될 수 있는가를 논함으로써 정신의학자들의 화병 연구에서 발견되는 개념적 혼돈을 명료화해 보는 데 있다. 논의의 순서는 먼저 화의 심리현상을 정리해 보고, 다음으로 그것이 어떻게 화병으로 발전하는가를 검토한 후 이를 기초로 기존의 화병 연구에서 발견되는 개념의 혼돈을 명료화해 보기로 한다.

일상의 언어 속에 사용되는 어휘로서 심리적 현상을 지칭 또는 외현화 하는 어휘는 그 어휘가 지칭하는 구체적이며 사회적인 준거를 가지고 있으며, 동시에 그 어휘가 적합하게 사용되는 대화문법적 맥락이 있다. 예컨 대 일상대화에서 "x가 화가 났다."라고 말할 때 x의 마음속에는 '화'라는 심리상태가 발생했으며, '화가 났다.'는 심리상태를 직접 표상하거나 추론 할 수 있는 구체적이며 사회적으로 공유된 준거단서를 가지고 있다. 이 말 은 '화'와 같은 일상언어 속의 심리현상이 언어-사회-문화적으로 규정됨 을 뜻하며, 이러한 규정은 역으로 '화'라는 심리현상을 만들어 낸다 (Wittgenstein, 1975). "x가 y한테 무시 당해서 화가 났다."라고 말할 때, 우리 는 x가 실제로 화가 났다는 것을 증거할 수 있는 준거단서를 확인하지 않 고도, 이 말을 자연스럽게 받아들인다. 그 이유는 우리가 '무시 당하면 화 가 날 것이다.'라는 사회적 인과 도식을 가지고 있기 때문이며, 'x가 y한테 무시 당해서 화가 났다.'는 진술은 단순한 현상 기술을 넘어 화가 난 원인 을 밝히는 설명이다. 일상의 담론 방식은 단순한 사실 기술보다는 사실이 일어난 배경과 원인에 대한 설명을 직접·간접적으로 포괄하는 '문제 해 설식' 담론이다(Bruner, 1990). 예컨대 '화'에 관한 일반인의 담론 양식은 '화'가 일어난 맥락과 원인을 함축 또는 지칭하는 담론이며, 따라서 '화' 라는 어휘가 사용되는 맥락은 일반인이 '화'라는 현상에 대해 공유하는 사회적 표상에 적합해야 한다. 이는 곧 '화'라는 어휘가 사용되는 맥락을 분석할 때, '화'라는 현상에 대한 사회적 표상이 확인됨을 뜻한다 (Moscovici, 1984).

'화에 대한 사회적 표상'과 '화의 심리상태'와의 관계는 동전의 양면 처럼 공존한다. '무시 당하면 화가 난다'는 표상은 '무시 당해도 화나지 않은' 심리가 보편적이라면 사회적 적합성을 갖지 못하며, 이러한 현실에 서 그러한 표상은 생성되기 어렵고 있다 하더라도 소멸된다. 여기서 한걸음 더 나아가 Vygotsky(1978)와 Wittgenstien(1975) 등은 인간의 심리가 사회적으로 생성됨을 주장하며, 이들은 언어가 심리를 생성시킨다(과거에는 언어를 심리·사고의 표현으로 보았음)는 입장을 취하고 있다. 이들의 입장에 따르면, '무시 당하면 화가 난다.'는 말을 믿고 사용할 때, 무시당하면 화가 나는 심리적 현상이 만들어진다는 것이다.

위에서 제시된 이론적 시각을 전제로, 이 장에서는 화와 화병의 성질, 심리적 발생기제를 개념화하고, 지금까지 이루어진 화병 연구에 관한 고찰을 통해 화병 연구에서의 모호한 논의를 규명해보고자 한다.

○ '화'의 사전적·언어적 의미분석

『우리말 큰사전』(1994)에서 '화'와 관계된 정의를 보면 다음과 같다.

- 화–노엽거나 언짢아서 달아오르는 불쾌한 감정
- 화나다–성이 나서 화기가 생기다.
- 화기–가슴이 번거롭고 답답해지는 기운
- 심화–마음속에서 복받쳐 일어나는 화

위의 '불쾌한 감정' '성이 나서' '답답해지는' '마음속에서 복받쳐 일어나는' 등의 서술에서 화가 마음속에 존재하는 불쾌한 심리상태임을 알수 있다. 화의 동사형은 '화가 난다'와 '화를 낸다'로서, '화가 난다'는 마음속에 화가 생겼다는 뜻이며, '화를 낸다'는 마음속에 생긴 화를 밖으로 표출한다는 뜻이다. 일반인의 심리학(folk psychology)에서 '정이 우러난다' '화가 난다' '기분 난다' 등의 표현은 화나 정, 기분과 같은 감정은 물이 샘에서 솟아나는 것처럼 마음속에서 저절로 생겨난다는 것을 암시한다고 본다. 그러면 화의 감정은 왜 생기는 것일까? 화가 났을 때 왜 화가 났는지를 물으면 이에 대한 전형적인 대답은 'xx 때문에'의 형태를 띤다 (예: '상대가 나를 무시했기 때문에' '자식이 대학에 떨어졌기 때문에' '시집간 딸이 이혼했기 때문에' 등). 이러한 화의 원인에 대한 대답의 내용이 곧 일반인이 생각하는 화의 발생원인이기도 하다. 또한 위의 예에서 화는 자신과 직접 또는 간접적으로 관련된 불행한 사건으로 인하여 발생한 불쾌한 감정임을 알 수 있다. 여기서 세 가지 질문이 제기될 수 있다. 첫째는 화라는 감정을 유발시키는 불행한 사건은 어떤 성질의 사건이며, 둘째는 화라는 불쾌한 감정상태는 구체적으로 어떤 성질의 심리적 경험이며, 셋째는 그러한 사건이 어떤 심리 과정을 통해 화라는 경험을 유발시키는가의 문제다. 이 세 가지 문제는 질문의 명료성을 위해 분리시켜 제기하였으나, 이에 대한 해답은 이 세 가지 문제를 일관된 맥락 속에서 동시적으로 접근하는 것이 적합하다고 사료된다. 왜냐하면 화는 다양하고 유사한 여타의 감정경험, 예컨대 원, 한, 증오, 욕구좌절, 불행감 등과 구분되는 특정한 고유질의 감정상태로서 그러한 고유질은 화를 유발시키는 사건과 그 사건과 관련해서 일어나는 화 특수적 심리 과정을 동시에 고려할 때에만 밝혀질 수 있기 때문이다. 화의 사건─심리 맥락적 고유질을 밝히지 않을 때 화는 욕구좌절, 스트레스, 불쾌감 등과 구분될 수 없다.

화의 심리현상과 심리과정의 이해를 위한 접근에서 화와 관련되어 일상적으로 사용되는 대화 중 화의 특성을 시사한다고 보여지는 표현을 살펴보는 것은 화의 성질을 밝히는 초입과정으로 중요하다. '화'라는 단어가 사용되는 표현양식은 다음과 같다.

'화가 치민다.' '화가 나서 속터진다.' '화가 나서 열받는다.' '약오르고 화난다.' '화가 나서 환장하겠다.' '화가 나서 미칠 것만 같다.' '분하고 화난다.' '억울해도 화내지 말고 참아라.' '화를 푼다.' '화를 참을 수 없다.' '저놈한테 당해서 화난다.' 'x놈이 나를 무시해서 화난다.' '억울하고 화난다.' '화를 돋군다.' '생각할수록 화난다.'

이런 표현방식에서 우선 화의 불쾌감정의 강도는 참고 극복하기 어려울 정도로 매우 강함을 알 수 있다. 다음으로 화의 감정은 분하고 억울한 마음과 밀접히 관계된다는 점이다('분하고 화난다.' '억울하고 화난다.'). 『우리말 큰사전』에서 '분하다'는 말은 "남에게 억울한 일을 당하여 마음이 원통하다."로 정의되어 있다. 여기서 '억울한 일'을 당함, '마음이 원통함'은 분과 화의 핵심개념이다. 억울하다는 생각과 감정은 화 감정의 본질과 발생의 심리과정을 규정하는 핵심개념이므로 뒤의 '억울심리'에서 자세히 논하기로 하고 여기서는 '자신이 부당한 피해를 당했다는 사실에 대해 수용하기 어려운 마음 상태'로 규정해 두자. 위의 분에 대한 정의 맥락에서 '마음이 원통함'은 자신에게 피해를 준 사람이나 사건에 대해 원망스럽고 남이 아닌 자기 자신이 피해를 그것도 부당하게 받았다는 사실에 마음이 아픈 것을 말한다. 결국 분하다는 말은 스스로 인정하고 수용하기 어려운 불쾌·불행한 사건을 기정사실로 받아들여야 하는 데서 오는 원망스럽고 마음 아픈 심리 및 감정 상태다. 분한 감정의 발생조건에는 억울함이 필수적이므로 다음에서는 억울의 심리를 분석해 보기로 한다.

◯ 억울의 심리

앞에서 억울한 마음은 '자신이 부당한 피해를 당했다는 사실에 대해 수용하기 어려운 마음의 상태'로 정의하였다. 이 정의에서 억울의 세 가지 요소는 ① 피해 당사자는 자기 자신이며, ② 피해의 성격은 부당하고,

③ 피해의 결과에 대한 마음의 상태는 그 결과를 기정사실로 수용하는 데 대한 거부감이다.

피해의 당사자가 자신이며 동시에 피해의 성격이 부당하다는 맥락에서 드러나는 것은, 억울의 감정이 피해를 받지 않아야 할 자신이 피해를 받았다는 데서 오는 당사자적 피해 심리를 주축으로 한다는 것이다. 타인이 피해를 받았을 경우 자신이 타인과 동일시하지 않는 한 억울한 감정은 생기지 않는다. 당사자적 피해 심리에서 '부당한' 피해의 기준은 객관적이라기보다는 주관적이며, 사회정의보다는 심정논리에 기초하는 경우가 많다. 억울함을 호소하는 사적인 대화 속에서 흔히 발견되는 표현은 "내가 얼마나 생각해 주었는데……" "인간으로서 나에게 그럴 수가 있는가" "아무리 내가 못났다 해도……" "힘없는 것이 무슨 죄라고……" 등이다. 이러한 대화의 양식은 심정논리를 저변에 깔고 들어가는 것이다. 그러나 억울 감정을 자신의 입장에 동의할 수 없는 타인이나 사회적 상황에서 토로할 때에는 사회적 정의 기준과 객관적 논리 전개의 양식을 차용하여 자신의 주관적 억울 감정을 정당화하는 경우가 많다.

억울 감정의 세 번째 요소인 피해의 결과에 대한 수용 거부는 다음의 두 가지 측면에서 설명할 수 있다. 첫째는 피해의 당사자가 남이 아닌 자기 자신이며, 그 결과 자체가 자신에게 심각한 부적 영향을 미치며 회복이 어렵거나 불가능하기 때문이다. 둘째는 피해의 원인이 궁극적으로는 자신의 무능함이나 돌이킬 수 없는 실수에서 비롯되었다는 인식과 더불어 자책성 원망이 억울한 감정에 개입되어 있기 때문이다. 특히 상대가 나를 이용하거나 가해할 의도를 가지고 부당한 피해를 주었을 때, 여기에서 오는 기만당했다는 생각과 가증감은 커지며 따라서 피해 결과에 대한 수용 거부감은 더욱 커진다. 억울의 심리와 억울 감정의 본질을 이해하기 위해 '억울한 사람들의 모임'에서 발표된 사례를 다음에 요약·제시한다.

사례 1) 어촌 거주 노모

아들이 오토바이를 타고 가다 택시와 충돌, 사망하였다. 경찰에서는 택시가 정상운행 중 오토바이가 불법유턴하면서 충돌하였다는 택시기사의 증언만 듣고 수사를 종결하였다. 그러나 사실은 택시가 불법유턴하다가 충돌한 것이고 그것은 현장을 보면 명백히 알 수 있다. 청와대에 진정하여 재수사하였으나, 택시회사의 간부들이 "죽여버리겠다."고 협박하고, 수사관들과 형님, 동생하면서 대화하는 것을 들었다.

사례 2) 20대 여성

결혼하면 독립시켜 주겠다는 시댁의 약속을 믿고 중매 결혼하였으나, 시댁에서는 약속을 지키지도 않을 뿐 아니라 남편에게 폭행까지 당해 뇌손상을 당했으나 시댁에서는 무관심하였다. 친정에 돌아와 병원치료를 하던 중 남편은 아내를 행방불명자로 처리하여 이혼수속을 밟았다. 진단서를 첨부하여 재심을 청구하였으나 고법, 대법원에서 모두 기각 당하였다. 우리는 돈도 없고 빽도 없는데 그쪽에서는 법원에 아는 사람을 통해 돈을 써서 서류를 위조하였다는 말을 들었다.

사례 3) 초로의 농부

1977년, 개간하면 불하해 주겠다는 정부의 약속을 믿고 10여 년간 불모지를 개간하였으나, 정부는 약속을 지키지 않을 뿐 아니라 그동안 키워 놓은 나무값도 주지 않고 있다. 나처럼 힘없는 백성은 어쩌란 말인가?

위의 각 사례에서 공통적으로 나타난 억울 감정의 핵심을 추출해 보면 다음과 같다.

- 나는 돈 없고 빽이 없어서 당했다.
- 돈 없고 빽없는 내가 원망스럽다.
- 그렇지만 어찌 그럴 수가 있느냐, 나같이 돈없고 빽없는 놈은 당해야만 하는가.
- 상대는 내가 약한 것을 알고 계획적이며 의도적으로 가해했다.

사례에서처럼 자신이 피해를 받았을 때 억울한 마음이 생기는 배경은 상대가 자신이 힘없는 약자인 것을 미리 인식하고 힘을 부당하게 행사하여 자신에게 피해를 주고 동시에 상대는 이득을 취했다는 데 있다. 여기서 피해자는 자신이 힘이 없다는 사실에 일단의 책임을 인정하면서도, 다른 한편으로는 힘이 약하다는 이유만으로 자신이 피해를 받았다는 사실을 수용할 수 없는 이중 심리를 갖게 된다.

그러나 가해자가 불분명한 억울함도 있다. 첫 번째는 실수의 작위자가 자기 자신이며 원망의 대상 또한 자기 자신인 경우다. 예컨대 사업에서 자신의 돌이킬 수 없는 실수로 인해 재산을 탕진한 경우인데, "이 바보같은 놈이……"하며 자신을 원망하는 말은 곧 나의 실수에 의해 내가 당했다는 것을 함축한다. 결국 여기에도 당했다는 심리는 포함된다. 가해자가 불분명한 두 번째의 경우는 자신의 기구한 운명이나 사건에 대한 원망이다. "이 놈의 팔자가 사나워서……" "하느님도 너무하시지……." 하며 자신의 불행을 원망조로 한탄하는 말 속에는 억울함의 심리가 내재되어 있다. 여기서 가해자가 타인이건, 자신의 무능함이나 실수이건 또는 팔자나 운명이건, 기본적 기제는 부당하게 당했다는 자기피해 의식이다.

자기피해 의식이 생기기 위해서는 메타인지 수준에서 자신을 대상화하여 조망하고 그것을 억울 사건과 결부시키는 자각이 있어야 한다. 따라서 '억울하다'고 말할 때의 심리과정은 "(내가 나를 대상화하여) 생각해 보니 내가 피해를 당한 것은 부당한 일이구나."라는 인식과정이 있어야 한다. 그러나 일상생활 속에서의 대화 양식은 '나는 억울하다'와 같이 억울을 직접 경험하는 형태로 표현된다. 이러한 표현 속에는 자신을 대상화한 메타인지는 삭제되어 있으며, 이 과정은 암묵적으로 일어나거나 아니면 자동적으로 일어난다. 또한 경우에 따라서 억울에 대한 메타인지는 일정한 시간이 지난 후에 생기기도 한다. 이럴 때의 언어적 표현은 "(나중에) 곰곰이 생각해 보니 억울하다."는 형태를 띤다. 억울이 인지될 때 억울감정은 자동적으로 일어나며, 억울감정이 있을 때 억울에 대한 메타인지는 활성화된다. 결국 억울하다는 생각과 억울의 감정은 동시적으로 공존한다고 볼 수 있다.

◑ 화 감정의 질적 특성

화는 억울하고 분한 생각과 감정을 내재화하고 있는 불쾌한 감정흥분 상태다. 불쾌 감정의 흥분강도는 억울과 분함의 정도와 비례하며, 억울과 분함의 정도는 ① 자신이 받은 주관적 피해의 크기, ② 피해의 회복 불가능성과 피해의 대체 불가능성, ③ 자책성 원망의 정도, ④ 가해의 의도성 및 가해방법의 교활성 등에 영향을 받는다. 억울함과 분함에는 자신이 부당한 피해를 받았다는 메타인지가 개입되므로 화의 불쾌한 감정 흥분은 억울함과 분함에 결부된 메타인지에 수반된다. 그러나 화의 감정이 일어남과 거의 동시에 메타인지는 자동적 처리과정을 통해 완결되므로 실제의 화 발생 상황에서는 그 선후가 매우 불분명한 것이 일반적이다.

화의 불쾌 감정이 일반적 욕구좌절이나 스트레스 또는 우울과 구분되

는 것은, 화의 감정에는 억울함과 분함이 갖는 특정한 고유질의 자기중심
적 메타인지가 결부되어 있으며 따라서 화 감정의 성질도 특정한 고유질
을 갖는다는 점이다. 화 감정의 질은 억울함과 분함이 섞인 불쾌 감정이라
고 성격지을 수 있다. 여기서 억울한 감정은 자신이 부당한 피해를 당했다
는 사실에 대해 수용하기 어려운 마음의 상태다. 또한 분한 감정은 자신에
게 피해를 준 사건과 사람에 대해 원망스럽고, 자기 자신이 피해를 그것도
부당하게 받았다는 사실에 마음이 아픈 상태를 말하며, 이러한 감정은 억
울의 메타인지와 병행하는 경우가 많다.

　화의 강도와 지속 기간의 범위는 매우 넓다. 일반적으로 경미한 화는 쉽
게 내고 쉽게 풀린다. 이러한 화는 일상생활 속에서 다반사로 일어난다.
그러나 강도 높은 중대한 화는 쉽게 낼 수도 없고 풀기도 어려운 경우가
많다. 이러한 화는 흔하지 않은 화 사건에 직면하여 발생하는 격정성이 높
고 심각한 화이다. 또한 동일한 화 유발사건에 접했을 때 개인이 경험하는
화의 강도는 다르다. 화 사건에 둔한 감정 반응을 보이는 사람이 있는가
하면 예민하고 강한 감정반응을 나타내는 사람도 있다. 뿐만 아니라 화 사
건의 내용에 따라 개인 내에서도 화 감정의 강도가 다르다. 예컨대, 경제
적 측면을 중요시하는 사람은 경제적 화 사건에 강한 감정반응을 보이며,
열등감이 강한 사람은 자존감과 관계된 화 사건에 더욱 민감하게 반응하
고 강한 화 감정을 경험하게 될 것이다. 화를 지속성 면에서 보면, 한순간
에 소멸되는 일과성 화에서부터 오랜 기간 동안 지속되는 만성적 화에 이
르기까지 다양할 수 있다. 그런가 하면 화 감정의 유발·소멸이 순환되는
순환적 화와 장기간에 걸쳐 일정한 순환주기를 가지고 나타나는 주기적
화도 있다. 순환적 화는 화의 유발단서에 접할 때 상기적으로(reminiscent)
일어나는 화이며, 그 단서는 객관적 환경에 있을 수도 있고 자신의 순간적
기억과 연루되어 나타나기도 한다. 주기적 화는 만성적 화가 지속될 경우

일정한 시간을 두고 흥분과 쇠진이 순환적으로 주기를 이루어 일어날 때
나타날 수 있다.

화내기와 화 토로하기

한국인들은 감정의 종류와 관계없이 감정 자체는 순수하고 진실한 것
으로 받아들이는 감정 신성관을 가지고 있다. 문화비교 연구자들은 한국
인들이 일본인이나 서양인에 비해 화를 잘 내기도 하고 풀기도 잘한다는
견해를 밝히고 있다. 한국인이 화를 내는 목적이나 그 기능은 상대방을 가
해하거나 힐책하는 데 있기보다는 자신의 화난 심정을 '전달'하는 데 있
다. 물론 격앙된 감정상태에서는 화 감정 자체를 직접 상대에게 노출하는
경우도 있으나, 그 직후에 자신의 행위에 대해 미안한 마음의 표시와 더불
어 화 심정의 전달로 이어지는 것이 보통이다. 화 심정을 전달하는 배경에
는 자신의 순수한 화 감정을 심정논리를 통해 전함으로써 상대로부터 공
감과 수긍을 얻어내고 화해를 이끌어 내는 데 있는 경우가 많다. 이 점에
서 한국인의 화내기는 화내기 그 자체보다 화의 토로에 가깝다. 따라서 한
국인에게 있어 화를 내는 것은 화해하자는 뜻이 담겨 있는 경우가 많다.
그러나 서양인이나 일본인에게 있어서 화를 낸다는 것은 상대에 대한 적
대감을 의미하며, 영어의 anger와 같은 불쾌한 감정을 남에게 표현하는 것
은 합리적 행동이 아닌 것으로 부정시된다. 서양에서는 감정을 인지적으
로 통제하는 것이 성숙한 사람이며 anger가 있을 때 이를 이성적으로 분석
하고 문제해결을 추구하는 것이 규범적이며 합리적인 대처양식이다.

한국인이 화를 잘 낸다는 것은 단순히 발생된 화를 잘 표출한다는 의미
차원을 넘어서 한국인에게 화가 잘 난다는 것을 말한다. 화를 내는 일이

사회적으로 부정시되며 받아들여지지 않을 때 화는 퇴화되며, 반대로 화 내는 것이 사회적으로 받아들여지면 화는 기능성을 갖게 되고 결과적으로 화가 발달하게 된다. 한국인에게 화가 잘 받아들여지고 또한 발달하게 된 문화적 배경은 한국인의 심정심리와 관계된다. 심정은 사태, 상황적 맥락에서 나타나는 마음과 감정의 상태로서 한국인의 대인 상호작용에서 매우 중요한 고려변수로 관여된다. 아무리 옳거나 정당한 언행도 상대의 심정을 거스르는 언행은 바람직한 것으로 받아들여지지 않는다. 한국인에게 중요한 정은 행동보다는 심정을 통해 형성되며 정으로 맺어진 우리성 관계에서 상대의 심정에 대한 헤아림은 필수적이다(최상진, 1993a, 1994; Choi, 1994). 심정이 발달할 때 억울한 마음도 잘 생기고 분한 감정도 잘 나고 화도 잘 일어난다. 억울, 분, 화 등의 발생은 상대의 행위 못지않게 그러한 행위를 한 상대의 마음, 즉 심정에 의해 크게 영향받으며, 화를 내는 데 있어서도 어떤 심정으로 화를 내느냐에 따라 화의 성격이 달라진다. 상대를 힐책할 심정으로 내는 화, 상대와의 화해를 기대하며 내는 화는 화에 대한 상대의 수용성에서 상반된 결과를 낳을 수 있다. 따라서 한국인에게는 화가 나는 심정, 화를 내는 심정, 화를 읽는 심정이 행위 자체와 행위의 결과를 중시하는 서양인에 비해 월등히 발달해 있다고 볼 수 있다.

또한 심정심리는 행동심리보다 미묘성과 복잡성이 높기 때문에 한국인의 화 발생에 관여되는 심리적 과정은 서양의 anger에 관여되는 심리적 과정보다 훨씬 복잡하며, 정형화가 덜 되었고, 역동적이라 볼 수 있다. 상대가 화가 났을 때 상대에게 오해 또는 곡해라는 말을 한국인이 자주 쓰는 것도, 화를 낸 당사자가 핑계와 탓을 자주 대어 변명할 수 있는 것도 한국인의 화에 심정이 많이 개입되어 있기 때문이다. 기실 화의 발생기제인 분한 마음과 억울한 마음은 모두 심정의 상태를 나타내는 말이며 화를 토로할 때 심정을 빼면, 즉 억울한 마음과 분한 마음을 빼면 '성난 감정' 그 자체인 dry anger가 되고 만다. 한국인의 화는 심정, 관계, 인격이 가미된 감정으로서 공적 담론보다 사적 담론 형태로 상대나 타인에게 전달되는 것이 보통이다.

💿 화병의 심리적 과정

앞에서 설명한 바와 같이 일상적인 경미한 수준의 화는 쉽게 낼 수도 있고 풀 수도 있다. 강도가 높은 화도 화를 내거나 토로해서 풀 수 있는 것이 있는가 하면, 화를 낼 수 없거나 화를 내도 풀리지 않는 경우가 있다. 여기서는 후자의 화가 화병에 관련된다는 점에서 이에 초점을 맞추어 그 성격을 분석해 보고자 한다.

먼저 '낼 수 없는 화'는 어떤 것인가? 앞에서 화는 사적인 담론을 통해서 풀 수 있다고 언급한 바 있다. 그러나 경우에 따라서 사적인 담론이 불가능한 화가 있다. 화를 유발한 상대가 자신과 경쟁관계에 있거나 이해상충관계에 있거나 공적인 관계에 있는 사람일 때 사적인 화내기와 화 담론은 상대의 심정 변화나 기대하는 효과를 가져오기 어렵다. 앞의 '억울한 사람들의 모임'에서 발췌 예시된 사례들은 공통적으로 화 담론이 불가능한 사람들과의 갈등관계다. 따라서 화를 내봤자 또는 화를 토로해 봤자 어떠한 변화나 효과를 기대할 수 없고 가져오지도 못한다. 이러한 경우 화는 참을 수밖에 없는 노릇이다. 그러나 화의 강도가 위의 사례에서처럼 강할 때 실제로 참는 일은 불가능하거나 어렵다. 갈등의 고부관계에서 화 담론은 사적인 측면과 공적인 측면의 양면을 가지고 있다. 따라서 화가 날 때에 부분적으로는 사적인 심정을 통해 화를 풀 수도 있으나 다른 한편으로는 시어머니와 며느리라는 전통적 지위관계 때문에 사적인 통로에 제한이 생길 수 있다. 따라서 사적인 통로가 막힌 고부관계에서는 화를 푸는 통로가 폐쇄되어 있다고 볼 수 있으며, 이 경우 화는 앞의 경우와 마찬가지로 참을 수밖에 없다. 그러나 화의 강도가 크면 참을 수 없는 데서 문제가 발생할 수 있다.

　다음으로 화를 토로해 보았자 어떠한 변화나 효과를 기대할 수 없는 경우는 어떤 경우인가? 이러한 경우의 대표적 사례는 이미 회복할 수 없는 물질적 손실이나 기회의 상실을 당해서 화를 내거나 토로하는 것 자체가 무의미한 경우다. 이런 상황에서는 화를 낼 필요가 이미 없어졌고 따라서 참는 수밖에 없다. 그러나 그 손실이 심각한 경우 참을 수 없다는 데 문제가 있다.

　이와 같이 화를 낼 수도 풀 수도 없는 상황에서 참을 수 없는 화를 참아야 하는 고통은 그 자체로 괴로움을 줄 뿐 아니라 화의 통제에 대한 능력을 약화시켜 격한 흥분상태를 조장하는 감정의 악순환에 빠질 수 있다. 이러한 상태는 화의 감정이 시간이 흐름에 따라 더욱 격화되는 상태로서 화의 감정이 격할수록 더 큰 자제의 능력이 요구되나 현실적으로 자제의 능력은 오히려 약화되어 화의 기승에 따라 고통의 강도는 커질 수 있다. 이러한 현상을 화 감정의 순환적 증폭이라고 볼 수 있으며 이러한 현상은 만성적 화병의 시작으로 이어질 수 있다. 그러나 이와는 달리 화 감정이 발생 당시 지나치게 강해 화에 대한 자제력을 잃게 되는 경우가 있다. 이러한 급작스러운 과흥분성 화는 급성 화병으로 진전될 가능성이 크다.

화병의 심리적 발생기제

　이 장의 서두에서 밝힌 바와 같이 화병에 대한 연구는 일부의 정신의학자들에 의해 이미 경험적 자료와 정신의학적 개념화가 부분적으로 이루어졌다. 따라서 여기에서 제시하고자 하는 화병의 심리적 발생기제에 대한 개념화에서는 앞서 분석된 화의 심리에 대한 개념화를 기초로 하여 화병의 발생기제에 대한 심리학적 모델을 제시해 보고자 한다.

화병이란 어떤 병인가

화병은 '화'라는 한국인의 독특한 문화심리적 감정 체계와 연루된 병이라는 점에서 그 성질과 발생과정 및 증상 면에서 한국적 고유질을 띨 수 있다. 화병의 성질은 과중한 심적 고통을 수반하는 억울과 분함의 감정이 인지적 금지 기제에 의해 통제되지 않은 상태에서 극한적 흥분과 흥분에 뒤따르는 쇠진의 순환을 나타내는 성격 및 정서장애의 한 특수형으로서, 강하고 반복적이며 지속적인 심적 고통에서 오는 생리적·신체적·행동적 증상을 실제적으로 또는 가경험적으로 수반한다.

위의 화병의 성질 규정에서 화병의 특성은 ① 과중한 심적 고통, ② 억울과 분함의 격앙 감정 ③ 극한적 흥분과 쇠진의 순환, ④ 생리적·신체적·행동적 증상을 수반하는 성격 및 정서장애의 한 특수형 등으로 요약된다. 먼저 과중한 심적 고통은 화를 유발하는 억울과 분함이 자신이 수용하기 어려운 회복 불가능성의 부당한 피해 자체와 이러한 피해의식의 감정을 심리 내적으로 인내해야 하며 동시에 인내의 실패에 따른 감정의 과흥분화가 복합적으로 작용하여 결과되는 심적·정서적 시련이 크고 심각함을 말한다. 둘째로 억울과 분함의 격앙 감정은 화의 성격이 외부의 자극에 대한 단순 반응성 흥분이 아니라 자신의 자존감과 존재성이 파괴되는 자책과 원망이 핵심적으로 개입되는 피해 의식성 흥분이기 때문에 자아관여도가 높으며 생각할수록 불쾌 감정의 강도가 높아지는 '불쾌 감정의 자기 내적 확대 재생산화 심리기제'와 관계된 것이라 할 수 있다. 셋째로 극한적 흥분과 쇠진의 순환은 화의 감정 자체가 불과 같이 강하여 흥분의 강도가 높고 이에 따른 정신신체적 에너지의 과소모로 인해 쇠진이 뒤따르며 그 순환의 반복에 따라 흥분과 쇠진의 강도는 더욱 커짐을 말한다. 여기서 화가 불같이 강한 과흥분성 감정의 성격을 띠게 되는 이유는, 억울의 심리기제에서 언급된 바와 같이, 화는 단순한 피해 의식에서 비롯된 것이 아니라 회복할 수 없는 부당한 피해인식과 더불어 자아가 관여된 자책 및 원망의 감정이 심리 내적으로 복합발생되기 때문이다. 끝으로, 화병을 성격 및 정서장애의 특수한 유형으로 규정하는 배경은 다음과 같다. 앞에서 언급된 것처럼, 화병은 강한 억울성 감정이 자의 및 인지적으로 수용되고 통제될 수 없기 때문에 불쾌 감정의 조절이 불가능하며, 자신의 의도와는 무관하게 상황적으로 돌출–쇠진하는 반복순환에 의해 감정통제의 기제에 장애가 나타나며 반복적인 통제 실패에 따른 개인 내적/사회적 부적응은 성격적 장애로 발전할 수 있기 때문이다.

화병에서 이러한 정서 및 성격장애가 생리, 신체적 증상을 유발하게 되는 것은 화 감정의 강도가 높다는 점, 화 감정이 순환적으로 빈번하게 나타나거나 장기적 주기성을 가지고 지속된다는 점, 그리고 화 감정에는 화의 성질상 자아관여와 자아고통이 크다는 점과 관계된다. 고강도의 감정 유발이 있을 때에는 생리 신체적 변화가 수반된다. 특히 그것이 화와 같이 불쾌성 감정일 때 자율신경계에 이상이 초래될 수 있음은 이미 밝혀져 있다(Selye, 1984). 특히 화의 경우 불쾌한 감정의 강도는 물론 빈도, 지속성 등에서 높아 장기적 누적 효과로 인한 생리, 신체적 증상, 예컨대 심계항진, 소화기 및 순환기 계통의 장애를 수반한다. 또한 뚜렷한 원인을 찾아낼 수 없는 신경계통의 가경험(일반 동통이나 두통, 상복부에 무엇이 있는 듯한 느낌 등)을 호소하는 경우도 있다(Lin, 1983). 정신의학자들의 임상보고에서도 화병에는 생리적 증상과 심리적 증상이 혼합되어 나타나는 것으로 보고되고 있다(민성길, 1989; 민성길 외, 1986; Lin, 1983). 화병에서는 강한 불쾌 감정의 통제 불능과 감정의 조절장애에서 비롯되는 불안, 고립, 거부행동 등과 같은 각종 행동장애 또한 수반한다(민성길 외, 1993, 1986).

화병의 진행과정

앞에서 화병은 급성 화병과 만성 화병으로 구분한 바 있다. 급성 화병은 화의 발생 직후에 나타나는 화병이며, 만성 화병은 화가 상당한 기간을 거쳐 화병으로 진행되는 화병 형성과정을 거친다. 먼저 급성 화병의 경우에는 화 사건에 대한 예기나 개인 내적으로 화에 대한 대처 기제가 발달되지 않은 상태에서 심리적 충격을 유발할 수 있는 심각한 부당성 피해를 받게 될 때 화 감정에 대한 대처와 통제 기능이 마비된 상태에서 공포, 불안, 초조를 경험하며 경우에 따라 신체적 증상(마비, 고혈압, 급체, 진전 등)을 수반하는 화인성 정서 및 행동장애를 나타낸다. 그러나 급성 화병에서도 화는 흥분과 쇠진의 반복이 짧은 시간 내에 빈발하며 그 기간에 피로와 쇠진, 정서의 황폐화가 급진적으로 진행된다. 급성 화병 환자의 전형적 증상 표현양식은 쓰러지거나 병으로 눕는 것과 같은 자기 무능화이며 이러한 무능화는 타인으로부터의 동정과 관용을 얻어낼 수 있다. 급성 화병은 진행의 속도가 빠른 만큼 회복의 속도도 빠를 수 있다.

만성 화병은 장기간에 걸쳐 화 감정의 흥분과 쇠진이 반복적으로 나타나며, 이 과정에서 화의 강도는 누적적으로 높아지고 이에 반비례해 화에 대한 통제력이 약화됨으로써 정서체계에 혼란과 장애가 점진적으로 진행되어 궁극적으로 적응장애를 야기하는 형태와 단계를 거친다.

만성 화병과 급성 화병에서 공히 나타나나 특히 만성 화병에서 더욱 현저하게 나타나는 화병의 진행 및 증상 표현에서의 특징 중 하나는 화와 울이 순환적으로 나타나는 것이다. 따라서 화병은 비록 화에서 발생했으나 화병의 진행과 증상은 화와 울이 번갈아 나타난다는 점에서 '화울병'으로 칭할 수 있으나 일상적으로 '울화병'으로 지칭된다. 여기서 울의 상태는 흥분성 화의 발화에 수반되는 쇠진의 상태에서 피해의 회복 불가, 부당성의 교정 불가, 화냄과 화풀이의 무효과와 연계된 효능감 상실, 자기 비하, 자존심의 저하, 삶의 의미상실 등에서 비롯되는 우울증세를 나타낸다. 따라서 울화병에서는 과흥분성 화 감정과 의기소침, 위축, 절망 등의 울기가 나타나고 이러한 울기가 지나면서 다시 억울한 생각이 회상, 정리되어 분기로 나타나고 분기는 화기로 표출된다.

화와 울이 순환적으로 반복되고 특히 장기간에 걸쳐 화와 분의 순환이 일어나게 될 때 울에서 화로 가는 과정은 화 사건과 화 관련 인지의 회상에 따른 분한 생각과 감정이 화를 선행해서 현재적 과정으로 개입되는 것이 특징적이다. 초기 발생의 화 경험에서는 분의 감정이 잠재적 과정으로 개입되는 것이 특징이나 시간의 경과와 더불어 화 사건이 인지적으로 정리되고 화의 감정에 인지적 요소가 더 큰 비중으로 관여 또는 포함된다. 인지 과정의 명료도와 관여도가 커질수록 분의 현저성은 높아지고 특히 울과 화의 순환고리에서 울이 화로 전환되는 과정에 분의 마음이 매개변수 형태로 현저하게 관여, 작용하게 된다.

화병에 대한 임상적 연구 결과에 대한 고찰

현재 우리나라의 정신의학자들에 의해 발표된 화병에 대한 논문의 수는 10여 편 정도다. 이 중 우리들이 접할 수 있는 논문을 중심으로 고찰한 결과를 요약 · 정리해 보면 다음과 같다.

첫째, 화병 연구의 유형은 두 가지 형태를 띤다. 하나는 화병 환자인 일반인에게 화병의 성격, 증상 등에 대한 질문을 통해 이들이 표상하는 화병의 세계를 기술하는 민간 정신의학적 접근이다. 다른 하나는 환자의 화병에 대한 증상과 발병 배경에 대한 자기보고에 의한 정보와 환자의 행동에 대한 직접적 관찰을 통한 자료를 분석하여 환자의 진단 및 치료에 대한 시사점을 도출하는 방식이다. 대부분의 논문의 경우 후자의 연구방법을 따르고 있다.

둘째, 이들이 축적한 주요 발견을 요약하면 다음과 같다.

- 화병 환자는 고령, 여성, 저학력 층에 많다(민성길 외, 1986; 민성길 1989; 이시형 외, 1989; 민성길 외, 1990).
- 화병 환자는 신체화 증상이 많다(민성길 외, 1990; 민성길, 김진학, 1986; 민성길 외, 1986; 이시형, 1977; Lin, 1983).
- 화병 환자는 교회, 절, 굿, 점 등에 의존하는 경향이 높다(이시형, 1977).
- 화병 환자는 걱정을 반복하고 자기 연민이 강하며 수동적 운명관을 갖고 있는 경우가 많다(민성길 외, 1993).
- 화병 환자는 감정 반전이 많다(민성길 외, 1993).
- 화병 환자는 상당한 기간(1~30년)이 지난 후 내원한다(이시형, 1977).
- 화병에는 울기와 화기가 공존하면서 어느 한쪽이 우세하거나 번갈아 오기도 한다(이시형 외, 1989).
- 화병 환자의 주요 내용은 불면증, 위장장애, 피로, 공황, 급사공포, 정동장애, 식욕부진, 불쾌감, 심계항진, 일반동통 혹은 두통, 상복부에 무엇이 있는 듯한 느낌 등이다(Lin, 1983).
- 화병 환자는 초진까지의 기간이 짧을수록 불안증이 많고, 오래될수

록 우울증이 많다(이시형, 1977).

- 화병 환자는 화를 불만, 우울, 조심, 걱정, 낙심, 화, 분노 등으로 기술한다(민성길 외, 1987).
- 화병 환자에게 항우울제를 처치하면 호전된다(Lin, 1983).

지금까지의 화병 연구에서 모호한 해석이나 진단의 내용을 앞에서 개념화된 화병의 틀 속에서 찾아보면 다음과 같다.

첫째, 화병 환자의 화의 해결 및 대처 방법에 대한 연구(이시형, 1977)에서 화병 환자는 근본적 해결책을 모색하지 못한다는 보고는 화병이 이미 일어난 상태에서는 대처능력의 퇴화가 진행된 상태이므로 화병이 발생하기 이전의 문제해결 능력을 논해야 한다.

둘째, 화병 환자의 특징으로 유사 애타주의를 들고 있으나(민성길 외, 1993; 이시형, 1977) 이것은 공적인 관계에서 자신의 사적인 화를 정당화될 수 있는 방식으로 표현하는 화 전달의 방식으로 보는 것이 옳을 것 같다.

셋째, 화병의 증상 진행과정을 충격기–갈등기–체념기–증상기로 구분하여 개념화한 것(이시형, 1977)은 화병의 진행과정을 설명하는 데 다음과 같은 모순이 있다. ① 체념기에 있어서 체념이 이루어지면 화병은 성공적으로 대처된 것으로 볼 수 있으며 따라서 증상기로 이어지지 않을 것이다. ② 이 모델에서는 화와 울의 순환과정이 불분명하며, 충격기와 갈등기를 화 감정기로 체념기와 증상기를 울 감정기로 간주한다 하더라도 화기의 특성과 울기의 특성이 적절하게 개념화되어 있지 않아 울화성 화의 진행과정을 설명하는 데는 불충분하다. 오히려 흥분된 화가 어떻게 가라앉았는가를 설명하는 모델로 적합할 것 같다. 그러나 이러한 과정이 동시적으로 일어날 수 있다는 설명(민성길 외, 1987; 이시형 외, 1989)은 타당하다고 본다.

넷째, 화는 장기적이고 의식적으로 억제해 온 감정이란 정의(민성길 외, 1987)는 화를 단순히 억제해 온 감정으로 지나치게 단순화시키고 있다는 점에서 수용하기 어렵다.

다섯째, 화는 한 맺힘과 유사한 것으로(민성길 외, 1987), 화병은 한 때문에 생겼다(민성길, 1989)는 관찰은 한과 화의 본질을 고려할 때 적합한 것으로 보기 어렵다. 자기 관여가 배제된 안정된 한은 화와 정반대 극에 있는 감정상태로서 화병의 치료는 오히려 화를 안정된 한으로 전환시키는 것으로 생각해 볼 수 있다. 실제로 민성길(1992)의 연구에서 한과 관련된 감정 반응은 허무, 외로움, 열등감으로 나타났으며, 이는 화의 감정과 질적으로 다른 감정이다. 또한 동일 연구에서 한은 어느 정도 극복되거나 체념된 과거완료형의 감정반응인 반면, 화는 극복되거나 체념되지 않고 불완전하게 억제된 감정상태에서 나타나는 현재진행형의 감정반응으로 기술하고 있다. 이는 앞에서 제기된, 한 때문에 화병이 생겼다는 주장과 상치된다.

여섯째, 화병은 한국의 일차성 우울증 환자들이 그들의 괴로움을 신체적 증상을 통해 표현하는 문화적 유형으로 보인다(Lin, 1983)는 관찰은 화와 화병의 특성을 고려하지 않고 단순히 우울증의 일환으로 파악하는 데 문제가 있는 것 같다. 화병에는 울증과 화증이 공존함을 간과하고 있으며, 화증과 연계된 복잡한 심정적-인지적 체계를 전혀 언급하지 않고 있다는 점에서 수용하기 어렵다.

📚 참고문헌

加瀬英明 (1989). 恨의 한국인 황공해 하는 일본인. 서울: 한국브리태니커회사.

가세히데아끼 (1989). 恨의 한국인 황공해하는 일본인. 한국브리태리커회사.

강명구 (1989). 광고의 문화적 역할에 관한 연구. 광고연구 (여름호). 한국방송광고공사.

고대교우회보 (1994). 1994년 10월 5일.

김광옥 (1990). 전통소재광고의 문화적 특성. 광고연구 (여름호). 한국방송광고공사.

김도환 (1978). 한국속담의 묘미. 서울: 제일문화사.

김민수, 홍웅선 편(1974, 1976). 신국어대사전. 서울: 어문각.

김선풍 (1990). 중앙민속학, 한몽 속담의 비교—동물소재 속담을 중심으로. 중앙대학교 한국
　　　민속학연구소.

김열규 (1975). 한맥원류. 서울: 주우.

김열규 (1980). 원한, 그 짙은 안개. 서울: 범문출판사.

김열규 (1986). 한국인 우리들은 누구인가. 서울: 자유문학사.

김염제 (1984). 전통소재광고효과론. 사보 제일기획, 12월호, 12-15.

김용운 (1986). 일본인과 한국인의 인식구조. 서울: 한길사.

김용운 (1989). 한일 민족의 원형. 서울: 평민사.

김은미 (1994). 정 수준과 우리성 수준이 도움행동에 미치는 효과. 중앙대학교 대학원 석사학
　　　위논문.

김재은 (1987). 한국인의 의식과 행동양식. 서울: 이화여자대학교 출판부.

김정규 (1991). 한국인의 일상생활과 정치의식구조. 민주화논총, 제2권 7호, 민주문화아카
　　　데미.

김주희 (1988, 1992). 품앗이와 정의 인간관계. 서울: 집문당.

동아일보사 편 (1991). 한국인 진단: 자기성찰을 통해 본 우리의 자화상. 서울: 동아일보사.

동아일보, 1994. 9. 7.

민성길 (1986). 홧병에 대한 진단적 연구. 대한의학협회지, 29, 653-661.

민성길 (1989). 홧병의 개념에 대한 연구. 신경정신의학, 28(4).

민성길 (1991). 홧병과 한. 연세대학교 의과대학 정신과연구실.

민성길 (1992). 홧병과 한. 연세대학교 의과대학 정신과 연구실(별책).

민성길, 김진학 (1986). 보길도에서의 홧병에 대한 연구. 신경정신의학, 25(3).

민성길, 남궁기, 이호영 (1990). 홧병에 대한 일 역학적 연구. 신경정신의학, 29(4).

민성길, 박청산, 한정옥 (1993). 홧병에 있어서의 방어기제와 대응전략. 신경정신의학, 32(4).

민성길, 이만홍, 강홍조 (1987). 홧병에 대한 임상적 연구. 대한의학협회지, 30, 187-197.

박가열 (1996). 공감경향성, 정 수준이 도움행동에 미치는 영향. 중앙대학교 대학원 석사학위 논문.

박명석 (1993). 동과서: 그 의식구조의 차이. 서울: 탐구당

박종삼 (1985). 한국인의 사회행동에서 나타나는 체면-기분-눈치에 대한 정신분석학적 이해의 가능성. 숭전대학생 지도연구.

설선경 (1994). 춘향전. 서울: 도서출판 시인사.

신용삼 (1996), 한국적 광고의 크리에이티비티: 한국적 표현법을 찾는 부단한 노력들, 사보 DAEHONG, 5/6월, 22-29.

여동찬 (1987). 異邦人이 본 韓國 韓國人. 서울: 중앙일보사.

오세철 (1979). 문화와 사회심리이론. 서울: 박영사.

오세철 (1988). 한국인의 사회심리. 서울: 박영사.

오영민 (1997). 마케팅에도 복고바람: 찬바람이 싸늘하게 두 뺨을 스치면…, 사보 오리콤, 1월, 13-16.

윤태림 (1970). 한국인. 서울: 현암사.

윤태림 (1971). 의식구조상으로 본 한국인. 서울: 현암사.

윤태림 (1986). 한국인의 성격. 서울: 동방도서.

윤태림 (1987). 한국인. 서울: 현암사.

이광준 (1996). 한국적 치료심리학. 서울: 행림출판.

이규완 (1996), 한국광고의 세계화: 성공적인 해외광고를 위한 기초적인 접근, 사보 DAEHONG, 5/6월, 18-21.

이규태 (1977). 한국인의 의식구조. 서울: 문리사.

이규태 (1977). 한국인의 의식구조(상, 하). 서울: 삼중당.

이규태 (1987). 조선일보, 1987, 12, 15.

이규태 (1990). 한국인의 의식구조. 서울: 신원문화사.

이규태 (1991). 한국인의 의식구조 1. 서울: 신원문화사.

이근후, 김재은, 김정규, 박영숙 (1991). 이화방어기제검사. 서울: 하나의학사.

이부영 (1981). 한국인의 새로운 윤리상 정립에 관한 연구. 서울: 한국정신문화연구원.

이부영 (1988). 한국인의 성격-한국인의 성격의 심리학적 고찰. 서울: 한국정신문화연구원.

이수원 (1990). 한국인의 인간관계와 정공간, 개인주의와 집단주의: 동서양 심리학의 만남. 국제학술회의.

이수원 (1997). 중용의 심리학적 탐구. 한국심리학회 1997년도 추계 심포지엄.

이시형 (1977). 홧병에 대한 연구. 고의, 1(2), 63-69.

이시형 등 (1989). 홧병의 임상연구(2): 분노반응으로서의 홧병. 고의, 12.

이시형, 조소연, 이성희 (1989). 울화병으로서의 홧병형성 기전. 고의, 12.

이어령 (1978). 한국인 재발견. 서울: 교학사.

이어령 (1982). 중앙일보, 1982, 9, 22.

이어령 (1986). 신한국인. 서울: 문학사상사.

이영주 (1989). 자기-노출방식이 인상형성과 호감에 미치는 영향. 중앙대학교 대학원 석사학위논문.

이영희 (1991), 한국의 광고표현 특성에 관한 연구: '다시다 고향의 맛' 분석을 중심으로. 광고연구, 13 (겨울호), 한국방송광고공사, 5-35.

이영희 (1996), 한국광고의 문화적 접근: 우리 문화를 알아야 광고도 우리것이 된다, 사보 DAEHONG, 5/6월, 13-17.

이청준 (1993). 서편제. 서울: 열림원.

이홍우, 이계학, 박재문, 유한구, 황인창, 김안중, 장성모 (1988). 한국적 사고의 원형. 서울: 정신문화연구원.

임권택 (1993). 서편제 영화이야기. 서울: 하늘.

장덕순 (1973). 한국고전문학의 이해. 서울: 일지사.

정대현 (1987). 한국어와 철학적 분석. 서울: 이화여자대학교 출판부.

정한택 (1979). 한국인. 서울: 박영사.

조긍호 (1990). 맹자에 나타난 심리학적 함의 (1):인성론을 중심으로. 한국심리학회지: 사회, 5(1), 59-81.

조긍호 (1997). 순자에 나타난 심리학적 함의(III). 예론을 중심으로. 한국심리학회지: 사회 및 성격, 11(2), 1-27.

조긍호 (1998). 유학심리학. 서울: 나남.

조긍호 (2003). 한국인 이해의 개념틀. 서울: 나남.

조선일보, 1987. 12. 15.

조선일보, 1994. 9. 26.

조선일보 (1997. 3. 5.). 특집- 외국어대 외국인 교수 서울에 살다보니.

차재호 (1983). 한국정신문화연구원 연구논집 83-2, 국민성의 활성화시안: 시안의 심리학적 접근. 서울: 한국정신문화연구원.

차재호 (1988). 한국인의 성격, 국민성의 활성화. 서울: 한국정신문화연구원.

최길성 (1991). 韓國人의 恨, 서울: 도서출판 예진.

최봉영 (1994). 한국인의 사회적 성격(I)-일반이론의 구성. 서울: 느티나무.

최봉영 (1997). 한국문화의 성격. 서울: 사계절.

최상진 (1981). 속담을 통해 본 한국인의 전통의식. 내혜홀, 창간호.

최상진 (1985). 탈 Heider적 상식심리학 모형의 탐색적 제안. 사회심리학연구, 2(2), 23-60.

최상진 (1986). 한국인의 통제유형. 중대신문 1986. 11. 20.

최상진 (1991). '한' 의 사회심리학적 개념화 시도. 한국심리학회 91 연차대회 학술발표논문초록, 339-350.

최상진 (1992a). 한국인의 문화-심리적 自己. 중앙대학교인문과학논문집 제35집, 203-224.

최상진 (1992b). 한국인의 문화적 자기: 하나의 자기 발견적 탐색. 한국심리학회 연차대회 학술발표논문초록, 263-274.

최상진 (1993a). 한국인의 심정심리학: 정과 한에 대한 현상학적 한 이해. 한국심리학회연차대회 심포지엄, 5-21.

최상진 (1993b). 한국인과 일본인의 '우리' 의식 비교. 한국심리학회 연차대회발표논문집, 229-244.

최상진 (1994). 한국인의 심정심리학. 사회과학연구 제7집, 중앙대학교 사회과학연구소, 213-237.

최상진 (1997a). 당사자 심리학과 제3자 심리학: 인간관계 조망의 두 가지 틀. 한국심리학회 추계심포지엄, 131-143.

최상진 (1997b). 한국인의 심리특성. 한국심리학회 (편). 현대심리학의 이해 (pp. 695-766). 서울: 학문사.

최상진 (1999a). 문화와 심리학: 그 당위성, 이론적 배경, 과제 및 전망. 한국심리학회 하계심포지엄.

최상진 (1999b). 한국인의 마음. 최상진, 윤호균, 한덕웅, 조긍호, 이수원 (공저). 동양심리학: 서구심리학에 대한 대안 모색 (pp. 377-479). 서울: 지식산업사.

최상진 (1999c). 한국아줌마 무리론: '한국 아줌마론' 속의 사회심리와 약자 누명씌우기 현상

분석. 문화와 사람. 창간호. 서울: 사계절.

최상진, 김기범 (1999b). 한국인의 self의 특성: 서구의 self 개념과 대비를 중심으로. 한국심리
학회지: 사회 및 성격, 13(2), 279-295.

최상진, 김기범 (1999c). 한국인의 심리심리: 심정의 성격, 발생과정, 교류양식 및 형태. 한국심
리학회지: 일반, 18(1), 1-16.

최상진, 김기범 (1999d). 한국문화적 심리치료 접근으로서의 심정치료. 한국심리학회지: 상담 및
치료, 11(2), 1-17.

최상진, 김기범 (2000). 체면의 심리적 구조. 한국심리학회지: 사회 및 성격, 14(1), 185-20.

최상진, 김정운 (1998). "Shim-Cheong" psychology as a cultural psychological approach to
collective meaning construction. 한국심리학회지: 사회 및 성격, 12(2), 79-96.

최상진, 김지영, 김기범 (1999). 한국사회에서 아줌마의 사회적 표상과 아줌마론. 한국심리학회
지: 여성, 4(1), 56-67.

최상진, 김지영, 김기범 (2000). 정(미운정 고운정)의 심리적 구조, 행위 및 기능간의 구조적
관계분석. 한국심리학회지: 사회 및 성격, 14(1), 203-222.

최상진, 김지영, 김기범 (2001). 심리적 구성체로서의 한국 아줌마 분석. 한국심리학회지: 일반,
20(2), 327-347.

최상진, 박수현 (1990). '우리성'에 대한 사회심리학적 한 분석. 한국심리학회 연차대회 학술발표
논문집, 69-78.

최상진, 윤호균, 한덕웅, 조긍호, 이수원 (1999)(공저). 동양심리학: 서구심리학에 대한 대안 모색.
서울: 지식산업사.

최상진, 유승엽 (1992). 한국인의 체면에 대한 사회심리학적 한 분석. 한국심리학회지: 사회,
6(2), 137-157.

최상진, 유승엽 (1994a). 한국인의 의례적 언행과 그 기능. 한국심리학회 연차대회 학술발표논문
초록, 369-385.

최상진, 유승엽 (1994b). 한국인과 일본인의 '정'에 관한 심리학적 비교분석. 인문학연구 제21
집, 중앙대학교 인문과학연구소.

최상진, 유승엽 (1995). 정의 심리적 구조에 대한 경험적 분석. 국제여성연구소 연구논총, 제5권
1호, 중앙대학교. 107-132.

최상진, 유승엽 (1996a). 문화심리적 측면에서 본 한국적 광고. 한국심리학회 연차대회 학술발표
논문초록, 201-214.

최상진, 유승엽 (1996b). 심정심리학의 개념적 틀 탐색. 한국심리학회 연차대회 학술발표논문초록,

369-385.

최상진, 이요행 (1995). 한국인 홧병의 심리학적 개념화 시도. 한국심리학회 연차대회학술발표논문초록, 327-338.

최상진, 이장주 (1998). 문화심리학의 성격고찰: 한국인심리학 연구와 관련하여. 한국심리학회 연차대회 발표논문집, 523-529.

최상진, 이장주 (1999). 정의 심리적 구조와 사회-문화적 기능분석. 한국심리학회지: 사회 및 성격, 13(1), 219-234.

최상진, 임영식, 유승엽 (1991). 핑계의 귀인/인식론적 분석. 한국심리학회 연차대회 학술발표논문초록, 339-410.

최상진, 진승범 (1995). 한국인의 눈치의 심리적 표상체계: 대학생을 중심으로. 한국심리학회 연차대회 발표논문집, 511-521.

최상진, 최수향 (1990). Constructing a Koreanistic Psychology. 한국심리학회 연차대회 학술발표논문초록, 29-46.

최상진, 최수향 (1990). 정의 심리적 구조. 한국심리학회 연차대회 학술발표논문초록, 1-9.

최상진, 최연희 (1989). 눈치의 사회심리학적 구조: 눈치의 개념화를 위한 탐색적 시안. 한국심리학회 연차대회 학술발표논문초록, 212-221.

최상진, 한규석 (1998a). 교류 행위를 통해 본 한국인. 국제한국학회 (편), 한국문화와 한국인 (pp. 161-193). 서울: 사계절

최상진, 한규석 (1998b). 심리학에서의 객관성, 보편성 및 사회성의 오류: 문화심리학의 도전. 한국심리학회지: 일반, 15(2), 73-96.

최연희, 최상진 (1990). 눈치기제가 유발되는 상황과 이유에 대한 연구. 한국심리학회 연차대회 학술 발표논문초록, 293-302.

최운식 (1984). 심청전 해제. 서울: 시인사.

최재석 (1976, 1989). 한국인의 사회적 성격. 서울: 개문사.

최창호 (1993). 체면과 자아존중감, 통제성향의 관계. 중앙대학교 대학원 석사학위논문.

한국갤럽조사연구소 (1980). 한국의 아동과 어머니, 한국인의 여론시리즈 1.

한국갤럽조사연구소 (1983). 한국인의 가정생활과 자녀교육, 한국인의 여론시리즈 2.

한국갤럽조사연구소 (1984). 한국 청소년의 의식구조, 한국인의 여론시리즈 5.

한규석 (1992). 사회심리학 이론의 문화특수성: 한국인의 사회심리학 연구를 위한 고찰. 한국심리학회지: 사회, 6-1, 132-155.

한규석 (2009). 사회심리학의 이해. 서울: 학지사.

한글학회 (1994). 우리말 큰사전. 서울: 어문각.

한덕웅 (1994b). 퇴계 심리학: 성격 및 사회 심리학적 접근. 서울: 성균관대학교 출판부.

한덕웅, 전겸구 (1990). 정서과정설로서의 퇴계의 사칠론. 한국심리학회 연차대회 학술발표논문초록.

한상복 (1988). 한국인과 한국문화: 인류학적 접근. 서울: 심설당.

한영은 (1993). 한국적 크리에이티브를 위하여. 사보 삼희기획, 4월, 19

한완상, 김성기 (1988). 현대자본주의와 공동체리론-한에 대한 민중사회학적 시론. 서울: 한길사.

Anderson, C. A. (1983). The causal structure of situations: The generation of plausible causal attributions as a function of type of event situation. *Journal of Experimental Social Psychology, 19*, 185-203.

Allport, W. G. (1958). *The culture of prejudice.* Garden City, New York: Doubleday & Company, Inc.

Benedict, R. (1967). *The Chrysanthemum and the sword: Patterns of Japanese culture.* London and Henley: Routledge & Kegan Paul.

Bond, M. H. (1986). *The psychology of the Chinese people.* Hong Kong: Oxford University Press.

Brickman, P., Ryan, K., & Wortman, C. B. (1975). Causal chains: Attribution of responsibility as a function of immediate and prior causes. *Journal of Personality and Social Psychology, 32*, 1060-1067.

Bruner, J. S. (1990). *Acts of meaning.* MA: Harvard University Press.

Budd, M. (1989). *Wittgenstein's philosophy of psychology.* London and New York: Routledge.

Carroll, J. S., & Payne, J. N. (1977). Crime seriousness, recidivism risk, and causal attributions in judgements of prison term by students and experts. *Journal of Applied Psychology, 62*, 595-602.

Choi, S. C. (1991). Cheong: The Socio-emotional grammar of Koreans. *Paper Presented at the Colloquium Series, Dept of Psychology, University of Hawaii, January.*

Choi, S. C. (1993). The nature of Korean selfhood: A cultural psychological perspective. *The Korean Journal of Social Psychology, 7*(2), 24-33.

Choi, S. C. (1994). Shim Jung Psychology: The Indigenous Korean Perspective. *Paper presented at the Asian Workshop, Asian Psychologies: Indigenous, Social and cultural perspectives, Seoul, Korea.*

Choi, S. C. (1998). The third-person-psychology and the first-person psychology: Two perspectives on human relations. *Korean Social Science Journal, 25,* 239-264.

Choi, S. C., & Choi, S. H. (1990). The conceptualization of Korean tact, Noon-chi. *Paper presented at the 10th International Congress for International Association for Cross-cultural Psychology.*

Choi, S. C., & Choi, S. H. (1990a). "We-ness:" The Korean discourse of collectivism. *Paper Presented at the International Conference, Individualism and Collectivism: Psychocultural Perspectives from East and West. July 9-13, Seoul, Korea.*

Choi, S. C., & Choi, S. H. (1990b). The conceptualization of Korean tact, Noon-Chi. *Proceedings of 10th International Congress for International Association for Cross-cultural Psychology.* CA: Sage.

Choi, S. C., & Choi, S. H. (1992). The conceptualization of Korean tact, Noon-Chi. *Innovations in Cross-Cultural Psychology.* Swets & Zeitlinger B.V., Amsterdam/Lisse.

Choi, S. C., & Choi, S. H. (1994). We-ness: A Korean discourse of collectivism. In G. Yoon, & S. C. Choi (Eds.), *Psychology of the Korean People: Collectivism and Individualism* (pp. 57-84). Seoul: Dong-A Publishing & Printing Co., Ltd.

Choi, S. C., & Kim, C. W. (1997). "Shim-Cheong" psychology as a cultural psychological approach to collective meaning construction. *Paper presented at the Berlin Conference of International Society for Theoretical Psychology, 27 April - 2 May 1997.*

Choi, S. C., & Kim, J. Y., & Kim, K. (1999). Sweet Cheong and hateful Cheong. *Paper presented at the 3rd Conference of the Asian Association of Social Psychology, August 4-7, Taipei, Taiwan.*

Choi, S. C., & Kim, K. (1999a). The ShimCheong(心情) therapy for Koreans: A formulation of an indigenous cultural approach. *Paper presented at the 2nd World Congress of the World Council for Psychotherapy, Vienna, July 4-8, Austria.*

Choi, S. C., & Kim, K. (1999b). Shimcheong: The key concept for understanding Koreans' mind. *Paper presented at the 3rd Conference of the Asian Association of Social Psychology, August 4-7, Taipei, Taiwan.*

Choi, S. C., & Kim, K. (1999c). The psychological structure of Chemyon. *Paper presented at the 3rd Conference of the Asian Association of Social Psychology, August 4-7, Taipei,*

Taiwan.

Choi, S. C., & Kim, K. (2003). A conceptual exploration of the Korean self in comparison with the Western self. In K. S. Yang, K. K. Hwang, P. Pedersen, & I. Diabo (Eds.), *Progress in Asian social psychology: Conceptual and empirical contributions* (pp. 29-42). Westport, CT: Praeger.

Choi, S. C., & Kim, K. (2004). Chemyeon: Social face in Korean culture. *Korea Journal, 44*(2), 30-51.

Choi, S. C., & Kim, K. (2006). Naive psychology of Koreans' interpersonal mind and behavior in close relationships. In Kim, U., Yang, K-S., & Hwang, K-K. (Eds.), *Indigenous and cultural psychology: Understanding people in context* (pp. 357-369). Springer Verlag.

Choi, S, C., & Kim, U. (1992). Multifaceted Analyses of Ch'emyon (Social Face): An Indigenous Korean Perspective. *Paper presented at the Colloquium at the Center for Korean Studies, University of Hawaii, May 7.*

Choi, S. C., & Kim, U. (1993). Indigenous form of lamentation in Korea, Han: Conceptual, philosophical, and empirical analyse. *Chung Ang Journal of Social Sciences, 6,* 185-205.

Choi, S, C., Kim, U., & Yamaguchi, S. (1994). The concept for a group "We: A cross-indigenous analyses. *Paper presented at the conference of International Association of Cross-Cultural Psychology, 1994.*

Choi, S. C., Kim, U., & Kim, D. I. (1998). Multifaceted analyses of Chemyon ("Social face"): An indigenous Korean perspective. In K. Leung, U. Kim, S. Yamaguchi, & Y. Kashima. (Eds), *Progress in Asian Social Psychology Volume 1* (pp. 3-22). Singapore: John Wiley & Sons, Inc.

Choi, S. H. (1991). Toward a socio-cultural framework of the mother-child interaction. Unpublished paper, University of Alberta, Canada.

Choi, S. H. (1992). The intersubjective selfhood of Korean children: A communicative analysis. Paper presented at the XIth Congress, International Association for Cross-Cultural Psychology, July, 1992, Liege University, Belgium.

Cole, M. (1996). *Cultural Psychology: A once and future discipline.* MA: Harvard University Press.

Crocker, L., & Algina, J. (1986). *Introduction to classical and modern test theory*. N.Y.: CBS College Publishing.

Danziger, K. (1997). *Naming the mind: How psychology found its language*. London: Sage.

DeVos, G. (1985). Dimensions of the self in Japanese culture. In A. J. Marsella, G. DeVos, & F. L. K. Hsu (Eds.), *Culture and self: Asian and Western perspective*. New York and London: Tavistock Publication.

Doi, T. (1986). *The anatomy of conformity: The individual versus society*. Tokyo: Kodansha.

Enriquesz, V. G. (1993). Developing a Filipino psychology. In U. Kim & Berry, J. (Eds.), *Indigenous psychology: Research and Experience in cultural context* (pp. 152-169). Newbury Park: Sage.

Farr, R. M. (1983). The impact of Wundt on the development of social psychology: A critical reappraisal. In G. Eckhardt, & L. Sprung (Eds.), *Advances in the historiography of psychology*. Berlin: VEB Deutscher Verlag der Wissenschaften.

Farr, R. M., & Moscovici, S. (1984). *Social representations*. Cambridge: Cambridge University Press.

Fincham, F. D., & Jaspars, J. H. (1980). Attribution of responsibility: From man the scientist to man as lawyer. In l. Berkowitz (Ed.), *Advances in experimental social psychology, 13*. New York: Academic.

Fishbein, M., & Ajzen, I. (1973). Attribution of responsibility: A theoretical note. *Journal of Experimental Social Psychology, 9*, 148-153.

French, J. R. P., & Raven, B. H. (1959). The basis of social power. In D. Cartwright (Ed.), *Studies in social power*. Ann Arbor: University of Michigan.

Gao, G. (1996). Self and other: A chinese perspective on interpersonal relationships. In W. B., Gudykunst, S. Ting-Toomey, & T. Nishida. (Eds.), *Communication in personal relationships across cultures* (pp. 81-101). Thousand Oaks: Sage Publications.

Gao, G., Ting-Toomey, S., & Gudykunst, W. B. (1996). Chinese communication processes. In M. H., Bond. (Ed.), *The handbook of Chinese psychology* (pp. 280-293). Oxford University Press.

Gergen, K. (1973). Social psychology as history. *Journal of Personality and Social Psychology, 26*, 309-320.

Giddens, A. (1991). *Modernity and self-identity: Self and society in the late modern age*.

Stanford, CA: Stanford University Press.

Gergen, K. J. (1997). *Realities and relationships: Soundings in social construction.* Cambridge, MA: Harvard University Press.

Goffman, E. (1959). *The presentation of self in everyday life.* Garden City, NY: Doubleday Anchor Books.

Goffman, E. (1967). *Interaction ritual: Essays on face-to-face behavior.* New York: Pantheon.

Greenfield, P. (1999). Three approaches to the psychology of culture: Where do they come from? Where can they go?. *Paper presented at the 3rd Conference of the Asian Association of Social Psychology, August 4-7, Taipei, Taiwan.*

Gudykunst, W. B., & Nishida, T. (1994). *Bridging Japanese/North American differences.* Thousand Oaks: Sage Publications.

Habermas, J. (1984). *The theory of communicative action: Reason and the rationalization of society, Volume 1* (T. McCarthy, Trans.) Boston: Beacon.

Haley, J. (1976). Development of a theory: A history of a research project. In C. E. Sluzki & D. C. Ransom (Eds.), *Double bind: The foundation for the communicational approach to the family.* New York: Grune & Stratton.

Hamaguchi, E. (1985). A contextual model of the Japanese: Toward a methodological innovation in Japanese studies. *Journal of Japanese Studies.*

Harré, R., & Secord, P. (1972). *The explanation of social behavior.* Oxford: Basil & Blackwell.

Harré, R. (1980). *Social being.* Totowa, N. J. : Littlefield, Adams.

Harré, R. (1984). *Personal being.* Oxford: Blackwell.

Harré, R. (1986). *The social construction of emotions.* N.Y: Blackwell.

Harré, R. (1998). Emotion across cultures. *Innovation, 11(1),* 43-52.

Harré, R., & Gillett, G. (1994). *The discursive mind.* London: Sage.

Heider, F. (1958). *The psychology of interpersonal relations.* New York: Wiley.

Ho, D. Y. (1976). On the concept of face. *American Journal of Sociology, 81,* 867-884.

Hofstede, S. (1980). *Culture's consequences: International difference in work-related values.* Beverly Hills, CA: Sage.

Howell, R. (1967). Linguistic choice as an index to social change. University of California Dissertation.

Hu, H. C. (1944). The Chinese concepts of face. *American Anthropologist, 46,* 45-64.

Hwang, K. K. (1998). Guanxi and Mientze: Conflict resolution in Chinese society. *Intercultural Communication Studies, 7(1)*, 17-42.

James, W. (1890). *Principles of psychology.* New York: Henry Holt.

James, W., & Vander, Z. (1988). *The social experience: An introduction to sociology (1st Ed.)*, New York: Random House.

Johnson, F. (1985). The Western concept of self. In A. J. Marsella, G. DeVos, & F. L. K. Hsu (Eds.), *Culture and self: Asian and Western perspective.* New York and London: Tavistock Publication.

Jones, E. E., & Davis, K. E. (1965) A theory of correspondent inferences: From acts to dispositions: the attribution process in person perception. In L. Berkowitz (Ed.), *Advances in experimental social psychology, 2.* (pp. 219-266). New York: Academic press.

Kagitcibasi, C. (1987). *Growth and progress in cross-cultural psychology.* Lisse: Swets & Zeitlinger.

Kelly, G. A. (1955). *The psychology of personal constructs.* New York. Norton.

Kelly, H. H. (1967). Attribution theory in social psychology. In D. Levine (Ed.), *Nebraska symposium on motivation.* University of Nebraska Press.

Kim, U. & Berry, J. (1993). *Indigenous psychology: Research and experience in cultural context.* Newbury Park: Sage

Kitayama, S., & Markus, H. (1994). *Emotion and culture: Empirical studies of mutual influence.* Washington, DC: American Psychological Association.

Koch, S., & Leary, D. E. (1985). *A century of psychology as science.* New York: McGraw-Hill.

Lakoff, G. & Johnson, M. (1980). *Metaphor we live by.* Chicago: University of Chicago Press.

Lebra, T. S. (1976). *Japanese patterns of behavior.* Honolulu: University of Hawaii Press.

LeDoux, J. E. (1989). Cognitive - emotional interaction in the brain. *Cognitive and Emotion, 3*(4), 267-289.

Leontiev, A. N. (1981). The problem of activity in psychology. In J. V. Wertsch (Ed.), *The concept of activity in Soviet psychology* (pp. 37-71). NY: Sharpe.

Lin, K. (1983). Hwa-Byung: A Korean culture - Bound syndrome? *American Journal of Psychiatry, 140,* 105-107.

Markus, H. R. & Kitayama, S. (1991). Culture and the self: implications for cognition, emotion, and motivation. *Psychological Review, 98*, 224-253.

Mead, G. H. (1934). *Mind, self and society.* Chicago: University of Chicago Press.

Miller, J. G. (1999). Cultural psychology: Implications for basic psychological theory. *Psychological Science, 10(2),* 85-91.

Minami, H. (1971). *Psychology of the Japanese people.* Toronto: University of Toronto Press.

Montada, L. (1986). Life stress, injustice, and the question "Who is responsible?". *Reports from the Department of Psychology, University of Trier, Trier, FRG.*

Moscovici, S. (1981). On social representation. In J. P. Forgas (Ed), *Social cognition: Perspective on everyday understanding* (pp. 181-209). London: Academic Press.

Moscovici, S. (1981). On social representations, In J. P. Forgas (Ed.) *Social cognition: perspectives on everyday understanding.* London: Academic Press.

Moscovici, S. (1984). The phenomenon of social representations. In R. Farr & S. Moscovici (Eds), *Social representations.* CA: Cambridge University Press.

Ratner, C. (1997). *Cultural psychology and qualitative methodology: Theoretical and empirical considerations.* NY: Plenum.

Rohner, R. P. (1984). Toward a conception of culture for cross-cultural psychology. *Journal of Cross-Cultural Psychology, 15*, 111-138.

Schneider, D. J. (1973). Implicit personality theory: A review. *Psychological Bulletin, 79*, 294-309.

Schutz, A. (1932/1967). *The Phenomenology of the social world.* Evason, I11: Northwestern University Press.

Scott, M. B., & Lyman, S. M. (1968). Accounts. *American Sociological Review, 33,* 46-62.

Selye, H. (1984). *Selye's guide to stress research.* Scientific and Academic Editions.

Shaver, K. G., & Drown, D. (1986). Causality, responsibility, and self-blame: A theoretical note. *Journal of Personality and Social Psychology, 50,* 697-702.

Sherif M., & Sherif C. W. (1953). *Groups in harmony and tension.* New York: Harper.

Shweder, R. A. (1991). *Thinking through cultures: Expeditions in cultural psychology.* Cambridge, MA: Harvard University Press.

Shweder, R. A. (1999). The psychology of practice and the practice of psychology. *Paper presented at the 3rd Conference of the Asian Association of Social Psychology, August*

4-7, Taipei, Taiwan.

Shweder, R. A., & Miller, J. G. (1991). The social construction of the person: How is it possible?. In R. A. Shweder, *Thinking through cultures: Expeditions in cultural psychology* (pp. 156-185). Cambridge, MA: Harvard University Press.

Simon, F. B., Stierlin, H., & Wynne, L. C. (1985). *The language of family therapy: A systemic vocabulary and source book.* New York: Family Process Press.

Sinha, D. (1997). Indigenizing psychology. In J. W. Berry, Y. H. Poortinga & J. Pandey (Eds.), *Handbook of Cross-cultural psychology (2nd Edition)* (pp. 129-170). Needham Heights, MA: Allyn & Bacon.

Sinha, J. B. P., & Verma, J. (1987). Structure of collectivism. In C. Kagitcibasi (Ed.), *Growth and progress in cross-cultural Psychology.* Lisse: Swets & Zeitlinger.

Triandis, H. C. (1995). *Individualism and collectivism.* Boulder: Westview Press.

Valsiner, J. (1994). Joint construction of fluid concepts: Cultural utility of vagueness. *Paper Presented at the XII Congress of Cross-Cultural Psychology, Pamplona, Navarra, Spain, July 24-28.*

Vygotsky, L. S. (1962). *Thought and language.* Cambridge, MA: MIT Press.

Vygotsky, L. S. (1978). *Mind in society: The development of higher psychological processes.* Cambridge: Harvard University Press.

Wason, P. C., & Johnson-Laird, P. W. (1972). *The psychology of reasoning.* London: Batsford.

Weiner, B. (1989). *Person perception and attribution.* New York: Springer-Verlag.

Weiner, B., Amirkhan, J., Folkes, V. S., & Verette, J. (1987). An attributional analysis of excuse giving. *Journal of Personality and Social Psychology, 52,* 316-324.

Wertsch, J. V. (1985). *Vygotsky and social formation of mind.* Cambridge: Harvard University Press.

Wertsch, J. V. (1991). *Voices of the mind: A sociocultural approach to mediated action.* Cambridge, MA: Harvard University Press.

Wittgenstein, L. (1975). *Philosophical remarks.* In R. Rhees (Ed.). Oxford: Blackwell.

찾아보기

저자 소개

최상진은 중앙대학교 심리학과 명예교수이며, 한국심리학회 회장, 아시아사회심리학회 초대회장, 한국여성심리학회 회장, 한국법심리학회 회장 등을 역임했다. 주요 저서로는 Individualism and Collectivism(편저, Sage, Dong-A Publishing Co, 1994), Psychology of the Korean People(편저, Dong-A Publishing Co, 1994), 동양심리학: 서구심리학에 대한 대안 모색(공저, 지식산업사, 1999), 법심리학의 제문제: 아동, 청소년, 사법판단(공저, 학지사, 2003), 문화심리학(지식산업사, 2010) 등이 있으며, 한국인의 마음, 심정, 정, 한, 우리성, 체면, 눈치, 핑계, 의례성 등에 관한 국내외 다양한 논문이 있다.

한국인의 심리학

2011년 1월 25일 1판 1쇄 발행
2017년 9월 25일 1판 3쇄 발행

지은이 • 최 상 진
펴낸이 • 김 진 환
펴낸곳 • (주) **학지사**

　　　　04031 서울특별시 마포구 양화로 15길 20 마인드월드빌딩 5층

대표전화 • 02) 330-5114　　　팩스 • 02) 324-2345

등록번호 • 제313-2006-000265호

홈페이지 • http://www.hakjisa.co.kr
페이스북 • https://www.facebook.com/hakjisabook

ISBN 978-89-6330-612-4 93180

정가 **17,000**원

교육문화출판미디어그룹 **학지사**

학술논문서비스 **뉴논문** www.newnonmun.com
심리검사연구소 **인싸이트** www.inpsyt.co.kr
원격교육연수원 **카운피아** www.counpia.com